요가수트라

東文選 文藝新書 169

요가수트라

초판 발행 2000년 11월 20일
개정 1쇄 2020년 4월 20일

지 은 이 정태혁

펴 낸 곳 東文選
제10-64호, 1978년 12월 16일 등록
서울 종로구 인사동길 40
전화 02-737-2795
팩스 02-733-4901
이메일 dmspub@hanmail.net

ISBN 978-89-8038-940-7 94000
ISBN 978-89-8038-000-8 (세트)

정가 24,000원

요가수트라

정태혁 지음

東文選 文藝新書 169

머리말

요가학파는 고대 인도의 육파 철학파 가운데 하나로서 독립된 종교적 · 철학적 체계를 가지고 있었다. 그런데 그 수행법은 우파니샤드 철학 시대 이후에는 불교를 비롯한 모든 종교에 걸쳐서 행해진 공통적인 수행법이 되었다. 그러므로 그 수행법의 이해는 요가 사상 전체를 이해하는 데뿐만 아니라 고대 인도의 여러 학파 사상의 모든 것을 알 수 있는 길이 된다.

본래 요가가 철학의 독립된 일파였던 만큼 그 종교적 · 철학적 · 실제적 의의를 전체적으로 이해하는 일이 바로 요가의 올바른 인식이 될 것이다. 요가도 다른 학파와 마찬가지로 자아를 떠나서 절대적인 생명을 얻는 해탈을 목적으로 하는 종교적인 내용과 자아의 본질을 파악하는 철학적인 내용을 가진다. 그러나 요가의 그러한 면보다도 실제적 · 실천적 가치를 현대적으로 이해하려는 노력이 무엇보다 현대인에게는 절실한 일이라고 생각한다. 참으로 요가의 수행법은 인도인에게뿐만 아니라 현대를 사는 우리 모두에게 활용될 만한 인류의 유산이 될 수 있다고 믿는다. 그리고 요가 행법은 인도 사상 속에서 자연적으로 이루어진 동양 문화재이므로 이것을 도외시하고는 인도 또는 동양 사상의 진수를 이해할 수 없을 것이다.

요가를 단순히 종교적 산물로 보거나 기이한 것을 행하는 고행으로 보아서는 안 된다. 그것은 요가의 본질적 의의를 벗어나는 일이 된다. 또 옛부터 요가 행법의 효과에 대해서 과장하여 기록한 문헌들이 있어서 그 수행자들이 극단적인 면을 숭상한 일이 없지 않았다. 그러나 이러한 것은 극단으로 가기 좋아하는 인도인의 성격 때문일 뿐, 결코 요가의 본래 취지는 아니다.

오늘날 유럽에서 요가 수행법 가운데 활동적 신체 수련에 속하는 아사나가 환영받고 있는 것은 유럽인의 성격과 생활 양식 때문이다. 또 한국에서 일부 사람들이 신비한 장수법이나 치병법으로 이용하려는 것도 한국인의 정신적 · 사회적 의식 구조에 기인한다고 하겠으나, 결국 모두가 요가의 상규를 벗어난 것이라 하겠다.

내가 요가에 관심을 갖게 된 것은 전공하는 학문이 인도학(印度學)이기 때문이다. 1961년 일본 도쿄에서 인도의 요기〔yogi: 요가 수행자〕와 알게 되어 요가를 같이 닦은 일과 도쿄에서 오끼〔沖正弘〕 씨를 만났던 일, 다시 교토에 있을 때 오오다니대학〔大谷大學〕에서 인도 철학을 강의하는 사호다〔佐保田〕 박사와 특히 친교가 있어 같이 요가를 수행하며 연구한 일이 바로 내가 요가를 닦아 수행하게 된 인연이 되었다.

내 요량으로는 '요가 운동법'은 현대인의 건강을 증진시키며, '라쟈 요가'는 정신의 안정을 원하는 현대인의 정신적인 진정제가 될 것이고, 종교적 · 철학적으로 요가를 연구하려고 하는 사람들에게는 '요가수트라'와 '바가바드기타'가 필요할 것 같다. 그리하여 《요가의 원리와 수행법(修行法)》이라는 이름으로 법문사에서 출판된 것이 1967년의 일이었다. 그후 이 책이 여러 판을 거듭함에 따라 개정할 필요를 느끼게 되었고, 또한 오랜 세월이 흘러오는 동안에 우리 나라에도 요가가 널리 보급됨에 따라서 보다 깊은 요가의 진리를 알고자 하는 이가 늘어나, 그들의 요구에 맞추어서 이제《요가수트라》를 다시 풀이하고 해설을 붙여 전면적으로 개편 보완하게 되었다. 그뒤에 까치사에서《요가의 복음》이라는 제목으로 여러 판이 나왔고, 그후에 다시 백산출판사에서도《요가의 신비》로 여러 판이 나왔으나, 이제 다시 요가의 역사적 발전과《요가와 불교》를 보완하여 이 책을 출판하게 된 데 대해 동문선의 신성대 사장님께 감사의 뜻을 표하면서, 이 책을 통하여 우리 나라의 요가가 보다 널리 보급되어서 올바른 이해와 수행으로 많은 사람이 다같이 복된 삶을 누리게 되기를 간절히 바란다.

정태혁

차 례

머리말 5

제1장 요가수트라(요가경) 13
1. 삼매품 15
2. 실수품 37
3. 자재품 69
4. 독존품 109

제2장 요가란 무엇인가? 137
1. 요가의 목적 139
2. 인도에서의 요가의 위치와 기원 142
3. 요가의 유파 146
4. 요가와 다른 종교 149
5. 현대와 요가 151
6. 요가 운동의 의의 154
7. 요가 운동의 특징과 호흡 159
8. 요가의 명상 171

제3장 하타 요가 177
1. 금 계 179

2. 권 계 183
3. 체위(좌)법 186
4. 조식법 255
5. 무드라법과 반다법 271
6. 제 감 276

제4장 라쟈 요가 279
1. 응 념 285
2. 정 려 287
3. 삼 매 289

제5장 분파된 요가 291
1. 지냐나 요가 293
2. 카르마 요가 296
3. 만트라 요가 298
4. 바크티 요가 301

제6장 요가의 식사법과 단식법 303
1. 바른 식생활 305
2. 단식법 310

제7장 요가를 수련하면 어떻게 되나? 315
1. 건강해지며 병이 낫는다 317
2. 인간을 개조한다 351

3. 30여 가지의 뛰어난 능력을 얻는다 354

[부록] 요가의 발전과 불교에의 수용 361

1. 요가의 뜻 363
2. 인더스 문명의 요가 365
3. 바라문의 요가 366
4. 불교의 요가 386
5. 결 론 404

제1장

요가수트라

일러두기

1. 《요가수트라》는 요가학파의 경전으로서 요가학파를 이룩한 파탄잘리가 지었다고 전해지며, 5세기경에 만들어졌다고 추정되고 있다.

이에 대한 주석서는 6세기경에 브야사가 만든 것이 가장 오래된 것이고, 9세기경에 바차스파티 미슈라는 《타트바 바이샤라디》라는 주석서를 만들었으며, 16세기경에 비슈냐나비크슈는 《요가 바르티카》를 만들었다.

2. 《요가수트라》는 원문이 너무 간결하여 주석서에 따라 해석이 다르기도 하지만 브야사의 주석서에 따라서 해석하였고, 번역과 주석에 참고한 서적은 다음과 같다.

1) *yoga philosophy of Patañjali*, swāmi Hariharānanda āraṇya.

2) *Patañjali-yoga- sūtrāṇi Kāsināthа Śāstri Agāśe*, 1904(Anandā編).

3) J. H. Woods, *The Yoga-system of Patañjali*, Cambridge 1914.

4) 岸本英夫, 《종교신비주의(宗教神秘主義)》

5) 佐保田鶴治, 《요가 근본교전(根本教典)》

6) 本多惠, 《요가서 주해》

7) 기타

3. 본문 번역에서 생략된 부분이나 알기 어려운 부분은 ( ) 안에 보충하였다.

1. 삼매품(三昧品: samādhi-pāda)

1-1 atha yoga-anusāsanam.
이제부터 요가의 가르침이 〔시작된다.〕

첫머리에 이제부터 요가의 가르침이 시작된다고 말한다. 이 말은 인도 경전 첫머리에서 흔히 쓰이는 말이다. 이제부터 말하는 요가의 가르침이 《요가수트라》를 쓴 파탄잘리가 말한 것일까?

야쥬냐발캬(yājnāvarkya)의 법전에는 금태신(金胎神)이 요가 최초의 스승이라고 씌어 있다. 요가의 주석가에 따르면, 요가의 교설은 파탄잘리가 아니라 금태신이 전파했다고 한다. 파탄잘리가 요가의 성전을 처음으로 만든 것이 아니고, 파탄잘리는 오직 옛 성인의 가르침에 따라서 가르친 것이라고 한다. 자기 자신이 가르친다고 할 경우에는 śāsana라고 해야 한다. 그러나 위에서 anuśāsana라고 한 것은 다른 어떤 것에 따라서 가르친다는 뜻이 있는 것으로 보인다.

1-2 yogaś cittta-vṛtti-nirodhaḥ.
요가란 마음의 작용을 없애는 것이다.

요가의 정의를 이와 같이 마음의 작용을 없애는 것이라고 하였다. 그렇지만 요가의 주석가에 의하면 요가는 '삼매'라고도 한다. 왜냐하면 yui를 어원으로 보면 삼매의 뜻이 있기 때문이라(Dhātupātha

IV. 48: yuj samādhau S Dasgupta: *A History of Indian Philosophy*, Vol 1, p.226)고 한다. yuj가 '결합하다'의 뜻이 되려면 yuj-i로 되어야 하므로, 흔히 yoga라는 말을 결합한다는 뜻으로 생각하는 것은 잘못이라고 하였다. 그러나 요가를 모든 단계에 미치는 마음의 성질이라고 하였다. 아니 마음의 단계는 '라자스(Rajas)'의 힘에 의한 마음의 움직임에서부터 '타마스(tamas)'에 의한 수면 작용과 같은 무감각과, 산란심(散亂心) 다음에 나타나는 전일(專一)한 마음 및 더 나아가 모든 마음의 작용이 억제되어 잠재력만이 남아 있는 고요한 마음을 의미한다고도 말한다.

이러한 네 가지 단계 중에서 마음이 동요되거나 무감각 상태에 있거나 산란하여 안정되지 않은 마음은 요가가 아니다. 마음이 한 곳에 쏠려서 대상에 대한 지혜의 빛이 비춰 번뇌를 없애고, 업(業)의 속박을 풀어서 모든 마음의 움직임을 억제하였을 때에 비로소 순수한 인간 본래의 상태로 돌아가게 된다. 바로 그것을 요가라고 한다.

1-3 tadā draṣṭuḥ svarūpe 'vasthānam.

그때에 순수한 관조자인 〔진아〕는 자기 본래의 상태에 머무르게 된다.

'그때'란 마음의 작용이 끊어졌을 때이다. 상캬 철학에서 말하는 바와 같이 궁극적인 실재(實在)로서 있는 순수 정신인 푸루샤〔眞我〕는 근본 원질 푸라크리티〔自性〕를 관조하는 것이니, 그러한 본래 상태에 머무르게 된다. 또한 상캬 철학에서는 우주가 궁극적인 실재로서의 물질적인 원질 '푸라크리티'와 정신적인 실체인 '푸루샤'로부터 창조되었다고 말한다. 물질적인 원질인 자성은 객관 세계의 근원이요, 정신적인 원리인 진아는 순수한 주관 세계의 원인이다. 이 주관적인 진아는 객관적인 대상을 오직 관조만 하는 것이다.

물질 현상이나 정신 현상은 진아의 순수 의식성이 자성으로부터 전개된 최초의 무의식성의 심리 기관에 비춰진 결과로 생긴다. 이와 같이 인간은 자성으로부터 전개된 객관적인 존재가 진아와 관계를 맺은 결과로 진아는 자기 본래의 모습을 잃고 스스로 착각하여 고(苦)를 받는 것이라고 한다. 이러한 착각을 어떻게 없애느냐 하는 것이 바로 요가의 과제이다. 다시 말하면 요가의 목적은 진아가 자성과 관계를 맺지 않고 홀로 본래의 모습에 독존(獨存)하는 것이니, 이것이 곧 해탈이다.

따라서 마음의 의식 작용이 끊어진 상태에서 비로소 진아는 본래의 모습으로 돌아오게 되어 오직 객관 세계를 관조만 하게 된다.

1-4 vṛtti-sārūyam itaratra.

그외의 경우에 〔진아는 마음의〕 작용과 같은 모습을 취한다.

마음의 작용이 끊어지지 않고 일어나고 있을 때에는 진아가 본래의 모습을 잃고, 그때그때 마음의 움직임에 끌려서 물질 원리와 동화된 상태에 있게 된다. 그것은 마치 달의 그림자가 물의 움직임에 따라서 움직이는 것과 같고, 수정이 꽃의 색깔에 의해 변색되는 것과 같다고 한다.

1-5 vṛttayaḥ pañcatayyaḥ kliṣṭa-akliṣṭāḥ.

〔마음의〕 작용은 다섯 가지이니, 〔그것은〕 물든 것과 물들지 않은 것〔으로 나누어진다.〕

물든 것은 번뇌를 가진 마음이요, 물들지 않은 것은 번뇌를 갖지 않은 마음이다. 번뇌를 가진 마음은 번뇌로 말미암아 일어난 망령된 마음이거나, 번뇌의 원인이 되는 무명(無明)의 상태에 있거나, 번뇌가 나타난 망념의 상태 또는 마음에 번뇌가 붙어 있는 경우이다. 어느것이든지 이러한 번뇌를 가진 마음은 사람을 윤회의 세계로 몰아넣어 그 세계에 매이게 한다. 그러나 번뇌를 가지지 않은 마음은 사람을 해탈로 이끌어 간다.

1-6 pramāṇa-viparyaya-vikalpa-nidrā-smṛtayaḥ.

〔다섯 가지는〕 바른 지식〔正知〕·도착(倒錯)·분별(分別)·수면(睡眠) 〔그리고〕 기억(記憶)이다.

1-7 pratyakṣa-anumāna-āgamaḥ pramāṇāni.

올바른 지식은 지각과 추리와 성자의 말〔에 의한 지식이다.〕

올바른 지식을 얻는 방법은 세 가지가 있는데, 즉 직접 경험에 의한 방법과 이치로 미루어서 얻는 방법과 성자의 가르침에 의한 방법이다. 상캬 요가의 철학에서는 이와 같은 세 가지 방법을 올바른 지식을 얻기 위한 방법이라고 생각한다. 이 세 가지를 인도의 논리학인 '인명(因明)'에서는 현량(現量) · 비량(比量) · 성교량(聖教量)이라고 한다.

1-8 viparyayo mithyā-jñānam a-ted-rūpa-pratiṣṭham.

도착〔으로 얻은 지식〕은 대상의 참다운 모습이 아닌 그릇된 지식이다.

1-9 śabda-jñāna-anupātī vastu-sūnyo vikalpaḥ.

분별하는 지식〔分別知〕은 말의 개념에 따라서 이루어진 지식에 의한 것이므로 〔객관적인〕 대상이 없는 것이다.

분별하는 지식은 경험이나 추리 및 성자의 가르침이나 도착과는 달리 단순한 관념적인 판단에 의한 지식이다. 이러한 지식은 올바른 판단이 되지 못하지만 그렇다고 해서 옳지 않은 판단도 아니다. 그러나 분별은 실용적으로 실생활에서 필요한 지식이다. 가령 "진아는 신령스러운 지혜다"라고 할 경우 이것은 분별하여 판단한 것이다.

또한 '누구의 소'라고 하는 것도 말로 '누구의 소'라고 분별하여 안 것에 지나지 않는다. 실제로 있는 것은 '누구'라는 그 사람과 소가 있을 뿐이요, '누구의 소'라고 하는 대상물이 있는 것이 아니다.

또한 길가에 있는 새끼줄을 보고 뱀이라고 느끼는 것은, 본래 없는 뱀을 그저 분별하여 판단한 것에 지나지 않는다.

1-10 abhāva-pratyaya-ālambanā vṛttir nidrā.

수면은 존재하지 않는 의식 작용에 의한 상태이다.

여기에서 수면이라는 것은 꿈도 꾸지 않을 만큼 깊이 잠든 상태이다. 이와 같은 상태에서도 마음의 작용은 없어지지 않는다고 하지만, 그 대상은 존재하지 않는다. 왜냐하면 무의식의 의식이기 때문이다.

여기에서는 마음의 작용이 완전히 없어진 것같이 느껴질 뿐이다.

깊은 잠을 자고 나서 잘 잤다는 기억이 있는 것은 수면중에도 마음의 작용이 있었다는 증거이다. 이때에 작용한 것은 '타마스'이다.

1-11 anubhūta-viṣaya-asaṁpramoṣaḥ smṛtiḥ.

기억은 〔과거에〕 경험하여 〔알고 있는〕 대상을 잃지 않고 마음속에 가지고 있는 것이다.

기억이란 마음에서 어떠한 과거의 경험이 다시 일어나는 것이다. 위와 같은 올바른 지식과 도착 · 분별 · 수면 그리고 기억의 다섯 가지 작용은 때와 장소와 사람에 따라서 여러 가지로 복잡하게 나타난다. 이러한 마음의 작용을 없애는 것이 요가의 목적이다.

1-12 abhyāsa-vairāgyābhyāṁ tan-nirodhaḥ.

그들 〔마음의 작용〕을 없애는 데는 〔두 가지 방법〕이 있다. 곧 닦는 방법과 욕심을 떠나는 방법이다.

닦는다는 것은 계속해서 되풀이하여 익힘이요, 욕심을 떠난다는 것은 물질적인 객관 세계에 대한 욕심을 떠남이다.

1-13 tatra sthitau yatno 'bhyāsaḥ.

닦는다는 것〔修習〕은 〔마음의 움직임을〕 그쳐서 고요하게 움직이지 않도록 하는 노력이다.

요가 철학에서는 마음의 움직임도 우주적인 힘이 나타나는 것으로 보니, 그것은 그치는 일이 없이 쉬지 않고 일어나므로 마음의 완전한 정지 상태란 있을 수 없다고 본다. 그러나 마음이 끊임없이 움직이는 것은 마음 자체에서 일어나는 것일 뿐이므로 심리 현상으로서의 움직임은 없게 할 수 있다고 보고 있다. 어떤 주석가는 마음의 정지 상태란 '사트바'의 성품이 그대로 움직이고 있는 것이라고 보아 바로 이것이 정신 통일의 상태라고 한다.

1-14 sa tu dīrgha-kāla-nairantarya-satkāra-āsevito dṛḍha-bhūmiḥ.

그러나 이 〔수행은〕 오랜 시간에 걸쳐서 쉬지 않고 신중히 반복해야 비로소 확고한 경지에 이르게 된다.

마음을 한곳으로 모은다는 것은 욕심을 없애고 굳은 신념을 가지고 지혜롭게 고행을 닦는 일이다. '확고한 경지'란, 수행이 이루어져 마음에서 일어나는 잡된 생각에 방해받지 않는 경지이다.

1-15 dṛṣṭa-ānuśravika-viṣaya-vitṛṣnasya vaśīkāra-saṁñjā vairāgyam.

욕심을 떠나는 것은 보여지는 대상이나 전해받은 대상으로부터의 집착을 버린 사람이 〔욕망을〕 스스로 이겨서 떠난 마음이다.

1-16 tat-paraṁ puruṣa-khyāter guṇa-vaitṛṣṇyam.

이 〔욕심을 떠난〕 최고〔의 경지〕는 진아에 대한 참된 지식을 얻은 사람이 가지는 것으로서, 세 가지 요소에 대한 탐욕까지도 떠난 경지이다.

'진아에 대한 참된 지식'이라는 것은 진아나 자성과는 전혀 다른 것을 아는 지식이다. 이러한 지혜를 얻은 사람이라도 욕심이 완전히 떠남으로써 비로소 해탈을 얻는다. 완전히 욕심이 떠났다는 자각은 우주의 근원인 자성을 구성하는 세 가지 요소〔三德〕에 대하여도 애착을 가지지 않는 자각이어야 한다. 세 가지 요소에 대한 애착을 떠남으로써 그 세 가지 근본 힘이 균형 상태를 이루게 되어 비로소 욕심이 없어진다. 이 세 가지 근본 힘은 사트바(sattva: 純質)와 라자스(rajas: 動質)와 타마스(tamas: 暗質)이다.

1-17 vitarka-vacāra-ānanda-asmitā-rūpa-anugamāt saṁprajñātaḥ.

마음의 거친 움직임〔尋〕이나 미세한 움직임〔伺〕 혹은 즐거움〔歡喜〕이나 자의식 등을 동반하고 있는 것은 유상 삼매(有想三昧)이다.

삼매는 유상 삼매와 무상 삼매로 구분한다. 또 유상 삼매는 정신 통일의 깊어 가는 정도에 따라 네 단계로 구분한다. 첫번째 단계에는 거친 마음의 작용, 미세한 작용, 즐거움, 자의식의 모든 상념이 그대로 존재한다. 단계가 높아 감에 따라서 점차로 마음의 작용이 줄어들어서 아상이 있는 삼매〔有我想 三昧〕에 이르러서는 대상을 지각하는 주체로서의 능력과 아는 작용으로서의 능력을 같이 보는 자의식만이 남는다. 따라서 이러한 자의식이 있는 삼매의 경지에는 자신의 순수하고 절대적인 존재 의식만이 의식면에 나타나게 된다. 이것은 마치 잔잔한 물에 밝은 빛이 쏟아지는 것과도 같다.

1-18 virāma-pratyaya-abhyāsa-pūrvah saṁskāra-śeso 'nyaḥ.

이와 다른 〔무상 삼매(無想 三昧)는〕 마음의 움직임을 그치게 하는 수행을 한 결과로 나타난다. 〔여기에는〕 잠재 인상(潛在 印象)만이 남게 된다.

마음에서 일어나는 모든 생각이나 분별을 끊어 버린 결과로 마음이 텅빈 상태가 되면 그것이 바로 무상 삼매이다. 이때 의식의 표면에서는 어떠한 생각도 일어나지 않고, 오직 의식 속에 잠재해 있는 인상만이 남아 있게 된다.

1-19 bhava-pratyayo videha-prakṛti-layānām.

〔육체를 떠난〕 신령들〔天人〕과 근본 원질에 돌아 들어간 사람들에게는 자연적으로 발생한 〔무상 삼매가〕 있다.

인도에서는 몸을 떠난 신령인 천인은 윤회의 운명을 벗어나지 못한다고 한다. 그러므로 이들은 5가지 원소인 지(地)·수(水)·화(火)·풍(風)·공(空)과 감각 기관과 행동 기관 가운데 어느것 하나를 참된 자기라고 인식하여, 그것과 하나가 되어서 몸을 떠난 뒤에는 거기에 다시 되돌아가는 것이라고 한다.

또한 근본 원질로 되돌아간 인간은 현상 세계에서 전개되어 바뀌지 않는 근본 원질과 사유 기능〔覺〕 및 자의식〔我慢〕과 다섯 가지 지극히 작은 요소〔五唯: 色·聲·香·味·觸〕 가운데 어느것을 진아라고 인식하여 육체를 떠난 뒤에 그들 중의 어느 한 가지로 되돌아간다. 이들은 참된 해탈을 얻은 존재가 아니기 때문에 제 스스로 무상 삼매에 들었으나 해탈로 이끌어 가는 힘은 없다.

1-20 śraddhā-vīrya-smṛti-samādhi-prajñā-pūrvaka itareṣām.

그 이외의 사람(요가 행자들)은 신념〔을 가지고〕 노력하며, 계율을 지켜서 〔한결같이 잊지 않는〕 생각〔憶念〕으로 삼매에 〔들어가〕 참된 지혜〔眞智〕를 얻어서 〔무상 삼매에〕 있게 된다.

신념은 진리에 대한 신념이다. 이 신념이 있으면 참된 지혜를 얻으려는 노력이 생기고, 이러한 노력을 하는 사람은 계율을 지키려는 생각이 생긴다. 이러한 생각이 생기면 마음에 한결같은 삼매의 경지가 나타나게 되고, 이 삼매 속에서 이 세계의 참된 모습을 아는 지혜가 나타난다. 이 참된 지혜까지도 떠났을 때에 비로소 무상 삼매가 완성된다.

1-21 tīvra-saṁvegānām āsannaḥ.

열심히 〔참된 지혜를〕 얻고자 노력한 행자에게는 〔무상 삼매가〕 빨리 이루어진다.

1-22 mṛdu-madhya-adhimātratvāt tato 'pi viśeṣaḥ.

〔열심히 구하는 데에도〕 온화(穩和)와 중용(中庸)과 격렬(激烈)의 〔차이가〕 있으니, 따라서 〔완성의 빠르고 늦음에도 세 가

지 정도의] 다름이 있다.

수행할 때에 너무 온화하게 하거나 심하게 하는 것은 좋지 않고 중용을 지키는 것이 좋다고 한다. 그러나 해탈을 바라는 마음이 강할수록 무상 삼매의 완성도 빨라진다.

1-23 īśvara-praṇaidhānād vā.

혹은 자재신(自在神)에의 기원으로도 [무상 삼매에 이를 수 가 있다.]

자재신은 인도 최고의 신이다. 이 자재신에게 기원하는 것을 보면 요가는 무신론이 아니고, 또한 해탈을 위해서 꾸준히 수행하는 것을 보면 타력(他力)에만 의지하지 않는 면도 있다. 따라서 요가는 절대 타력주의도 아니고 절대 자력주의도 아닌 절충주의의 입장을 취하고 있다.

1-24 kleśa-karma-vipāka-āśayair aparām ṛṣṭaḥ puruṣa-viśeṣa īśvaraḥ.

자재신은 번뇌·업·업보·잠재력에 의해서 더럽혀지지 않은 특수한 진아이다.

자재신이란 우주의 근본 원인이므로 우리 인간의 고유한 본질인 진아와 비슷한 것이다. 그러나 인간의 진아와는 다른 면이 있으니, 그것은 번뇌 등에 의해서 더럽혀지지 않는 특수한 진아라는 점이다. 잠재력에 대하여는 2-12를 참조하라.

1-25 tatra niratiśayaṁ sarvajñā-bījam.

이 〔자재신〕에는 일체를 아는 지혜를 낳게 하는 종자 중에서도 최고의 것이 갖추어져 있다.

'일체를 아는 지혜'란 모든 세계를 지배하고, 모든 것을 아는 힘이다. 또한 종자는 이러한 지혜를 싹트게 하는 원인이요, 힘이다. 이러한 힘이 인간에게 갖추어져 있는데, 자재신에게는 이 최고의 종자가 갖추어져 있다고 한다.

1-26 pūrveṣām api guruḥ purusa kālena anavacchedāt.

그 〔자재신〕은 시간에 의해서 제한을 받지 않으므로 태고의 옛 〔스승들〕에게도 스승이 된다.

요가의 수행은 '구루(guru)'라고 하는 스승에게 지도를 받아야 한다. 스승에게서 제자에게로 이어 내려가는 것이므로 거슬러 올라가면 최초의 스승은 홀로 깨달은 스승이어야 한다. 이러한 스승은 결국 자재신 이외에는 있을 수 없다. 왜냐하면 최초의 스승은 시간적인 제한을 받지 않는 존재라야만 하기 때문이다.

1-27 tasya vācakaḥ praṇavaḥ.

그 〔자재신〕을 상징하는 거룩한 말은 '옴'이다.

'옴'은 '베다' 시대부터 신성한 말로서 사용되었다. 처음에는 제사자(祭司者)가 제의(祭儀)를 행할 때에 외었다. 그후 이 말은 우주 만유의 근본인 브라만〔梵: Brahman〕을 상징하는 말이라고 여겨져 요가를 수행하는 데 이 '옴'을 생각하는 것이 중요한 일로 되었다. '옴(oṁ)'은

a-u-m이 합한 소리니, 생성(a) · 유지(u) · 완성(m)이라는 우주 생명력의 표상이기도 하다.

1-28 taj-japas tad-artha-bhāvanam.

〔요가 행자는〕 그 성스러운 말을 반복하여 외어 그 소리가 나타내는 〔자재신을〕 생각〔하라.〕

'옴' 이라는 말을 낮은 소리로 부르면서 동시에 자재신의 빛나는 모습과 그 위력을 마음에 생각한다. 이것은 불교의 염불과 같이하는 방법이다.

1-29 tataḥ pratyakcetanā adhigamo 'pi antarāya-abhāvasś ca.

〔이 수행법을 익힌 사람은〕 다시 내관력(內觀力)을 얻어 요가에 대한 장애를 없앨 수 있다.

자재신을 생각하면, 마음을 깨끗이 하여 요가 수행의 여러 가지 장애를 없앨 수 있다. 그러므로 해탈을 성취하려면 자재신을 생각하면서 요가를 닦아야 한다.

1-30 vyāhi-styāna-saṁśaya-pramāda-ālasya-avirati-bhrāntidarśana-alabdhabhūmikatva-anavasthitatvāni citta-vikṣepāste 'ntarāyaḥ.

〔요가에 대한〕 장애라는 것은 질병·무기력·회의·방일·태만·애착·망령된 견해, 〔삼매의〕 경지에 들지 못하는 것, 〔삼매

에 들어도〕 오래 머무르지 못하는 것 등의 〔모든〕 산란심이다.

무기력은 마음으로는 간절히 바라면서도 행동으로 옮기지 못함이요, 회의는 결단을 내리지 못하는 심정이요, 방일은 마음이 한결같지 않은 것이다. 태만은 게으른 것, 애착은 욕망을 떼지 못하는 것, 망령된 견해는 진리가 아닌 것을 진리라고 주장하는 것이다.

1-31 duḥkha-daurmanasya-aṇgamejayatva-śvāsa-praś-vāsā vikṣepa-saha-bhuvaḥ.

괴로움·낙담·동요·거친 호흡 등이 마음의 산란을 따라 〔일어난다.〕

1-32 tat-pratiṣedha-artham eka-tattva-abhyāsaḥ.

그 〔마음의 산란을〕 없애려면 〔어떤〕 한 가지를 대상으로 해서 〔그것에 생각을 집중하는〕 수행이 행해져야 한다.

1-33 maitrī-karunā-muditā-upekṣānām sukha-duhkḥa-punyāpuṇya-viṣayāṇām bhāvanataś citta-prasādanam.

자·비·희·사는 각각 남의 행복·불행, 착한 행위 악한 행위에 대하여 가지는 감정이다. 그러므로 이러한 감정을 익히면 그 결과로서 마음이 깨끗해진다.

남의 즐거움을 같이 즐거워하는 자(慈), 남의 슬픔에 같이 슬퍼하는 비(悲), 남의 착한 행동을 같이 경하하는 희(喜), 남의 악행을 미워하지도 같이 느끼지도 않는 사(捨)는 불교의 사무량심(四無量心)과 같다.

마음이 깨끗하다는 것은 한결같이 순결한 상태에 있는 안정된 마음을 말한다.

1-34 pracchardana-vidhāraṇābhyām vā prāṇasya.

혹은 호흡을 내보내는 것과 호흡을 닫는 것만으로도 〔마음이 깨끗해진다.〕

숨을 내뿜는 것은 특별한 방법으로 길게 천천히 토식하는 방법이요, 숨을 닫는 것은 쿰바카라고 불리는 숨을 닫는 방법이다.

1-35 viṣayavati vā pravṛttir utpannā manasaḥ sthitinibandhanī.

혹은 〔여러 가지〕 대상에 특수 감각이 생기면 〔그것은〕 마음을 고요히 안정시킨다.

인도의 주석가들은 요가 수행자가 여러 감각 기관에 정신을 집중시키면, 각각 그 기관에 특수한 감각이 생긴다는 뜻으로 풀이한다. 가령 코끝에 집중시키면 묘한 향기가 느껴지고, 혀끝에 집중시키면 미묘한 맛이 느껴진다. 이러한 신령스러운 감각의 경험은 마음을 평온하게 안정시킨다고 말한다.

뜻〔意〕과 마음〔心〕은 서로 다른 말로서, 뜻은 '마나스(manas)'이고, 마음은 '찟다(citta)'이다. 마음은 심리 기관의 본체요, 뜻은 이것으로부터 나타난 것이니, 생각하고 느끼는 작용을 하는 의식 기관이다.

1-36 viśkā vā jyotiṣmatī.

혹은 근심의 괴로움을 떠나 〔빛이 있는 감각 현상이 나타나면 마음의 안정이 얻어진다.〕

인도의 주석가에 따르면 흰 빛을 띤 감각 현상이 나타나는 것은 마치 자신이 햇빛에 빛나는 큰 바다 위에 있는 듯한 느낌을 체험하는 것이니, 이것은 순수한 자아나 '사트바 구나〔sattva-guna : 밝은 성질을 가진 생명 에너지이다〕'가 나타나는 것을 직관하였을 때에 느끼는 감각이라고 한다.

1-37 vīarāga-viṣayaṁ vā cittaṁ.

혹은 〔대상에 대한〕 욕심을 떠난 〔성자의〕 마음을 집중하는 상념(想念)의 대상으로 삼음으로써 〔수행자의〕 마음이 움직이지 않게 한다.

불교에서도 관불 삼매행(觀佛 三昧行) 속에 법신관법(法身觀法)이 있는데, 불타의 십력(十力) · 사무소외(四無所畏) · 대자대비(大慈大悲) 등을 생각한다.

1-38 svapna-nidrā-jnāna-ālambananaṁ vā.

혹은 꿈이나 수면중에 얻은 체험을 대상으로 하는 상념으로서도 〔움직이지 않는 마음이〕 이루어진다.

꿈에 체험하는 것은 꿈에 나타난 신의 거룩한 모습을 체험하는 것이요, 깊은 잠 속에서 얻는 체험은 자고 나서 맛보는 행복한 느낌 따위이다.

1-39 yathā abhimata-dhyād vā.

위와 혹은 무엇이든 자기가 바라는 것을 명상함으로써도 〔마음의 안정이 얻어진다.〕

어떤 것이든지 요가 수행자의 마음에 끌리는 것을 생각의 대상으로 삼는다. 몸 밖에 있는 것이나 몸 안에 있는 것이나 어느것이라도 좋다.

1-40 papamānu-paramarnahatva-anto 'sya vaśīkāraḥ.

위와 같은 방법으로 마음이 평정하고 움직이지 않게 된 사람은 가장 작은 것에서부터 가장 큰 것에 이르기까지 모든 것에 대한 지배력이 생긴다.

이러한 수행자는 그것이 어떤 것이든 그것을 알 수 있는 힘을 얻는다고 한다.

1-41 kṣīṇa-vṛtter abhijātasya iva maṇer grahītṛ-grāhaṇa-grahye-ṣutats-tha-tad-añjnatā samāpattiḥ.

이렇게 하여 마음의 작용이 모두 없어지면, 〔마치〕 투명한 보석이 〔그 곁에 있는 꽃의 색깔에 의해 물들 듯이〕 마음은 인식의 주체(진아)와 인식하는 기관과 인식의 대상 가운데 어느것에든지 머물러 거기에 물든다. 이것이 바로 등지(等至: 定)이다.

등지(等至)와 정(定)은 사마파티(samapati)라고 하는 것으로, 삼매와 같은 것이다.

1-42 tatra śabda-artha-jñāna-vikalpaih saṇkīrṇā savitarkā samāpattih.

이 〔등지〕 중에서 말과 〔그것이 가리키는〕 대상과 〔그것에 관한〕 지식을 〔구별하여〕 분별하는 지식이 혼합된 것은 유심등지(有尋等至)이다.

심(尋: vikalpa)이라는 말은 분별해서 아는 지혜와 같은 뜻으로 쓰인다. 여기에서 이 분별지라는 것은 말과 그의 객체와 그에 관한 관념을 구별하는 지식이다. 그러나 분별지가 아닌 참된 지혜는 말과 객체와 관념의 셋이 나누어지지 않는 곳에서 성립되는 무분별지(無分別智)다. 분별지로서 분별된 이 세 가지는 참다운 본체를 대상으로 한 것이 아니고, 오직 말로 표현된 지식에 지나지 않는다. 예를 들어 분별지는 소〔牛〕라고 하는 말과 소라는 대상과 소라는 관념을 가리킨다.

1-43 smṛti-pariśuddhau svarūpa-śānya iva arthamātra-nirbhāsānirvi-tar-kaa.

〔등지가 깊어지면〕 기억이 사라져서 마치 의식 자체가 없어진 것같이 되어 객체만이 홀로 빛난다. 이것이 무심 〔등지〕이다.

기억은 일반적인 지식을 얻는 기초가 된다. 그러므로 기억과 분별지는 뗄 수 없는 관계에 있다. 따라서 기억이 사라져서 주체적인 자아가 없어지면 객체만이 있게 되어 주체와 객체의 분별이 없는 무분별지의 등지에 이르게 된다.

1-44 etayā eva savicārā nirvicārā ca sūkṣma-viṣayā vyākhyātā.

이 〔두 등지〕에 따라서 그보다도 미세한 대상을 가지는 유사(有伺) 〔등지〕와 무사(無伺) 〔등지〕가 설명된다.

유사 등지의 대상이 되는 미세한 원소는 지(地)와 같은 것이다. 곧 현상으로 나타나서 장소 · 시간 · 원인 속에 한정되는 것이다.

무사 등지의 대상이 되는 미세한 원소는 과거 · 현재 · 미래의 현상에 의하여 한정되지 않으나, 모든 현상에 공통되는 본질이다. 이 대상이 등지의 지혜를 물들이지만 등지의 지혜는 빈 것과 같다. 이러한 무사 등지에서는 분별지가 없어진다.

1-45 sūkṣma-viṣayatvam ca aliṇga paryavasānam.

미세한 대상은 〔다시 더 들어간 근원을 가지지 않으니〕 근본 원질(自性)에 이르러서 〔그 미세한 것이〕 극치에 이르게 된다.

근본 원질로부터 현상 세계로 전개되는 순서를 역으로 거슬러 올라가면 오대(五大)보다 오유(五唯)는 보다 미세한 원소요, 이 다섯 가지 미세한 원소보다 자기 의식은 보다 미세한 것이요, 또한 이것보다 사유 기능은 보다 더 미세한 것이요, 이것보다 근본 원질인 자성은 보다 미세한 것이다. 그러므로 이보다 더 미세한 것은 없다.

유사 등지는 이 형이상학적인 원리가 현상으로서 나타난 것이므로 시간 · 공간 · 인과 등의 범주에 제한을 받는다. 그러나 무사 등지에서는 이들 원리가 현상의 모습으로 나타나는 것이 아니라 현상의 본질 그대로 나타난다.

1-46 tā eva sabījaḥ samādhiḥ.

위의 것은 유종 삼매(有種 三昧)이다.

이상 네 가지 등지는 외계의 것을 대상으로 가진다. 유종이란 종자가 있다는 것이므로 다음 세 가지로 해석된다.

1) 밖에 있는 실재(實在), 곧 객체를 대상으로 가지고 있다.

2) 일반적인 대상을 가진다.

3) 아직 궁극적인 참된 지혜에 이르지 않고 있으므로 윤회 세계에 매이는 인자를 가지고 있다.

1-47 niricāra-vaiśāradye 'dhyātma-prasādaḥ.

무사 〔등지〕가 확립되었을 때 마음이 평정하고 맑게 된다.

무사의 정(定)을 닦으면 깨달음의 힘인 사트바가 된다. 이런 상태에서 객체의 참다운 모습을 대상으로 삼는 참된 지혜가 통상적인 경험의 과정을 거치지 않고 돌연히 빛나게 되는 직관적인 체험을 하게 된다.

1-48 ṛtam-bharā tatra prajñā.

여기 〔마음이 고요하게 맑음〕에서 진리를 간직하는 지혜가 생긴다.

여기에서 말하는 지혜는 직관지(直觀智)로서 논리적인 분석에 의한 지식과는 다른 참된 지혜다.

1-49 śṛuta-anumānā prajñābhyām anyaviṣayā viśeṣaarthatvāt.

이 직관지의 대상은 특수한 것으로 전해졌지만, 추리에 의한 지식과는 다른 대상을 가진다.

전해 받아진 지식이나 추리에 의한 지식은 존재의 보편성을 대상으로 하는 데 비하여, 이 직관지는 삼매에서 나타나는 것으로서 형이상학적인 객체를 대상으로 한다. 이 대상은 구체적이요, 특수한 존재로서 직관에 의해서 파악된다.

1-50 tai-jaḥ saṁskāro 'nya-saṁskāra-pratibandhī.

이것에 의하여 생긴 잠재 인상〔潛在 印象: 行〕은 다른 잠재 인상이 나타나는 것을 방해하는 성질이 있다.

여러 가지 우리들의 경험이 잠재 의식 속에 남아 있는 것이 잠재 인상이다. 이 잠재 인상은 뒤에 어떤 기회를 만나면 의식 세계에 나타난다. 이 잠재 인상에는 두 종류가 있다. 하나는 심리적인 형태로 의식 세계에 나타나는 것으로 기억이나 번뇌 등 감정의 원인이 된다. 다른 하나는 숙업(宿業)으로서 개인의 수명 · 운명 · 환경 같은 객관적인 형태로서 나타난다. 그런데 무사 삼매 중에 생긴 지혜로부터 일어난 잠재 인상은 다른 잠재 인상을 억제하여 나타나지 못하게 한다. 무사 삼매가 아닌 산란심 속에서 생긴 잠재 인상이 나타나지 못하게 억제되면 스스로 삼매의 경지가 나타나고, 따라서 여기에서 삼매지(三昧智)가 생긴다. 이 지혜는 또한 잠재력을 남긴다. 그리하여 삼매지와 그 잠재력은 서로 원인과 결과가 되어 연속된다. 이 삼매지로부터 생긴 잠재력인 잠재 인상은 번뇌를 멸하는 힘을 가지므로 마음을 해방시킨다. 이렇게 하여 해방된 마음은 진아를 만나 진아와 자성의 이원성을 깨닫게 되어 본래의 목적을 실현한다.

1-51 tasya api nirodhe sarva-nirodhān nirbījaḥ samādhiḥ.

이 〔무사 등지로부터 생기는 잠재 인상〕도 멸하면 일체의 〔마음의〕 작용이 없어져서 무종 삼매가 나타나게 된다.

무종 삼매는 최고의 이욕(離慾)이므로, 삼매에서 나타나는 직관지가 그치게 되면 이로부터 생기는 잠재 인상도 같이 멸한다. 따라서 일체의 마음의 작용은 멸하여 스스로 근본 원질로 돌아가게 된다. 이때 진아가 본래 상태에 있게 되니 깨끗한 모습으로 남에게 의지하지 않고 독존 상태가 된다. 이때에 해탈이 이루어진다.

2. 실수품(實修品: sādhana-pāda)

2-1 tapaḥ-svādhyāya-īśvarapraṇidhānāni Kriyā-yogaḥ.

고행·독송·최고신에 대한 상념 등은 노력하는 요가이다.

노력하는 요가란, 일상 생활에서 노력하여 힘쓰는 요가를 말한다. 이 요가는 마음의 움직임을 없애기 위한 예비적인 단계에 속한다. 그러므로 마음의 작용을 없애기 위한 심리 훈련에 반드시 선행되어야 할 필수적인 요소이다. 따라서 고행 및 독송과 최고신에 대한 상념은 요가의 여덟 가지 구성 요소 가운데 권계에 속한다.

2-2 samādhi-bhāvana-arthaḥ kleśa-tanūkaraṇa-arthaś ca.

〔노력 요가의 목적은〕 삼매를 닦기 위해서요, 또한 번뇌의 힘을 약하게 하기 위해서이다.

2-3 avidyā-asmita-rāga-dveṣa-abhiniveśāḥpañca-kleśāḥ.

번뇌는 무지(無知)·자의식·탐욕·증오·생명욕 등의 다섯 가지이다.

2-4 avidyā kṣetram uttareṣām prasupta-tanu-vicchinnau-dārāṇām.

무지는 〔다른 번뇌가 자라나는〕 밭이다. 다른 번뇌가 〔종자의 상태로서〕 잠자고 있든지, 〔요가의 수행으로〕 미약하게 되든지, 〔억눌려서〕 중단되든지 혹은 활동하든지 간에 무명(無明)은 항상 그의 밭으로서 존재한다.

무명은 다른 번뇌의 근원으로서 다른 번뇌가 있는 곳에는 항상 존재하므로 무명이 있으면 다른 번뇌는 항상 있고, 무명이 없으면 다른 번뇌는 스스로 없어진다.

2-5 anitya-aśuci-duḥkha-anātmasu nitya-śuci-sukha-ātma-khyātir avidā.

무명은 덧없고〔無常〕 깨끗하지 않으며〔不淨〕 괴롭고〔苦〕 자기의 주체〔自我〕가 아닌 것〔非我〕을, 항상 〔그것이〕 있고〔常〕 깨끗하며〔淨〕 즐겁고〔樂〕 자아(自我)라고 생각하는 것이다.

무명(avidya)이라는 말은 지(知)가 없다는 뜻이니, 참된 지가 아닌 그릇된 지라는 뜻이다. 예를 들어 이 세상의 모든 것은 변하지 않는 것이 없는데 영원한 것이라고 생각하거나, 절대적으로 가치를 가진 것이 아닌데 절대적인 가치가 있는 것으로 생각하거나, 제 마음대로 되는 것이 아닌데 제 마음대로 되는 것으로 여기거나, 혹은 세상의 모든 존재에는 절대적인 실재성(實在性)이 없는데 모든 것이 그것 그대로 절대적인 실재라고 생각하는 것이다.

2-6 dṛg-darśana-śaktyor eka-ātmatā iva asmitā.

자의식〔我想〕이란 〔자아를〕 알게 하는 힘과 보는 도구가 되는 것〔覺〕을 동일하게 생각하는 것이다.

상캬 요가의 철학에서는 진아와 각(覺)을 달리 본다. 우리가 무엇을 아는 작용을 일으키는 능력은 우리의 심리 기관 속 깊은 곳에 있는 힘인 인식의 주체와 자의식〔我慢〕과 의식 활동〔意〕이라는 마음〔心〕의 네 가지 요소에 의해서 일어나는 것이라고 한다. 그 중에서 아는 힘인 각이 대표적인 것이다. 따라서 이 아는 힘과 순수한 정신적 자아인 진아는 다르게 보아야 한다.

주석가들은 "각보다도 형상(形相)이나 성향(性向) 및 지성(知性)에 그것과 다른 진아가 있는 것을 모르고, 인식의 주체인 각을 참된 근본 자아인 진아로 보는 것은 무지 때문이다"라고 말하였다.

진아는 보고, 알고, 경험하는 근본 주체이지만 작용은 하지 않는 것이라고 한다. 그러나 그의 대상이 되는 근본 원질은 보여지는 것, 알려지는 것, 경험되는 것으로서의 무지요, 작용하는 것〔作者〕이다. 사유 기능이나 심리 작용은 이 근본 원질로부터 펼쳐졌기 때문에 작용하는 것이지만, 인식의 주체가 아닌 무지에 속한다.

진아가 가진 보는 능력은 인식이나 사유의 기능인 각이 어떤 대상을 포착하는 작용을 도구로 사용하지 않으면 그 능력이 나타날 수가 없다. 또한 무지인 사유 기능도 진아에 쓰이는 도구가 되지 않으면 아는 작용을 나타낼 수 없다. 그러므로 사유 기능이 작용하는 것은 진아가 대상을 볼 수 있게 되는 연장으로서의 힘을 가지는 것이다. 그러므로 진아와 그 도구로서의 각이 결합되었을 때에 순수 자아인 진아에 대상을 보는 힘이 스스로 자각되지 않으면, 거기에서 자신에게 사유 작용이 일어나서 자의식이 성립된다. 그러나 진아와 사유 기능이 완전히 일체가 되면 자의식은 무지로 되어 버린다.

그러므로 자의식이 아는 작용을 하는 것은 자신이 스스로 깨닫는 것이 아니고 진아의 보는 힘에 의해서 있게 된다. 진아의 보는 힘이 자각될 때에는 사유 기능과는 다른 자각인 식별지(識別知: 眞知)가 성립되어 해탈한다. 따라서 진아와 사유 기능이 본래 동일하지도 않고, 또한 따로 떨어져 있는 것도 아닌 것을 동일하게 보는 데서 자의식이 있게 된다고 한다. 만일 진아와 사유 기능이 동일한 것같이 되었을 때에는 자의식이 생기고, 또한 여기에서 경험이 성립된다. 그러나 그렇지 않고 이 둘이 본래의 모습으로 돌아가면 그때에는 진아의 독존이 있게 된다.

2-7 sukha-anuśayī rāgaḥ.

탐욕은 쾌락에 따라서 일어나는 마음이다.

탐욕은 일찍이 경험한 쾌락을 기억하여 그 쾌락을 탐내고 원하는 것이다.

2-8 duḥkha-anuśayī dveṣaḥ.

증오는 괴로움에 따라서 일어나는 마음이다.

증오는 일찍이 경험한 괴로움이나 불쾌감에 대해서 가지는 반감 · 노여움 · 파괴욕 등이다.

2-9 svarasa-vāhī viduṣo 'pi tathā rūḍho 'bhiniveśaḥ.

생명욕(집착)은 그것 스스로의 능력으로 움직이는 것이니, 이것은 현명한 사람들도 가지고 있다.

생명욕은 자기 보존의 본능이다. 생물은 전생에 경험한 죽음에 대한 공포의 잠재 의식을 가지고 있다. 이러한 잠재 의식이 움직여서 나타난 것이 생명욕이다. 다시 말하면 인도의 사상가들은 이러한 생명욕이 많은 전생으로부터 되풀이되어 죽음의 고통을 경험한 잠재 의식에 의해서 과거의 괴로움이 기억됨으로써 가지게 되는 것이라고 하였다.

2-10 te pratiprasava-heyāḥ sūkṣmāḥ.

이들 〔번뇌〕는 그것이 잠재되어 아직 나타나지 않는 미묘한 상태에 있는 동안에는, 〔마음이 근본 원질로〕 거꾸로 되돌아감 〔逆轉變〕으로 인해서 비로소 제거된다.

번뇌에는 두 가지 형태가 있으니 하나는 번뇌가 잠재 의식, 곧 잠재해 있는 인상의 모습으로서 있는 것과 또 하나는 그것이 현재 나타나 있는 의식으로서 심리적인 작용을 하고 있는 경우이다. 그런데 여기에서 말한 '미묘한 상태'라는 것은 심리적인 작용으로 아직 나타나지 않고 원인 그대로 있는 상태이다.

또한 마음의 역전변이라는 것은 표면에 나타나지 않은 본래 모습으로 마음이 되돌아가는 것이다. 본래 심리 작용의 본체로서의 마음은, 진아가 이 세계를 경험하는 것과 그로부터의 해탈이라는 두 가지 목적을 달성하기 위하여 움직이고 있는 것이다. 그러므로 진아가 요가의 수행으로 스스로의 실상(實相)을 깨닫게 되면 거기에서 마음의 임무는 끝난다. 이렇게 해서 마음이 자기의 임무를 끝내면, 그의 움직임이 세계 전변이 아닌 근본 원질의 방향으로 돌아가니 이때에는 지금까지 전변한 번뇌의 움직임이 점차로 마음의 본원인 자성으로 환원된다. 이것이 바로 환멸(還滅)이다.

2-11 dhyāna-heyās tad-vṛttayaḥ.

〔이미 나타난〕 이들 번뇌는 선정(禪定)에 의해서 제거될 수 있다.

번뇌가 심리 현상으로서 나타난 뒤에는 선정(samādhi)으로써 제거될 수 있다. 이 선정은 불교에서 선(禪)이라고 음역되는 것이다.

2-12 kleśa mūlaḥ karma-āśayo dṛṣṭa-adṛṣṭa-janma-vedanīyaḥ.

업의 잠재력은 번뇌를 근원으로 하여 현세 또는 내세에 경험하게 될 가능성을 가지고 있다.

업의 잠재력은 일상적인 경험에 의해 없어지지 않고 남는 잠재 인상의 일종이다. 이 업의 잠재력이 발생하는 원인이 되는 행위나 상념은 착한 것이거나 악한 것이다. 이 착한 행위나 악한 행위가 강렬하면 현세에 나타나고, 그렇지 않으면 내세에 나타난다. 이러한 업을 불교에서는 과거의 업, 현재의 업, 미래의 업으로 구별하니, 현세에 나타나는 순현 수업(順現 受業)과 내세에 나타나는 순차 수업(順次 受業), 그리고 다음과 그 다음의 생 사이에 나타나는 업인 순후 수업(順後 受業) 등이 설해지고 있다.

2-13 sati māle tad-vipāko jāti-āyur-bhogāh.

〔번뇌라는〕 근원이 있는 한 업보로서의 태어남과 수명, 그리고 〔행복과 불행의〕 경험이 있게 된다.

업은 행위의 원인이면서 또한 행위의 결과를 나타내는 보조적인 원인이기도 하다. 여기에서 결과인 vipāka라는 말은 불을 사용하여 음식을 요리한다는 뜻이 있다. 그러므로 원인(불)과 질이 다른 결과(요리)가 생기는 것이다. 이것을 불교에서는 이숙(異熟)이라고 번역한다.

대체로 인간의 움직임에는 보이지 않는 심리적인 움직임과 객관적으로 나타나는 움직임이 있다. 기억이나 번뇌와 같은 심리 현상은 눈에는 보이지 않으나 마음에 움직임이 있는 것이요, 업력(業力)으로 남는 움직임은 객관적인 현상으로서 외부로 나타나는 것이다. 이와 같이 업력은 밖으로 나타나는 현상이므로 인간의 생명도 그것이요, 천인이나 지옥에 사는 중생도 이런 업력 때문이라고 한다. 이와 같은 업력으로 된 생명들 가운데는 제한된 수명이 있고, 그의 생애 동안 행복이나 불행을 경험할 수 있다고 한다.

업과 업보와의 관계에 대해서는 불교에서도 복잡한 이론이 전개되었고, 요가에서도 많은 논란이 있었다.

주석가에 의하면, 같은 행위라고 하더라도 기억에 남는 것이나 번뇌는 생명의 시원적인 때부터 거듭되는 윤회 전생(輪廻 轉生)을 하는 동안에 축적된 것이 마치 그물 형상으로 되어 마음에 붙어 있다가 나타나는 것이라고 한다. 이러한 숙업(宿業)은 대체로 한 생애에 축적된 것만이 남는다. 왜냐하면 그 대부분이 다음 생애에서 업보로 소비되고 말기 때문이라고 한다.

그렇다면 남은 업력으로부터 업보가 어떻게 나타나는가. 일생 동안에 축적된 업력은 사람이 죽는 순간에 모두 한꺼번에 나타나서 죽음을 가져오고, 드디어 그 모아진 업력이 다시 다음의 생명력을 이루어 수명과 운동을 결정한다. 그러므로 업력은 대체로 전생의 한 생애에 나타났다가 다음 생에서 모두 소멸된다. 따라서 현생에서 결집된 업보도 마찬가지다. 가령 현생에 업을 지어 신계(神界)에 이르게 되거나 수명이 연장되는 경우는 이러한 것이다.

2-14 te hlāda-paritāpa-phalāḥ puṇya-apuṇya-hetutvāt.

이들 〔업보는〕 그의 원인이 된 행위가 선행인가 악행인가에 따라서 기쁨이나 괴로움을 준다.

2-15 pariṇāma-tāpa-saṁskara-duḥkhair tuṇa-vṛtti-virodhāc ca duḥkham eva sarvaṁ vivekinaḥ.

명철한 사람은 현재의 모든 것이 괴로움이다. 왜냐하면 〔현상의〕 전변(轉變)과 〔현실의〕 괴로움과 그의 잠재력 등이 모두 괴로움으로 있기 때문이다. 또한 세 가지 근본 원인〔三德: triguṇa〕의 작용에 의해서 서로 상반되기 때문이다.

평범한 사람은 우리 현재의 존재를 괴롭게도 보고, 즐겁게도 본다. 그러면서도 즐거운 것으로 보고 싶어한다. 왜냐하면 우리 인간의 생활은 고(苦)와 락(樂)이 항상 엇갈려 있기 때문이다. 괴로움이 많은 사람은 인생을 괴로운 것이라고 보고 즐거움이 많은 사람은 인생을 즐거운 것이라고 보겠으나, 사실은 그 괴로움이나 즐거움은 항상 변하여 움직이는 것이다. 그런데도 그것을 모르고 고정된 것이라고 믿기 때문에 즐거워하거나 괴로워하는 것이다.

그러나 참된 진리를 안 명철한 사람은 모든 것이 괴로운 것이라는 것을 깨닫는다. 왜냐하면 모든 존재는 순수 정신인 진아와 물질 세계의 본질인 자성에 의해서 존재한다는 이원성(二元性)을 깨닫고, 이 이원에 의해서 현상 세계가 성립되었음을 아는 사람은 모든 것이 자기 모순 속에 있는 괴로운 것이라는 점을 이해하게 된다. 불교에서 사성제(四聖諦)의 첫째로 고성제(苦聖諦)를 설한 것도 이 때문이다. 인생이 이와 같이 괴로운 것이라는 점을 마음 깊이 깨달은 사람은 성자(聖者)라고 할 수 있다. 그래서 불교의 사성제라는 말에는 네 가지 절대적인 진리라는 뜻도 있고, 성자만이 아는 네 가지의 진리라는 뜻도 있다. 인간의 깊은 자아 반성인 구도 생활(求道 生活)은 인생의 괴로움을 깊이 느끼는 데서부터 시작된다. 이것은 석가의 출가나 인도의 모든 고행자의 생활에서 알 수 있다. 세계의 모든 존재에 우주의 세 가지 근본인 삼덕이 서로 상극 관계를 이루며 작용하고 있다는 점에 대하여는 2-18에서 설명하겠다.

2-16 heyaṁ duhkḥam anāgatam.

〔요가 수행에 의해서〕 제거되는 것은 미래의 괴로움이다.

과거의 괴로움이나 현재의 괴로움은 제거될 것이 못 되고, 미래의 괴로움이 제거될 대상이다. 왜냐하면 과거나 현재의 괴로움은 이미 이루어진 존재이기 때문에 제거될 수 없는 것이다. 이 몸이 존재하는 것은 바로 과거의 괴로움과 현재의 괴로움이 있었기 때문이다.

미래의 괴로움을 제거한다는 것은 윤회 전생을 받지 않는 해탈을 얻고자 하는 것이다.

2-17 draṣṭṛ-dṛśyayoḥ saṁyogo heya-hetuḥ.

보는 것과 보여지는 것과의 결합이야말로 제거될 〔괴로움의〕 원인이다.

보는 것은 순수 정신인 진아요, 보여지는 것은 물질의 원질인 삼덕이다. 오대(五大: 5가지 원소)와 십근(十根: 10가지 심리 기관) 등의 형태로 전변하고 있는 물질의 근본 원질은 보여지는 것으로서의 객관적인 존재이다. 그리고 이들 객관적인 존재 중에서 괴로움과 직접적인 관계를 가지는 것은 세 가지 중에서도 각이라는 형이상학적인 원인이다. 이것은 최고 심리 기관을 형성하고 있는 세 가지의 원질(三德) 중에서도 가장 청정하고 순수한 성격을 지닌 것이다. 이것과 진아와는 세계가 시작되는 시초에서부터 결합 관계를 가지고 있다.

곧 진아가 각에게 빛을 던져 줄 때 '사트바'가 이에 호응해서 의식성을 갖춘 심상(心像)을 띠게 된다. 그런데 이 각은 본래는 무의식의 성질을 가진 원인이지만, 진아와 관계함으로써 의식성을 가진 심리 현상이 된다.

번뇌를 비롯하여 일체의 심리 현상은 물론이고, 그 결과인 업이나 업보까지도 모두 진아와 각과의 결연으로 이루어진다. 그러므로 이들의 결합이 괴로움의 원인이라고 한다. 이러한 관계를 이해하려면 무엇보다도 먼저 상캬 철학의 근본 교설을 알아야 한다.

진아와 각과의 결합 관계는 자성이 진아에게 우주 창조의 경험과 해탈을 맛보게 하기 위하여 스스로 진아와 관계를 맺는 데서 성립된다. 만일 진아가 자성과는 어떤 관계도 맺을 수 없다는 것을 알고 있다면, 진아는 자성과 어떤 관계도 가지지 않을 것이 당연하다. 그러므로 이 둘의 결합은 진아의 무지에서 비롯된다. 이것은 진아가 그 참된 모습을 자각하지 않고, 자성에서 전개된 각의 사트바성 위에 비추어진 자신의 그림자를 자기 자신의 참된 모습이라고 잘못 생각한 것이다.

그런데 이 각은 '사트바' 외에도 '라쟈스'와 '타마스'라고 하는 두 힘을 없어서는 안 되는 인자(因子)로서 가지고 있다. 라쟈스는 불안·근심 등을 본질로 하는 에너지이므로 이 에너지가 사트바에 작용할 때 이 사트바는 괴로움의 성격을 띠게 된다.

따라서 각의 '사트바 구나' 위에 그림자처럼 나타난 진아는 또한 괴로운 성격을 띠어 고성(苦性)이 된다. 이때에 본래 자각성이 없는 진아는 이 고(苦)로 물든 그림자를 보고, 자기가 괴로워하는 것이라고 착각한다. 이와 같이 상캬 철학에서는 고의 원인을 형이상학적으로 설명한다.

이에 의하면 고의 원인은 요컨대 무지인 근본 무명(根本 無明)에 있다고 한다(2-23 참조). 이 근본 무명이라는 것은 참된 진아와 사유 기능[覺]을 구별하지 못하는 것이니, 이들을 확실히 구별하는 것이 참된 진아가 물질 세계에 끌리지 않고 독존하여 해탈에 이르는 길이다.

2-18 prakāśa-kriyā-sthiti-śilaṁ bhūta-indriya-ātmakaṁ-bhoga-apavarga arthaṁ dṛśyam.

보여지는 것〔自性〕은 밝은 성품과 활동성과 우둔의 〔세 가지〕 성격을 가지고 있다. 그것은 물질 원소와 〔지각이나 운동〕 기관으로부터 이루어진 것으로서 〔진아의 세계에 대한〕 경험과 해탈을 목적으로 한다.

밝게 비춤과 활동함과 둔함은 삼덕의 성질을 나타내는 것으로서 '보여지는 것'을 구성하는 세 가지 원소이다. 객관적인 존재의 근본 원질인 자성은 이 세 가지 힘으로 이루어져 있고, 따라서 이러한 세 가지 성격을 지닌다. 이 삼덕은 잠시도 쉬지 않고 작용하는 에너지를 가진 인자이므로 이 세 가지 성향은 서로 모순되는 상극 관계를 가진다. 그리하여 각각 자기의 분(分)을 지키고 혼동하지는 않지만 서로 영향을 주는 것이요, 또한 지배와 종속 관계를 가진다. 이렇게 해서 이 세 에너지의 작용으로 자성이 전변하여 경험 세계가 나타난다. 이러한 삼덕의 성향은 상캬 카리카(sāṁkhya-karikā: 金七十論)에 의하면 다음과 같다.

1) 사트바〔純質〕는 쾌락이 그것의 본질이요, 밝게 비추는 것이 그것이 작용이며, 가볍고 밝은 것이 특징이다.

2) 라자스〔動質〕는 불쾌한 것이 그것의 본질이요, 활동이 그것의 작용이며, 불안이 특징이다.

3) 타마스〔楞質〕는 어리석고 둔한 것이 그의 본질이요, 둔하고 무거운 것이 그것의 작용이며, 무거운 것과 덮는 것이 특징이다.

이와 같은 세 가지 힘의 성격이나 특징은 서로 다르며 모순된 것이지만, 이 셋은 항상 떠나지 않고 서로 관련되어 있음으로써 물리적·심리적 현상이 나타난다. 이러한 관련성에는 서로 억제하고 의존하면서, 서로 어울리고 자극하는 성질이 있다.

물질적인 원질이라는 것은 지(地)·수(水)·화(火)·풍(風)·공(空)의 다섯 가지 원소와 지각 기관과 운동 기관인 눈·코·귀·혀·피부·발성 기관·손·발·배설 기관·생식 기관의 열 가지 기능이다. 여기에서는 오대(五大)와 십근(十根)만을 이야기하고 있으나, 이것 외에 다섯 가지 미세한 원소인 오유(五唯)와 뜻〔意〕과 아만(我慢)과 각(覺) 등도 원질에 포함된다. 이들은 물질적인 원질로서 진아에게 보여지는 것〔所見〕이다. 이 보여지는 것은 세 가지 요소가 움직여서 보는〔能見〕 진아가 이 세상을 경험하려 하고, 또한 그로부터 해탈하려고 하기 때문이다.

경험은 보는 진아와 보여지는 세 요소와의 결합에서 성립되는 것이고, 해탈은 이 경험을 통해 진아가 '보여지는 것'과는 전혀 다른 것으로서의 본래의 상태를 확립하는 것이다. 경험과 해탈은 모두 사유 기능으로 나타나고 있으면서도 진아의 독존(獨存)을 가져오니, 이것은 마치 전쟁의 승부가 병사에 의해서 이루어지는 것이면서도 군주에게 책임이 돌려지는 것과 같다. 왜냐하면 진아는 사유 기능의 작용을 경험하는 주체이기 때문이다.

2-19 viśeṣa-aviśeṣa liṇgamātra-aliṇgāni guṇa parvāṇi.

삼덕의 전변 형태에는 네 가지 구별이 있다. 차별이 있는 것과 차별이 없는 것, 〔근본 원질로〕 환몰(還沒)하기만 하는 것, 그리고 환몰하지 않는 것의 넷이다.

이것도 상캬 철학의 근본 학설에 의한 것이다. 삼덕의 힘이 서로 관련되어서 만상이 전변되나 그 전변한 존재는 네 단계로 나눠진다.

1) 차별이 있는 것…五大(地 · 水 · 火 · 風 · 空), 十一根(眼 · 耳 · 鼻 · 舌 · 身 · 口 · 手 · 足 · 排泄器 · 生殖器 · 意)

2) 차별이 없는 것…五唯(聲 · 香 · 味 · 色 · 觸), 我慢

3) 환몰하기만 하는 것…覺

4) 환몰하지 않는 것…根本 自性

여기에서 차별이 있는 것이라고 한 것은 행(幸) · 불행(不幸) · 아름다움〔美〕 · 추함〔醜〕 등의 차별이 있는 것이니, 다섯 가지 원소〔五大〕와 열 가지 근본 지각 기능〔十根〕과 뜻〔意〕을 말한다. 이에 반하여 다섯 가지 미세한 요소로서의 오유는 신(神)이나 입정자(入定者)에게서 볼 수 있는 미세한 요소이므로, 이것으로 이루어진 존재는 쾌락 · 불쾌 등의 차별이 없고 다섯 가지 원소가 전개되는 원인이다.

순수 자의식〔我慢: 我想〕에도 쾌락 · 불쾌 · 아름다움 · 추함 등의 특수성이 인정되지 않는다. 그러므로 이것은 무차별한 것의 범주에 들어간다.

환몰이라는 것은 자연의 근원인 근본 자성 속으로 돌아가서 몰입하는 것이다.

각(覺)은 수행을 한 최후에 자성 속으로 환몰하기만 하는 성격을 가진 존재이다. 이 링가(liṅga: 還沒)라는 말에는 개인의 인격을 만드는 기초라는 뜻도 있으므로 각은 개성을 형성하는 개인 존재의 기초가 된다.

이와 달리 자성에는 개인성이 없다. 그러므로 개인성은 없는 것〔아링가(aliṅga)〕이라고 불리어진다. 이것은 환몰해 들어갈 곳이 없다.

2-20 draṣṭā dṛśimātraḥ śuddho 'pi pratyaya-anupaśyaḥ.

보는 것이라는 것은 오직 순일(純一)하게 보는 힘이며, 그 힘은 청순하나 사유 기능이 나타내는 표상(表象)을 매개로 하여 대상을 본다.

'순일하게 보는 힘'이라는 것은 순수하게 관조만 하는 힘이다. 그것이 청순하다는 것은 진아가 전변이나 현상과는 아무 관계가 없다는 것이다. 이와 같이 청순하고 불변하며 독존적인 진아가 보여지는 것(所見)을 어떻게 자기가 보는 대상으로 삼느냐 하면, 각이 십일근을 통해 제공한 자료에 따라서 자기를 전변시켜 만든 표상을 매개로 하여 대상으로 삼는 것이다. 진아는 각이 전변하여 만든 표상에 조명을 비춰서 의식하는 것이다. 그러므로 '보는 힘'은 의식성(意識性)이다. 따라서 진아는 순수한 의식이며 지성(知性)이라고 해석할 수 있다.

2-21 tad-artha eva dṛśyasya ātmā.

보여지는 것은 보는 것을 위해서만 있다.

'보는 것을 위해서'라는 것은 진아가 현실을 경험하여 그 경험으로부터 벗어나는 것이다. 상캬 철학에 의하면 근본 자성이 각 이하의 형태로 전개되는 것은, 진아의 이러한 목적이 그의 동인(動因)으로서 작용하기 때문이다. 다시 말하면 보여지는 것인 각 이하는 자기 스스로를 위한 것이 아니고, 진아의 경험과 해탈을 위한 존재에 지나지 않는다.

2-22 kṛta-artham prati naṣṭam api anaṣṭam tad-anyasādhāraṇa-tvāt.

〔이미 해탈의 목적을〕 달성한 〔진아〕에 대하여는 〔보여지는 것이〕 멸하였으되, 그 〔보여지는 것〕은 다른 것(진아)과도 공통되는 것이므로 〔아직도 해탈하지 않은 다른 진아가 있는 한〕 (완전히) 멸해진 것은 아니다.

상캬 요가 철학에 의하면, 근본 원질은 오직 하나뿐이지만 진아의 수효는 생물의 수효만큼 있다. 그러므로 보여지는 객관 세계는 해탈하지 않은 다른 진아에게는 보여지는 것으로 남아 있다.

2-23 sva-svāmi-saktyoḥ svarūpa-upalabdhi-hetuḥ saṁyogaḥ.

소유물의 힘〔보여지는 것〕과 소유자의 힘〔진아〕가 그 본래의 상태를 파악하는 원인은 이 〔둘의〕 결합이다.

보는 것과 보여지는 것은 곧 가지는 것과 가져지는 것이다. 이 둘이 서로 결합하여 괴로움〔苦〕이 생긴다(2-17). 또한 보는 것인 진아와 보여지는 것의 결합에 의해서 비로소 가진 것으로서의 힘이 본래의 모습을 진아에게 보이게 되고, 또한 소유되고 있다는 경험을 가지고 소유되었다는 사실을 알게 된다. 가지는 것으로서의 힘은 이때 비로소 그 본성을 파악하여 독존하게 된다. 보여지는 것의 힘으로 스스로를 인식하는 것이 경험이요, 보는 것의 힘이 자기를 인식하면 그것이 바로 해탈이다.

2-24 tasya hetur avidyā.

그 〔결합의〕 원인은 무명(無明)이다.

무명은 번뇌의 일종으로서 보는 것과 보여지는 것과의 다름을 모르고 둘을 하나로 보아 혼동하는 것이다. 이러한 무지가 과거로부터 무수한 상태를 거쳐 잠재 의식이 되어 잠재력을 가지고 잠재 인상으로서 남아 있는 것이 번뇌이다. 이러한 잠재 인상에 남겨진 사유 기능은 진아와 사유 기능을 식별하는 참된 지식에 이르지 못한 채 진아와 결합하고 있다. 당연히 버려져야 할 괴로움〔苦〕과 버려져야 할 원인인 이들의 결합은 이 무지에서 오는 것이므로 이것을 제거해야 한다는 것이다.

2-25 tad-abhāvāt saṁyoga-abhāvo hānaṁ tad dṛśeḥkaivalyam.

따라서 그 〔무지가〕 없어지면 〔진아와 사유 기능과의〕 결합은 없어진다. 이것이 제거〔괴로움의 지멸〕요, 진아의 독존이다.

괴로움이 제거라고 하는 것은 괴로움의 현 존재가 모두 없어진 상태로서 이것이 진아의 독존이다. 진아의 독존이라는 것은 진아가 다른 아무것과도 결합하지 않고, 자기 홀로 존재하는 상태이다. 이것이 또한 해탈의 내용이다. 진아는 본래 자유 · 청정 · 불변 · 편재(遍在)의 절대자이므로 보여지는 객관 세계와의 결합이 없어지면 본래의 상태로 돌아가게 된다. 이때에 진아와 결합되어 있던 사유 기능인 각(覺) 따위도 자기 전변으로부터 해방되어 해탈이 있게 된다.

따라서 해탈은 진아의 쪽에서도 근본 원질인 자성의 쪽에서도 말해지게 된다.

2-26 viveka-khyātir aviplavā-hāna-upāyaḥ.

제거 수단은 〔진아와 사유 기능과의 다름을 아는〕 동요 없는 식별지이다.

식별지란 진아와 사유 기능을 분명히 식별하는 지견이다. 이 식별지가 일어났다 없어졌다 하는 상태에 있을 때는 무지가 완전히 제거되지 않으므로 이러한 지견을 한결같이 있게 하지 않으면 안 된다.

2-27 tasya saptadhā prānta-bhūmiḥ prajñā.

그 〔식별지를 얻은 요가 행자〕에게는 최고의 단계에 도달하는 일곱 가지의 참된 지식〔眞知〕이 있다.

일곱 가지의 참된 지식은 다음과 같은 것이다.

1) 나는 버려져야 할 것을 모두 알았으니 다시 알아야 할 것은 없다.

2) 버려져야 할 것의 원인은 없어졌다. 다시 없어질 아무것도 없다.

3) 지멸 삼매에 의하여 직관되었다.

4) 식별지에 의하여 무지를 제거할 수 있는 수단은 이미 이뤄졌다.

5) 사유 기능은 경험과 해탈의 두 가지 일을 이루었다.

6) 세 가지 근본 요소〔三德〕는 근본 원질로 환멸하여 사유 기능과 더불어 멸진되어 다시 전개되는 일이 없어졌다.

7) 이런 단계에서는 진아가 세 가지 근본 요소와의 관계를 초탈하여 자체만으로 빛나며 더러움 없이 독존한다. 이상의 7단계 가운데 네번째 단계까지가 노력에 의하여 성취되는 참된 지식의 완성이며, 이에 따라서 성취되는 다음 세 가지 단계는 마음의 해탈에 관계되는 것이지 노력에 의해서 이루어지는 것이 아니다.

2-28 yoga-aṇga-anuṣṭhānād aśuddhi-kṣaye jñāna-dītir āiveka-khyāeḥ.

요가의 여러 부문을 수행함으로써 〔점차〕 마음의 더러움이 없어지면 식별지에 〔도달하여 최고의 빛을〕 발하는 바른 지혜〔正知〕가 생긴다.

여기서부터 2-55까지의 가르침은 《요가수트라》의 모든 사상을 포괄적으로 이해하는 데 중요한 것이다.

2-29 yama-niyama-āsana-prāṇāyāma-pratyāhāra-dhāraṇādhyāna samād-hayo 'ṣṭau aṇgāni.

〔요가에는〕 금계(禁戒)와 권계(勸戒)·좌법(坐法)·조식(調息)·제감(制感)·응념(凝念)·선정(禪定)·삼매(三昧)라는 8단계의 〔수행법이 있다.〕

요가 학파의 수행 중에는 8단계로 요가 체계를 세우지 않고 3 또는 6단계로 설하기도 하지만, 《요가수트라》에서는 8단계로 설하고 있다.

2-30 ahimsā satya-asteya-brahmacarya-aparigrahā yamāḥ.

금계는 살생하지 않는 것〔不殺生〕과 정직 및 도둑질하지 않는 것과 금욕, 그리고 탐내지 않는 것이다.

금계는 불교에서 말하는 다섯 가지 지켜야 할 오계(五戒)와 비슷하다. 자기와 자기 이외의 것과의 관계에서 있어야 할 올바른 관계로서 주로 도덕적인 규범으로 나타난다. 그러나 도덕적인 규범이라고 하더라도 단지 사회 도덕으로서의 규범에 그치는 것이 아니라, 마음의 평화를 얻는 수단이며, 나아가서는 요가의 목적을 달성하는 예비적인 수행이다.

2-31 jāti-deśa-kāla-samaya-anavacchinnāḥ sārvabhaumā-mahāvratam.

〔이들 금계가〕 신분·장소·시기·기회의 제한 없이 어떤 경우에도 통하면 그때는 대서계(大誓戒)라고 한다.

흔히 사회적인 도덕의 규범인 금계는 어떤 조건에 의해서 실행하게 된다. 가령 인도에서는 고기를 잡는 어부에게는 고기를 죽이는 것이 허락되면서도 다른 것은 죽이지 못하는 신분상의 제한이 있다. 또한 신성한 장소에서는 어떤 달의 제14일에는 살생하지 않는다는 조건이 있다. 시기 · 장소 등의 제한이란 바로 이런 것들이다. 그리고 신(神)이나 바라문을 위해서는 살생할 수 있다거나 크샤트리아(왕족계급)는 전쟁 이외에는 살생하지 않는다고 하는 기회의 제한이 있다. 그러나 이와 같은 조건이 붙어 있지 않은 금계, 다시 말해 조건이 없는 금계를 대서계(mahāvrata)라고 한다. 이것이 해탈을 구하는 수행자가 지켜야 할 금계이다.

2-32 śausa-saṁtoṣa-tapaḥ-svādhyāya-īśvarapraṇidhānāni niyamāḥ.

권계는 〔몸과 마음의〕 청정과 〔생명 유지에 필요한 것 이상은 구하지 않는〕 만족, 그리고 〔주림과 목마름 및 추위와 더위 등을 극복하거나 단식하는〕 고행·독송(讀誦)·최고신에 대한 기원이다.

권계는 자기 자신에 대해서 지켜야 할 규범이다.

2-33 vitarka-bāhane pratipakṣa-bhāvanam.

〔이들 금계와 권계의 실행이〕 망상으로 인해서 방해가 될 때에는 〔그 망상에〕 대항하는 염상(念想)을 닦아야 한다.

주석가의 설명에 의하면, 망상이란 예를 들어 '저놈을 죽이겠노라'고 하거나, '저놈을 속여야겠다'고 하는 생각이다. 이러한 망상이 생겼을 때에는 이에 대항하는 마음을 닦아야 한다. 곧 '무서운 윤회의 불에 타고 있는 나는 모든 생류에게 두려움이나 불안을 주지 않겠다는 생각으로 요가를 실천해 윤회의 괴로움을 면하려고 한다. 그런데 지금 일단 버린 망상을 내가 다시 가진다면, 그것은 마치 먹은 것을 토했다가 다시 먹는 개와 같은 행동이다'라고 생각하여 망상을 없앤다.

2-34 vitarkā hiṁsā ādayaḥ kṛta-kārita-anumoditā lobhakrodhamoha-pūrvakā mṛdu-madhya-adhimātrā duḥkhājñāna-anantaphalā iti pratipakṣa-bhāvanam.

살생 등의 망상은 이미 실행된 것·실행을 당한 것·용인된 것의 구별이 있고, 〔여기에 또한〕 탐욕·분노·미망(迷妄)에 의한 구별이 있으며, 다시 온화한 것·중용·격렬한 것의 구별이 있다. 이것들이 고와 무지를 한없이 가져오는 것임을 생각하는 것이 〔망상에〕 대항하는 상념의 수습이다.

망상에는 살생 하나만을 보더라도 여든한 가지가 있다. 다시 말해 살생을 어떤 규정에 의해서 확신을 가지고 행한 망상과 그렇지 않고 애매하게 자기의 선택에 의해서 행해지는 망상으로 구별하면, 살생이라는 망상 하나에도 무수한 종류가 있다는 것이다. 이러한 무수한 망상을 그것이 일어날 때마다 저항하는 상념으로 눌러서 드디어 그것을 타파하게 되면 그때에는 초능력이 생기게 된다.

2-35 ahiṁsā pratiṣṭhāyāṁ tat-saṁnidhau vaira-tyāgaḥ.

불살생의 〔계행이〕 확립되면, 그의 앞에서는 〔모든 생류들의〕 적의가 포기된다.

생명을 죽이지 않는다(ahimsā)는 것은 폭력을 쓰지 않는 것, 또는 살생하지 않는다는 뜻이 있어 다섯 금계의 첫머리에서 강조된다. 이 사상은 어떤 경우, 어떤 방법으로도 생물을 해치지 않는 것으로서의 폭력 중에서 가장 큰 것은 생명을 죽이는 것이라는 불살생을 앞세운 것이다. 간디가 인도의 독립을 쟁취할 때에도 이 정신으로 일관하였다. 간디에게서 이 비폭력주의는 종교적인 진리의 파지(把持)였다.

비폭력의 계행이 확립된다는 것은 비폭력의 계행이 철저하다는 뜻이요, 또한 비폭력의 기반 위에 서 있다는 것이다. 하우엘 씨는 이 비폭력의 기반이라는 말을 신비적인 근본력이라고 번역하고, 이것을 초심리적 · 초물리적인 실재(實在)라고 본다. 이러한 실재는 마음속 가장 깊은 곳에 항상 존재하고 있으므로 여기서부터 모든 경험 세계의 현상이나 생명 활동이 생긴다. 그러므로 모든 생명을 존중하는 생각은 마음의 가장 깊은 밑바닥에 그 기반을 가지고 있다. 그것은 모든 생명이 태어나면서부터 가지고 있는 생명 유지의 질서이다. 이것은 우주 생명의 창조와 그 유지의 큰 질서인 것이다. 그러므로 비폭력의 계행에 철저하게 된다는 것은 이러한 모든 생명의 실존으로부터 나타나는 창조의 충동이나 의지에 그대로 맡기는 것이다. 이러한 비폭력의 신비적인 기반이 마음속에 실현된다면, 어떤 생물이라도 적대적인 심정을 가지고 살해하지 않게 되어 완전한 평화와 생명 존중이 실현될 것이다.

2-36 satya-pratiṣṭhāyaṁ kriya-phala-āśrayatvam.

정직의 계행(불망어)이 확립되면, 행위와 그 결과의 의지처(천계나 명계)가 된다.

정직하여 진실만을 말하는 사람이 되면, 그가 말하는 대로 그의 행위와 결과가 구현된다는 것이다. 가령 "나는 훌륭한 사람이 되겠다"고 하면 그는 그와 같은 사람이 되고, "나는 천국에 태어날 것이다"라고 하면 그는 천국에 태어난다는 것이다.

또한 이 가르침은 단지 윤리적인 데만 그치는 것이 아니라, 행위와 같은 결과를 가져와서 천계에 태어나게 된다는 종교적인 뜻도 있다.

2-37 asteya-pratiṣṭhāyām sarva-ratna-upasthānam.

도둑질하지 않는 계행(불투도)이 확립되면, 모든 〔방향으로부터〕 재물이 그에게 모인다.

인과 법칙으로 남의 것을 도둑질하지 않으면 그 과보로 보옥이 각처에서 모여든다는 것이다. 이것은 심령 현상에서도 영능자(靈能者)에게 나타난 사실이 있다고 한다.

2-38 brahmacarya-pratiṣṭhāyām vīya-lābhaḥ.

금욕의 계행(정결)이 확립되면 정력을 얻는다.

금욕의 계행으로 정력이 축적되어 심신이 큰 힘을 얻게 된다. 그렇게 되면 누구라도 그에게 대항할 수 없게 되고, 또한 제자에게 자기의 생각을 전할 수 있게 된다고 한다.

브란튼 씨는《신비한 인도의 탐방》에서 근세 인도의 성자 라마나 마하리시를 만나서 이심전심으로 성자의 생각을 전수받았다고 말하고 있다.

브라흐마챠리야는 금욕(禁慾) · 범행(梵行) · 불음(不淫)이라고 한역되는 것처럼 수행중에 있는 사람의 여인 관계에 대한 계율이다. 수행의 완성자에게는 절대적인 계행이 아니어서 요기 중에는 아내를 가진 사람이 많다.

2-39 aparigraha-sthairye janma-kathaṁtā-sambodhaḥ.

탐내지 않는 계행이 확립되면 〔자신의 과거·현재·미래에 걸친〕 전생(轉生)의 상태를 그대로 알 수가 있다.

사람은 최소한의 생활 필수품을 가질 필요가 있으나 그 이상은 욕심을 내지 말아야 한다. 아무리 많은 재산을 가지고 있더라도 그것에 대한 지나친 집착이나 소유욕에 마음이 끌려 정신을 잃게 되면, 그보다 더 귀중한 것을 잃게 된다. 사람은 흔히 자기 몸이나 대상에 대한 욕망으로 탐애심에 속박되어 있어서 마음의 진실한 지혜가 나타나지 못한다. 물질 세계에 관심이 없어지면 자기의 과거와 미래에 대한 올바른 인식을 가질 수 있게 된다. 불교에서도 숙명통(宿命通)을 얻으면 과거를 아는 초능력이 얻어진다고 한다.

2-40 śaucāt sva-aṇga-jugupsā parair asaṁsargaḥ.

심신을 청정히 〔가지는 권계를〕 지키면 자신의 몸에 대한 염오심(厭惡心)을 가지게 되고, 남과 교접하지 않게 된다.

마음과 몸을 항상 깨끗이 가지겠다고 생각하여 수행하면 자기 몸에 대한 부정관(不淨觀)이 생기게 되고, 남의 몸에 대하여 욕심을 내지 않게 된다. 따라서 음행심이 일어나지 않게 된다. 그러므로 불교에서는 부정관을 닦으라고 말한다.

2-41 sattvaśuddhi-saumanasya-aikāgrya-indriyajaya-ātmadarś anayogya-tvāni ca.

또한 〔청정한 계행을 지키면〕 순질 요소는 청정하게 되고, 〔순수하고 청정함으로써〕 희열이 생긴다. 또한 〔희열로부터〕 마음의 한결같은 집중이 생기며, 〔여기에서〕 감각 기관의 제어가 있게 되고 〔감각 기능의 극복으로 사유 기능의 순질에서〕 자신을 직관하는 능력이 생긴다.

사트바의 정화라는 것은 삼덕 가운데 사트바가 다른 두 원질의 작용을 극복하여, 그의 본성인 조명(照明) · 행복(幸福) 등의 성향이 마음의 표면에 나타나는 것을 말한다.

또한 '자기를 직관하는 능력'이라는 것은 진아와 각(사유 기능)을 구별하는 식별지를 얻는 힘이다.

2-42 saṁtoṣād anuttamaḥ sukha-lābhaḥ.

만족의 〔권계를 지키면〕 그 결과 〔천상(天上)이나 지상(地上)의 행복보다도 큰〕 무상락(無上樂)을 획득한다.

만족을 아는 것은 목마른 자가 물을 바라는 것 같은 갈애(渴愛)의 본능적인 욕구를 극복함으로써 생기는 것이다. 여기에서 얻는 행복은 천상이나 지상의 행복의 몇십 배에 해당된다고 한다.

2-43 kāya-indriya-siddhir aśuddhi-kṣayāt tapasaḥ.

고행의 결과 〔심신의〕 오예(汚穢)가 멸해짐으로써 신체와 감각 기관의 초자연력이 나타난다.

초자연력에 대하여는 3-16 이하에서 설명된다.

2-44 svadhyāyād iṣṭa-devatā saṁprayogaḥ.

독송의 실행으로 희망하는 신령과 만날 수 있다.

해탈에 관한 성전을 학습하거나 성어 '옴'을 암송함으로써 희망하는 신과 교통하게 된다는 것이다. 희망하는 신이란 천인(deva)이나 신선(risi) · 성취자(siddha)들을 의미한다.

이들은 절대적인 신격이 아니고 인격적인 영적 존재이다. 이들 존재는 행자가 성전을 학습하거나 거룩한 언어인 '옴'을 암송함으로써 보게 되고, 신은 수행자를 수호하고 지도하는 일을 맡게 된다.

요가 행자가 적당한 지도자를 만날 수 없을 땐 이 신령에 관한 만트라(眞言)를 일심으로 암송하면, 드디어 그 행자의 눈에 그 신령이 보이게 된다. 이것이 그 신이 그 행자를 수호하고 지도하는 일을 맡고 있다는 증거이다. 그리스도교에서는 천사로서 나타나고, 심령과학에서는 수호신 · 수호령으로서 나타난다.

불교에서도 특정한 진언을 외거나 명호(名號)를 외면, 그 존상(尊像)이 보이게 되고 그 음성이 들린다고 한다. 관불 삼매(觀佛 三昧)에서 진언 · 다라니 · 명호를 외는 것은 모두 이러한 수법이다.

2-45 samādhi-siddhir īśvara-praṇidhānāt.
최고신에 대한 염신(念神)으로 삼매가 성취된다.

최고신에 대한 염신이란 모든 행위를 최고신에게 바치거나, 모든 행위의 결과에 집착하지 않고 최고신에 맡기는 것이다(1-23～28 참조).

2-46 sthira-sukham āsanam.
좌법은 안정되고 쾌적한 것이다.

《요가수트라》에는 구체적인 좌법이 설명되어 있지 않다. 또한 주해서는 좌법이 안정되고 안락한 것이며, 연화좌(蓮花坐)와 용사좌(勇士坐) 등의 명칭만을 들어 설명하고 있다. 이것만으로는 《요가수트라》가 씌어질 당시에 좌법이 몇 가지의 종류가 있었는지 분명치 않다. 아무튼 좌법이 여러 가지 체위법으로 발달해서 1백 가지 정도로 많아진 것은 하타 요가가 발달한 결과이다.

2-47 prayatna-śaithilya-ananta-samāpattibhyām.

노력을 늦추어 마음을 끝없는 것에 합일시킴으로써 얻어진다.

하늘을 머리로 가지고 대지를 떠받치고 있는 용왕 아난타(ananta)와 마음을 합친다고도 한다. 이것은 가없는 허공 같은 것에 마음을 침잠시켜서 마음이 그것과 합일된 경지가 되는 것이다. 이렇게 되면 마음은 마치 잠든 것 같아서 긴장이 누그러지고, 육체에 관한 자의식이 없어지므로 불쾌감이 없어지고 안락해진다. 불교에는 무색정(無色定) 속에 공무변처정(空無邊處定)·식무변처정(識無邊處定)이 있는데, 이것이 곧 여기에서 말하는 '아난타 사마파티(ananta Samāpatti : 無邊處定)'와 같다. '사마파티'는 합일이므로 불교에서는 정(定)이라고 번역한다.

2-48 tato dvaṁdva-anabhighātaḥ.

그때 요가 행자는 좌법을 수습하고 있으므로 〔괴로움이나 즐거움 및 추위나 더위 등의〕 상대적인 상황에 의해 괴롭혀지지 않는다.

2-49 tasmin sati svāsa-praśvāsayor gativicchedaḥ prāṇā-yāmaḥ.

이 〔좌법이 얻어졌을〕 때에 숨을 끊는 것이 조식이다.

좌법이 익혀지면 다음에 조식법을 익힌다. 조식법은 프라나(prāna)라고 하는 우주의 생명 에너지를 조절하는 것이다. 생명 에너지는 몸과 외계에 있는 것으로서, 마음이나 몸이 이 에너지에 의해서 작용한다. 그러므로 이것을 잘 조절해야 한다. 요가의 조식법은 일반적인 호흡법과는 달라서 쿰바카(kumbhaka)라고 하는 지식법(止息法)이 발달하였다. 호흡을 끊는다는 것이 곧 이 쿰바카요, 이것이 요가 조식법의 중심을 이루고 있다.

2-50 bāhya-abhyantara-stamgha-vṛttir deśa-kāla-saṁkhyābhiḥ paridṛṣṭo dīrgha-sūkṣmah.

조식은 외부적인 것과 내부적인 것, 그리고 정지로 되어 있다. 〔이들은〕 장소·시간·수에 의하여 조절되어 길고 미세하다.

요가의 호흡은 숨이 나가고 난 후에 그 흐름이 없어지는 외부적인 호식(呼息)과 숨을 들이마신 후에 그 흐름이 없어지는 내부적인 흡식(吸息), 그리고 애써서 프라나의 출입을 중지하는 지식(止息)이라는 세 가지로 구성되고, 이 세 가지는 장소 · 시간 · 수(數)에 의해서 조정된다.

장소에 의한 조정이라는 것은 숨이 나갈 때 코끝에 댄 솜털 같은 가벼운 것이 어느 정도의 거리에서 움직이는지를 측정하여 조정하거나, 숨을 마실 때에 머리끝에서 발끝에 이르기까지 개미가 기어다니는 것 같은 특수한 느낌이 있게 되는 것으로 측정하여 조정하는 것을 의미한다. 시간에 의한 조정이라는 것은 한 찰나〔一刹那: ksaṇa〕, 곧 눈 깜짝하는 시간의 4분의 1의 길이와 같은 시간의 단위로서 기식(氣息)의 길이를 측정하여 표준이 되는 길이에 맞추어 조정하는 것이다. 수에 의한 조정이라는 것은 호흡의 횟수로서 기운이 움직임을 측정하여 제1 · 제2 · 제3의 기식을 조정하는 것이다. 이와 같이 하여 장소와 시간과 수효가 점차로 증가되면 조식은 길고 가늘게 된다. 여기서 제1 · 제2 · 제3의 기식을 기(氣)의 상승(udghāta)으로 해석하는 사람이 있는데, 이는 생기가 배꼽이나 코끝으로부터 밀어올려져서 머리끝에 닿는다고 해석하는 것이다. 그리하여 초급 생기의 상승에서 36호흡 동안 하는 것이 바로 이것이다.

2-51 bāhya-abhyantara-viṣaya-āksepi caturthaḥ.

제4의 〔조식은〕 안팎의 대상을 초월한 것이다.

숨의 들고나감이 장소와 시간과 수에 의해 잘 조정되어 익숙해지면, 숨이 밖의 대상에 구애되지 않고 또한 숨이 들어오는 것도 마찬가지가 된다. 이와 같이 하여 생기의 출입이 익숙해져 길고 가늘게 자연적으로 행해지면, 점차로 보다 높은 단계의 호흡으로 나아가서 드디어는 들고나는 숨의 흐름이 없어지게 된다.

이것은 제3의 지식과는 다른 것으로서, 지식은 들어온 숨을 의식적으로 닫고 기식의 흐름을 정지시켜 장소와 시간과 수에 의해 조절되면서 길고 가늘게 되는 것인데 비해, 제4의 조식은 숨이 들고나가는 것이 지극히 미세하게 되어 이들을 수습함으로써 점차로 깊은 단계에 이르러 들고나는 숨의 흐름이 끊어지는 것이다.

2-52 tataḥ kṣīyate prakāśa-āvaraṇnam.

〔이러한 조식을 수습하면〕 그 결과 마음의 밝은 〔진지(眞知)〕의 빛을 덮고 있는 〔번뇌가〕 소멸된다.

'마음의 밝은 빛'이라는 것은, 마음을 구성하고 있는 세 가지 근본원질인 삼덕 가운데 '사트바 구나'를 말한다. 뛰어난 사유 기능인 각이 번뇌에 덮여 있기 때문에 이 순질이 가지고 있는 고유한 본성인 밝은 빛이 나타나지 못하였다. 그러나 조식, 특히 제4의 조식법을 수습하고 나면 그 힘으로 이 장애가 소멸된다. 그때에 '사트바'의 순질이 마음에 밝게 나타나서 해탈로 이끄는 식별지가 생기게 된다. 이 제4의 조식법에 대해서는 주석가들 사이에 많은 다른 의견이 있다. 이 제4의 조식법은 케바라 쿰바카(kevala-kumbhaka)를 말한다고 하는 주석가도 있다. 이 케바라 쿰바카는 호흡이 체내에 머물러 있기만 하는 상태인 것이다. 하우엘 씨는 이것을 깊은 선정(禪定)에 들어 있을 때에 마치 숨이 끊어진 것같이 보이는 것으로서 자연스럽게 행해지는 깊고 미세한 호흡이라고 이해한다. 리케르 씨는 숨을 내보낸 후에 무의식적으로 일어나는 지식이 제4의 조식으로서, 이 조식중에 비로소 삼매에 들 수 있다고 말하였다.

2-53 dhāraṇāsu ca yogyatā manasaḥ.

또한 〔조식을 수습하면〕 마음〔意〕이 응념(凝念)에 적응하게 된다.

2-54 svaviṣ aya-asaṁprayoge cittasya svarūpa-anukāra iva indriyānām pratyāhāraḥ.

제감이란 여러 감각 기관이 각자의 대상과 결합되지 않기 때문에 마치 마음의 본래 상태와 같이 되는 것이다.

감각 기관이 그 대상과 결합되려고 하는 것을 억제하면 감각 기관이 홀로 떨어져 있는 상태에 있게 된다. 이때에 모든 감각 기관은 마음의 움직임에 따라서 움직일 따름이다. 그러므로 제감이라는 것은 감각 기관이 각각 독립되어서 외계의 소리나 빛 · 향기 · 맛이나 감촉 등의 대상과 결합되지 않고, 감각 기관이 마음의 움직임과 합일되어 있는 경지이다.

2-55 tataḥ paramā vaśyatā indriyāṇām.

그 결과 여러 감각 기관은 최고의 순종성(順從性)을 지니게 된다.

감각 기관이 최고의 순종성을 지니게 된다는 것은 주석가의 말에 의하면, 감각 기관이 외계의 대상을 대하여도 그쪽으로 쏠리지 않고 마음과 더불어 있는 것이라고 한다. 이것은 마음이 감각 기관과 같이 합일된 집중 상태에 있음으로써 대상에 끌리는 작용이 없어지고, 따라서 감각 기관이 자기 자신에게 순종하는 것이 최고로 높아진다는 의미이다. 이런 경우에 요가 행자의 마음이 지멸되고, 모든 감각 기관도 따라서 멸한다. 그러므로 한 감각 기관이 제어되더라도 다른 감각 기관을 제어하기 위해서는 그에 대한 다른 노력이 필요하게 된다.

특히 최고의 순종성이 달성되었다고 할 경우는 마음이 삼매와 같은 전일한 상태에 있을 때이므로 이때에는 감각 기관도 외부에 접해서 일어나는 지각 작용을 받지 않는다.

3. 자재품(自在品: vibhūti-pāda)

3-1 deśa-bandhaś cittasya dhāraṇā.

응념은 마음을 한곳에 매는 것이다.

앞에서 말한 금계에서 제감까지의 다섯 단계는 외부적인 수행법이었다. 그러나 이제 이야기하려는 세 단계는 내부적인 수행법이라고 볼 수 있는데, 총칭하여 삼야마(saṁyama: 總制)라고 한다. 이 세 단계는 연속적인 행법의 체계로서 설해지나 실제에서는 확실한 구별이 서지 않는다.

응념은 앞의 제감과는 달리 적극적인 심리 수련으로 특정한 장소를 택해서 그곳에 마음을 결박해 놓는 것이다. 마음을 매어 놓는 장소란, 응념의 대상이 되는 구체적인 곳을 말한다. 예를 들면 코끝·배꼽·심장, 그 이외의 몸의 어떤 부위나 밖의 어떤 사물이 될 수 있다. 여기에서 결박한다는 것은 마음이 움직이지 않도록 고정시키는 것을 이른다. 이 응념의 수련으로 들어가려면 제감의 수행이 앞서야 한다.

3-2 tatra pratyaya-ekatānata dhyānam.

정려 또는 〔곧 선정(禪定)〕은 그 〔일정한 장소〕에 의식 작용이 한결같이 집중된 상태이다.

정려를 불교에서는 선나(禪那), 줄여서 선(禪)이라고 한다. 이른바 명상이라고 하는 것이 바로 이것이다. 선정은 요가의 심적 수련의 중심이 된다.

선정은 응념의 연장으로서, 마음의 집중이 중단되지 않고 한결같이 연장된 상태이다. 응념이 집중적이라면 선정은 균일적이다. 응념이 좁은 범위에 주의를 집중시켜서 대상을 분명히 의식하는 것임에 비하여, 선정은 이러한 응념을 닦아서 얻은 의식의 집중력이 계속 한결같이 지속되면서 그 선택된 대상에서 다시 다른 대상으로 확대된다. 가령 한 떨기의 꽃을 응념함으로써 그 꽃이 명석하게 마음속에 인상화된다. 그리고 그 꽃에 대한 상념을 확대하여 꽃의 빛깔 · 형태 · 향기 등으로 한없이 확대해 간다. 이것은 어두운 혼침(昏沈)도 아니고, 들뜬 것도 아니며 평정하게 한결같이 맑게 흐르는 의식이다. 이 의식의 흐름이 도달하는 곳에 삼매가 있다.

응념에서 선정으로, 다시 삼매에 이르면 해탈지(解脫智)를 얻게 된다. 그러므로 먼저 응념의 대상이 균등하게 한결같은 흐름으로 확대되어 모든 대상이 차원을 달리한 새로운 가치의 세계로 전개될 기회가 주어져야 한다.

3-3 tad eva artha mātra nirbhāsaṁ svarūpa-śūnyam iva-samādhiḥ.

그 〔선정〕이 한결같은 상태에 있어서, 그 대상만이 빛나고 〔의식 작용이〕 자기 자신은 없어진 것같이 되었을 때 〔그것이〕 바로 삼매이다.

삼매는 오늘날 심리학에서 말하는 직관의 세계이다. 주관의 존재가 잊혀지고, 오직 객관만이 의식을 차지하고 있는 상태이다.

오관(五官)의 작용을 통해서 얻어진 경험적인 직관이 아니라 순수한 심성에서 얻어지는 객관 세계이다. 이러한 삼매는 상념 그대로가 아니고 객관적인 대상 그것으로 되어 버린 구체적인 것이다. 그리고 비록 추상적인 관념을 대상으로 한 선정이라 하더라도 그것의 결과로 도달된 삼매는 구체적인 내용을 가진다.

이것을 불교에서는 깨달음〔臧悟〕이라고 한다. 그러므로 선에서는 부처가 무엇이냐는 물음에 대한 대답이 '삼이 서말〔麻三斤〕' 이라고 구체적으로 나오게 되는 것이다.

3-4 trayam ekatra saṁyamaḥ.

응념과 선정과 삼매, 이 세 경지는 〔동일한 대상에 대하여 행해지므로〕 총칭하여 총제라고 한다.

총제라는 용어는 총체적인 제어라는 뜻이다. 여기에서는 응념과 선정과 삼매 셋이 동일한 대상을 공유하고 있기 때문에 총제라고 하였으며, 이 셋은 서로 나눌 수 없는 연관 관계에 있는 심정이다. 하타 요가에서 1응념은 12호흡의 길이요, 12응념이 1선정이라고 본다.

3-5 taj-jayāt prajñā-ālokaḥ.

그것들을 닦음으로써 참된 지혜의 빛이 나타난다.

총제를 닦아서 얻는다는 것은 총제가 확고하게 얻어짐을 뜻한다. 참된 지혜는 알아야 할 것을 실상 그대로 올바르게 알아서 얻은 지혜이다. 이러한 지혜는 총제가 이루어짐으로써 점차 스스로 빛나게 된다.

3-6 tasya bhūmiṣu viniyogaḥ.

그 실천은 단계에 따라서 행해진다.

마음의 작용에는 단계가 있다. 그러므로 낮은 단계에서 총제를 닦아 자기 것으로 하지 않으면, 그 윗단계의 마음의 작용을 일으키는 총제를 실천할 수가 없다.

3-7 trayam aṇter-aṇgaṁ pūrvebhyaḥ.

이 셋은 앞 〔금계 등의 5가지〕에 비하면 〔유종 삼매에 도달하는〕 내면적인 단계〔의 수행법〕이다.

금계 등의 다섯 단계는 유상 삼매에 도달하는 데에 장애가 되는 요소를 제거하는 수단이요, 응념 · 선정 · 삼매는 유상 삼매를 얻는 직접적인 수단으로서 내적인 것이다.

3-8 tad api bahir-aṇgaṁ nirbījasya.

〔그러나〕 그것도 무종 삼매(無種 三昧)에 대하여는 외적인 단계〔의 실수법〕이다.

무종 삼매는 응념이나 선정 및 삼매와는 달리 어떤 마음이나 대상이 아주 없어졌을 때에 나타나는 것이다. 마음의 작용이 없어져도 마음을 구성하고 있는 세 가지 요소, 즉 순질(純質) · 동질(動質) · 영질(楞質)은 움직이고 있으므로 마음의 전변은 없어진 것이 아니다. 그러나 이것까지 없어진 것을 무종 삼매라고 한다.

다음에서는 마음이 어떻게 나타나고 어떻게 지멸되는지에 대해서 설명하고 있다.

3-9 svarasa-vāduṣo 'pi tathā rūḍho 'bhiniveśaḥ.

〔마음의〕 전변은 〔마음의〕 지멸 상태에 있던 잠재 인상이 나타날 때에 그 마음에 〔나타나는 것을〕 멸한 찰나의 의식과 마음이 떠나지 않고 결합되어 있는 것이 지멸되는 것이다.

이제부터는 요가에 대한 형이상학적인 이론이 전개된다. 요가에서는 마음의 전변이라는 것이 문제가 된다. 심리적인 현상이 나타나는 본체로서의 마음의 전변이 어떻게 일어나는지를 알려면 상캬와 요가 철학의 전변설을 알아야만 한다. 이 학설에 의하면 현실 세계는 근본 원질인 자성으로부터 전개된 것이다. 이처럼 자성으로부터 주관과 객관의 세계가 전개되는 방식을 전변이라고 한다. 근본 원질 속에 본래부터 잠재하고 있던 요소가 나타나는 것이 전변이다.

이러한 전변의 근거가 되는 것은 자성의 근본 요소인 삼덕이다. 이 삼덕이 서로 관련됨에 따라서 현상의 전변이 일어난다. 삼덕이 서로 순간마다 계속적으로 관련되고 있기 때문에 모든 현실적인 존재는 끊임없이 변화하여 안정을 잃고 있다. 인간의 마음도 마찬가지이다. 마음도 자성의 전변으로 생긴 것이므로 세 가지 근본 요소로 이루어져서 항상 움직이고 있다. 마음의 모든 작용도 이 세 가지 요소의 힘이요, 모든 마음의 상태도 이로부터 나타난다.

번뇌나 망상과 같은 잡념도 이로부터 생긴 것이며, 마음이 없어지는 것도 근본 원질로서 마음의 전변의 모습이다. 인도 철학에서는 어떤 존재에 대하여 생각할 때, 흔히 그의 근원과 현상과의 관계로서 파악하려 한다. 따라서 마음도 근원적인 실체와 그 현상과의 관계로서 생각되어진다.

마음은 근본 원질이 전변하여 생긴 것이지만 다시 근본 원질로 돌아 들어갈 때까지는 항상 전변하면서 자기의 동일성을 유지하기 때문에 그의 작용인 심리 현상과는 달리 절대성을 가진다. 그러나 이와는 달리 마음이 나타난 상태에서의 잠재 인상과 지멸된 상태에서의 잠재 인상은 마음이라는 실체로부터 나타난 잠재 인상이므로 찰나 속에서 나타나 찰나 속에서 없어지는 덧없는 것이다. 마음은 잠재 인상의 두 가지 작용을 가지고 있다. 그러므로 마음은 그 근원으로서 두 현상 속에 내재하고 있다.

잠재 인상은 의식 작용으로서 나타나는 것이 아니므로 이 의식 작용을 없애는 것만으로는 지멸시킬 수가 없다. 그러나 잠재 인상은 이런 방법으로 없앨 수 있다. 의식의 발현을 지멸시키려고 노력한 결과로 의식의 발현력이 없어지고, 그리하여 의식이 나타나는 잠재 인상이 제거되면서 그 반대로 지멸시키려는 힘이 강해지면 마음의 작용이 지멸되고 만다. 그때에 마음의 작용의 찰나적인 지멸이 마음과 떠나지 않고 결합된다. 그러므로 마음의 지멸이라는 전변은 한 마음의 찰나적인 잠재 인상의 변화이다. 이때 마음에는 잠재 인상만이 남게 된다.

다시 말하면 마음의 작용을 지멸시키려는 요가 수행에서는 잡된 생각의 잠재 인상이 억제되면서, 그것이 의식의 표면에 나타나는 힘을 잃고 그 대신 지멸시키는 힘이 나타나서 마음의 지멸이 이루어진다. 이때에 지멸의 잠재 인상이 현재 의식화하는 찰나와 실체로서의 마음 사이에 나눌 수 없는 관계로서 있게 된다(3-14 참조). 이 찰나 사이에 결합이 성립되지 않으면 의식 작용의 지멸이란 있을 수 없다.

상캬 요가의 철학에서는 마음의 지멸이라는 개념을 소극적이 아닌 적극적이고 동적인 의미에서 이해한다. 이런 점은 불교 철학에서도 마찬가지이다. 유위(有爲)라고 불리는 현상적인 모든 존재는 시간의 흐름 속에서 찰나마다 생멸을 거듭하며 이어진다고 말한다. 그러므로 찰나 생멸(刹那 生滅)은 불교 철학의 근본 원리 가운데 하나이다. 찰나는 시간의 가장 짧은 단위인 동시에 심리 현상의 가장 짧은 단위이다. 염념무상(念念無常)이란 말은 마음이 찰나 사이에 생기고 멸하는 것을 의미한다.

3-10 tasya praśānta-vāhitā saṁskārāt.

마음의 고요함이 계속되는 것은 〔마음의〕 지멸된 잠재력에 의한다.

요가 수행자가 마음의 작용을 없애는 수행을 쌓은 결과로 마음의 작용이 완전히 그쳐서 고요해지는 것은, 마음의 작용을 지멸시키는 수행의 잠재력이 찰나마다 의식면에 나타났다가 멸하는 마음의 전변이 되풀이되기 때문이다. 마음은 항상 삼덕에 의해서 움직이고 있지만 이와 같은 마음의 전변이 한결같이 계속되는 동안은 마음의 움직임이 정지된 것처럼 보인다. 그렇게 보이긴 하지만 찰나마다 마음의 작용이 완전히 없어진 것은 아니다.

따라서 마음을 계속해서 고요히 가지려면 의식을 억제하는 잠재력을 기르는 훈련을 해야 한다. 그렇게 되면 마음의 의식을 억제하는 잠재력이 마음의 움직임을 일으키는 힘에 압박을 받아 굴복하는 일이 없게 된다.

3-11 sarvārthatā ekāgratayoḥ kṣaya-udayau cittasya samādhipariṇāmaḥ.

〔마음의〕 산란 상태에서 나타난 어떤 객체에도 끌리지 않게 되고, 마음의 한결같은 집중 상태가 이루어지는 것이 〔바로〕 삼매 전변이다.

마음에는 모든 객관 세계에 끌리는 산란 상태와 오직 어떤 한 가지 대상에만 전념하는 전념 상태라는 두 가지의 상태가 있다. 산란이 사라지고 한 가지에 전념하는 상태가 나타날 때에 그러한 변화를 삼매 전변이라고 한다.

3-12 tataḥ punaḥ śānta-uditau tulyapratyayau cittasya ekāgratā pariṇāmaḥ.

다시 그로부터 사라진 상념과 현재 나타난 상념이 같은 의식 작용으로서 있는 것이 마음의 전념(專念)이라는 전변의 상태다.

마음이 삼매에 들어가서 있을 때에는 앞서 있던 산란한 의식 작용이 없어지고, 다음 찰나에 그와 유사한 한결같이 전념된 관념이 존재하게 된다. 이 전념 전변에서는 현재 나타난 의식과 지멸된 의식이 서로 유사한 성질을 지닌다. 앞에서 든 삼매 전변은 전념 전변이 시작되는 최초의 찰나에서 일어나는 의식 상태이다.

3-13 etena bhūta-indriyeṣu dharma-lakṣaṇā-avasthā-pariṇāma vyākhyātāḥ.

이것으로서 물질 원소와 감각 기관에 대한 법(法), 시간적인 위상(位相)과 상태의 변화가 설명되었다.

3-9～12까지의 경문에서는 마음의 전변에 대하여 이야기하였다. 이러한 설명은 마음의 전변만이 아니라 다섯 가지 물질 원소〔五大〕나 감각 기관의 전변에도 적용된다. 물질 원소와 감각 기관의 전변을 다시 분석하여 현상인 법(法)과 시간적인 차이〔相〕와 상태〔位〕의 세 가지로 나누었다. 3-9에서 말한 바와 같이 물질이나 마음의 모든 것은 실체의 전변에 의해서 나타나지만, 여기서 말하는 세 가지〔法 · 位 · 相〕 전변을 하고 있는 것이다.

이 세 전변을 알기 쉽게 설명하면 다음과 같다. 병을 만드는 재료인 진흙을 실체라고 하자. 도공의 손이 진흙을 뭉쳐서 병 모양으로 만들 때에, 그 진흙은 흙덩이로서의 모습〔法〕을 버리고 그릇의 모습을 취한 것이다. 이것이 법전변(法轉變)이다. 그런데 병의 모습은 생긴 것도 아니고 없어진 것도 아니어서 진흙으로서의 성질이 항상 잠재하고 있는 것이며, 그것이 한 개의 병으로서 경험 세계에 나타나려면 미래 · 현재 · 과거라는 시간의 흐름 속에서 미래의 모습을 버리고 현재의 모습을 취하지 않으면 안 된다. 이것이 시간적인 위상의 전변이다. 현재의 위상을 가지고 병의 모습으로 나타나면서도 이 병은 잠시도 쉬지 않고 변하고 있다. 그릇의 모습이나 빛깔이 변하는 것이다. 이것이 상태의 전변이다.

상캬 요가의 철학에서는 진아 이외의 모든 존재가 찰나 사이에도 전변하지 않을 수 없다. 그리하여 이 세 가지 전변은 각각 다르게 나타나는 것이 아니라 동시에 서로 관련되어 이루어지는 것이다. 따라서 실제로는 한 가지 전변이 있을 뿐이라고 한다.

마음의 전념이 생하는 것이나 산란심이 억제되는 것에는 미래 · 현재 · 과거의 세 가지 시간적인 위상이 있다. 산란심을 현재에 억제할 경우에 그 마음은 미래의 시간적인 위상은 버리지만, 마음의 성질은 그대로 지니므로 현재의 시상(時相)을 취한다. 이런 경우에 마음의 억제는 마음의 본성(svarūpa)으로서 나타난다. 이러한 것이 억제의 시간적인 위상이다. 또한 이것은 과거와 미래의 두 시간적인 위상으로부터 완전히 분리되는 것도 아니다.

전념 삼매에도 세 가지 시상이 있다. 미래에 일어나는 마음은 현재의 시상을 버리지만 마음의 성질을 그대로 지니므로 과거의 시상을 취한다. 이것은 미래와 현재의 두 시상으로부터 완전히 분리되는 것이 아니다.

이와 같이 앞으로 일어날 마음도 미래의 시상을 버리지만 마음의 본성은 그대로 있으므로 현재의 시상을 취한다. 이 경우에도 본성이 나타나기 때문에 마음의 작용이 있다. 이때에도 과거 · 미래의 두 시상으로부터 완전히 분리되지는 않는다.

이와 같이 계속 억제되는 것과 계속 생기는 것이 있으니, 상태의 전변도 마찬가지이다. 마음을 억제하는 모든 순간에 억제하는 그 잠재력이 강하면 다른 마음을 일으키는 여러 가지 잠재력은 약해진다. 이때 실체는 과거 · 현재 · 미래의 세 시상에 걸쳐서 변화하고, 세 시상도 여러 상태에 따라서 그때그때 변화한다.

이와 같이 성질 · 시상 · 상태 속에서 변화하면서 삼덕의 힘이 이어진다. 그리고 원질의 움직임은 안정을 잃게 되지만, 활동을 일으키는 것이 원질의 본성이다.

3-14 śānta-uditā-avyapadeśya-dharma-anupātī dharmī.

실체는 이미 없어진 법과 현재 일어나고 있는 법, 아직 한정되지 않은 법의 모든 것에 따라서 존재한다.

실체의 그 현상인 법은 과거 · 현재 · 미래의 시간적인 위상에 따라서 변화한다. 그것은 그 현상 속에 있는 원인이며, 나눌 수 없는 것으로서 계속 존재한다.

3-15 krama-anyatvaṁ pariṇ āma-anyatve hetuḥ.

〔위와 같이 법이〕 일정한 순서에 따라서 변화하는 것은 〔실체가〕 찰나 사이에 전변하고 있음을 보여주는 것이다.

실체는 하나인데, 그 현상이 일정한 순서에 따라서 변화해 가는 것은 실체의 전변이 찰나마다 교체하고 있음을 보여주는 것이다. 가령 변함 없는 실체를 흙이라고 한다면, 그것의 법인 현상의 모습은 고운 흙가루로 된 흙에서 흙덩이로 된 흙으로, 병 모양으로 된 흙으로, 깨어진 파편 모양의 흙으로 변화해 간다. 이렇게 계속되는 변화는 실체인 흙이 찰나마다 전변한 모습으로 나타나는 것이다. 병이 깨어져서 파편 모양으로 되었을 경우의 변화와 같다.

그러므로 흙덩이가 도공의 손에 의해 병으로 변화될 경우, 흙덩이가 병의 원인(자료)이 된 것이 아니라 실체인 흙이 직접 전변한 결과이다. 실체는 항상 근원으로서, 전변 속에 있는 원인으로서 작용한다. 흙덩이나 병은 각각 흙이라고 하는 실체가 전변하는 것을 필요로 한다. 그 전변은 시간 속에서 쉬지 않고 행해지고 있다. 이것이 상캬 요가적 세계관의 근본 원리이다. 요가 철학에 의하면 현실적으로 경험되는 존재는 실체가 개체로서 가지는 현상의 모습인 법과 시간적인 위상, 상태 등 세 가지 종류의 전변을 거듭한 결과이다. 3-15의 경문은 이 세 가지의 계속적인 전변이 혼동되어서는 안 된다고 강조한다. 다음은 총제를 얻은 요가 행자가 갖출 수 있는 힘에 대하여 언급하고 있다.

3-16 pariṇāma-traya-saṁyamād atīta-anāgata-jñānam.
세 가지 전변에 대한 총제의 결과 과거와 미래를 안다.

법과 위상 및 상태의 세 가지 변화에 대한 총제를 행하면 요가 수행자는 그 결과로서 과거와 미래에 대한 지식을 얻게 된다. 총제에 의해서 세 가지 전변이 직관되면, 세 가지 시상 중에서 과거와 미래에 관한 지식이 얻어진다고 한다.

이제부터 설하려는 바는 응념과 선정과 삼매를 쌓은 요기가 초자연력을 나타내는 능력을 갖추게 된다는 것이다.

요가 철학에서 초능력이 가능하다고 하는 근거는 어디에 있을까. 경험되는 세계의 모든 사물은 물리적인 것이건 심리적인 것이건 간에 모두 하나의 근원적인 실재가 찰나 사이에서 쉬지 않고 전변하고 있다는 이론에서 나온다. 흔히 모든 현상은 에너지의 진동으로 나타난다고 한다. 마음이나 물질을 엄격하게 구별하는 이원론의 입장에

서지 않고 이것들이 쉬지 않고 변화된다고 보기 때문에 마음으로부터 물질로 또는 물질로부터 마음으로 서로 전변되는 것은 가능하며, 또한 감각 기관을 매개로 하지 않는 지각(知覺)이나 텔레파시도 있을 수 있다.

요기는 어떤 일을 대하였을 때 그것의 실체와 그 현재 상태로 전변된 모습을 보고, 그것이 전변된 시간적인 위상과 그 상태의 세 가지 전변을 동일한 대상에서 총제할 수 있다. 요가를 수행하여 어떤 것을 미래로부터 현재로 옮겨 오고, 현재에서 과거로 돌아 들어가는 것을 확고하게 총제하는 심리적인 조작을 할 수 있게 되면, 그 대상의 과거와 미래에 대한 것을 알 수 있다고 한다. 이것은 심령과학에서 예언을 하거나 과거를 아는 일이 가능한 것으로도 실증된다.

3-17 śābda-artha-pratyayānām itaretara-adhyāsāt saṁkaras tat-pravibhāga-saṁyamāt sarva-bhūta-ruta-jñānam.

말과 말이 표시하는 대상, 그리고 말의 관념 내용이 서로 혼동되기 때문에 혼란이 일어난다. 이들의 구별에 대한 총제를 함으로써 모든 생물들의 소리의 뜻을 안다.

우리가 가지고 있는 성대에서 나온 목소리가 귀로 전해지고, 다시 그 소리가 모여서 지각에 의해 뜻이 파악되어 내용을 가진 말소리로서 파악된다. 뜻이 알려진 말소리가 합하여져 한 단어 통일된 말이 성립된다. 말소리만으로는 말이 되지 못한다.

최종적인 의식에 의해서 통일된 말소리가 단어로서 파악되는 것이다. 모든 소리는 나타나서는 또한 사라지는 것이므로 음절만으로는 단어로서의 의미를 지니지 못한다. 미맘사(Mīmāmsā)학파에서는 모든 소리는 그 소리가 가지는 대상에 관한 지식을 일으킨다고 주장한다. 왜냐하면 한 소리는 단어가 될 수 있는 본성을 가지고 있고, 서로 같이 작용하는 다른 소리와 결합되어 모든 사물을 말로 나타내는 힘이 모여 있기 때문이라고 한다.

따라서 앞의 소리는 뒤의 소리에 의해서 규정되고, 뒤의 소리는 앞의 소리에 의해서 규정된다. 그렇게 해서 특정한 단어를 만든다. 가령 go·gana·gaura에서 g자는 소(牛)의 성질을 나타낸다. 그리고 soma·śocis에서 o자는 신(神)의 뜻을 나타낸다. 이와 같이 하나하나의 소리를 들은 경험에 의해서 생긴 잠재력으로 인하여, 귀에 들어온 소리는 통일된 지각 속에 집약되어 있는 여러 가지 소리에 따라 한 단어로서 파악된다. 이러한 것은 특정한 순서에 의해 파악된다. 관습적으로 사용되는 대상에 의해서 어떤 소리들이 집약되어 이루어진 통일체가 지각에 의해서 표시되면 그것이 바로 단어이다. 남에게 나의 생각을 전달하려고 할 경우에, 말로 나타내려고 하는 여러 말소리에 의해서 단어가 발음되어 그것이 상대방에게 들려진다.

상대방의 지각은 본래부터 가지고 있던 언어 습관에 의해서 생긴 잠재 인상이 있기 때문에 그가 지각한 단어는 내용이 있는 것으로 이해된다. 말소리가 연속된 발음에 의해서 집약되어 어떤 대상을 나타내는 단어로 된 것이다. 그러나 세간에서 일반적으로 잘못된 생각을 가진 사람은 모든 소리가 그대로 단어라고 생각하여 특정한 모습을 가진 특정한 대상에 대하여 관습적인 말소리를 사용하고 있다. 이런 때에는 관습적인 지각에 의하여 말과 대상과 개념이 동일한 것같이 혼동된다. 이와 같은 것은 지각의 통일로써 말이 파악되지 않고 단지 그 사람의 경험에 의한 잠재 인상에서 그릇 파악된다. 왜냐하면 관습적인 말의 사용은 대상을 확립하는 일이 없고, 오직 기억되어 있는 인상뿐이기 때문이다. 말과 대상과 관념이 똑같이 혼동되어 있기 때문에 이들 셋을 구별하지 못한다. 예를 들어 소(牛)라는 말과, 소라는 대상과, 소라는 개념 내용이 서로 다르다는 것을 알지 못하는 사람은 이것들이 혼동되어 있다. 이것들의 구별을 아는 사람은 모든 것을 알 수 있으므로 여기에서 말과 대상과 개념에 대한 구별을 총제하라고 가르치는 것이다. 요기는 위의 세 가지를 구별함과 동시에 통일하여 파악함으로써 만물의 소리를 알 수 있게 된다.

3-18 saṁskāra-sākṣātkaraṇāt pūrvajātī jñānam.

〔총제를 하여〕 잠재력을 직관한 결과 전생을 안다.

행(行: saṁskāra)은 과거의 경험에 의하여 잠재 의식 안에 들어와 있는 잠재 인상이다. 이러한 잠재력은 잠재 의식 안에 보존되어 기억되고, 업보나 번뇌의 원인이 되어 간직된다. 그러므로 이러한 잠재 인상에 대해서 총제를 행하여 직관할 수만 있다면, 자신의 전생만이 아니라 타인의 전생도 알 수 있다. 불교에서는 이것을 숙명통(宿命通)이라고 한다.

잠재력에는 두 종류가 있다. 기억과 번뇌의 원인이 되는 것과 업보의 원인이 되는 것이다. 이것들을 전생에 만들어진 잠재력으로서, 항상 변화를 일으키고 행동하게 하며 생명력이 되고 착한 일이나 악한 일을 하게 하는데, 그것들을 알기는 퍽 어렵다.

그러나 이에 대한 총제를 행하면 그 잠재력을 직관할 수 있다. 잠재력의 직관은 장소와 시간 · 원인(앞의 몸과 감각 기관)을 알지 않고서는 불가능하다.

3-19 pratyayasya para-citta-jñānam.

의식의 〔총제로〕 타인의 마음을 안다.

관념에 대한 총제를 행함으로써 타인의 마음을 알게 된다. 다시 말하면 관념의 직관에 의해서 타심통(他心通)이 이루어진다.

3-20 na ca tat sālambanaṁ tasya avisayībhūtatvāt.

그러나 그 〔他心知〕는 〔타인의〕 상념의 대상까지 포함하지 않는다. 〔왜냐하면〕 이 지식의 〔범위는 상념에서 그치며〕 그러한 대상은 〔요가 행자의 관념의〕 대상이 아니다.

남의 마음을 안다 하더라도 남이 생각하고 있는 대상까지 알 수는 없다. 주석가에 의하면, 그 이유는 총제를 행하는 사람은 어떤 대상이 없으면 총제를 행할 수가 없기 때문이다. 남이 가지고 있는 생각을 아는 것은 얼굴 표정 등을 대상으로 직관할 수 있기 때문에 요가 행자의 대상이 되는 것은 그 사람의 관념뿐이다.

3-21 kāya-rūpa-saṁyamāt tad-grāhya-śakti-stambhe cakṣ uḥprakāśa-asaṁprayoge 'ntardhānam.

몸의 형태에 대하여 총제를 함으로써 〔자기의 모습이〕 타인에게 보여지는 능력이 억제된다. 그리하여 〔타인의〕 눈에 보이는 것과 만나지 않게 될 때에 〔요기의〕 몸은 〔누구에게도〕 보이지 않게 된다.

이것은 은신술(隱身術)에 대한 설명이다. 사물의 형태나 빛깔이 보이는 것은 보는 자에게 보는 능력이 있는 까닭이지만, 동시에 보여지는 쪽에서도 보여지는 능력이 있기 때문이다. 우리의 몸은 다섯 가지 원소로 된 형태와 빛깔을 가지고 있기 때문에 눈에 보이는 것이다. 이러한 형태나 빛깔에 대하여 요가 행자가 특별한 총제를 행하면, 몸을 직접적으로 지각하게 하는 원인인 형태와 빛깔이 파악되는 능력이 중단된다. 이때에 은신이 일어나게 된다. 이와 같은 원리로 몸을 숨길 수가 있다.

3-22 sopakramaṁ nirupakramaṁ ca karma tat-saṁyamād-aparānta-jñānam ariṣṭebhḥo vā.

업에는 업보를 나타내는 조건이 갖추어진 것과 아직 갖추어지지 않은 것이 있다. 〔그러므로〕 자신의 업에 대한 총제를 행함으로써 자신이 죽을 때를 알 수가 있다. 또한 그 시기는 여러 가지 전조로서도 알 수 있다.

인간의 수명을 형성하는 업에 대하여 설명하고 있다. 인도인들은 옛날부터 죽을 때에 당황하지 않고 올바르고 굳은 마음을 가지는 임종 정념(臨終 正念)이란 마음가짐을 중시해 왔다. 따라서 죽기 전에 자기가 죽을 시기를 아는 일이 바람직한 것으로 생각되었다. 이것은 임종 때에 가지는 생각이 내세의 운명을 좌우한다고 생각했기 때문이다.

인간이 이 세상에 태어나고, 수명을 누리는 원인이 된다는 업이 수명을 다스린다. 업은 생명을 주어서 지은 과보를 오직 한몸에 받게 하는 데 그치지 않고 업보가 계속되도록 한다. 그러나 지은 업이 그 과보를 받게 되어 지속될 경우에도 시간은 오래 연장될 수 있다. 가령 비에 젖은 옷을 햇볕에 펼쳐 말리면 짧은 시간에 마른다. 이것은 업보를 나타내는 힘이 갖추어진 것과 같은 것이다. 그러나 펴널지 않고 그대로 두면 오래도록 마르지 않는다. 이런 경우는 업보를 나타내는 힘이 갖추어지지 않은 경우이다. 이 두 가지 업에 총제를 하면 죽는 시기, 곧 생명이 떠나는 시기를 안다.

또한 여러 가지 전조에 따라서 죽는 시기를 안다고도 하였다. 그 전조에는 첫째 자신에 의한 것, 둘째 외계에 의한 것, 셋째 신에 의한 것 등의 세 가지가 있다. 이 중에서 첫째로 자신에 의한 것은 귀를 막았을 때에 자기 몸 안에서 소리가 들리지 않거나, 혹은 눈을 감았을 때에 자아에 대한 밝은 빛을 보지 못하는 경우이다. 둘째로 외계에 의한 것은 죽어서 가는 저세상에 있는 사람들을 보거나 옛 선조가 나타날 경우이다. 또한 셋째로 신에 의한 것은 천계(天界) 혹은 신인족(神人族)을 보는 경우이다. 혹은 모든 것이 거꾸로 보이는 경우이다. 이러한 징조가 나타나면 죽을 때가 가까워진 것이다.

3-23 maitrī ādiṣu balāni.

자(慈) 등의 〔정서〕에 총제를 행하면 여러 가지 힘이 나타난다.

사랑스러운 마음〔慈〕, 같이 슬퍼하는 마음〔悲〕, 같이 기뻐하는 마음〔喜〕 등의 세 가지 마음가짐에 대한 총제를 하면 그러한 마음가짐을 실천할 힘을 얻게 된다. 기뻐하는 모든 생물에 대하여 그 생물이 기뻐하는 마음을 명상하여 총제하면 언제나 남이 기뻐하는 것에 같이 기뻐할 수 있는 마음을 얻게 되고, 괴로워하는 모든 생물에 대하여 괴로운 마음을 명상하면 같이 괴로워하는 마음을 얻게 되며, 착한 마음씨를 가진 생물에 대하여 그 생물이 가진 착한 마음씨를 명상하면 착한 마음을 쓸 수 있는 힘을 얻게 된다. 남의 즐거움을 같이 즐거워하는 자심(慈心)의 힘으로 모든 생물을 즐겁게 해줌으로써 만물을 이롭게 하는 사람이 될 수 있다. 이와 같이 남과 함께 슬퍼하는 비심(悲心)의 힘으로 괴로움으로부터 남을 구제할 수가 있다. 또한 같이 기뻐하는 희심(喜心)의 힘으로 생물의 세계와 조화되어 이롭게 할 수가 있다.

명상을 하여 삼매에 이르는 것이 총제이니, 총제에 의해서 비로소 이러한 힘을 얻게 된다고 한다.

3-24 baleṣuhasti-bala-ādīni.

모든 힘에 총제를 하면 코끼리와 같은 힘이 얻어진다.

코끼리의 힘에 대하여 총제를 하면 코끼리의 힘이 얻어지고, 금시조(金翅鳥)의 힘에 대하여 총제를 하면 금시조의 힘을 얻게 된다. 바람의 신(vāyu)의 힘에 총제를 하면 풍신의 힘을 얻는 것과 같다.

3-25 pravṛtti-āloka-nyāsāt sūkṣma-vyavahita-viprakṛṣṭa-jñānam.

특수 감각에 의한 마음의 빛을 비추면 어떤 미세한 것, 혹은 사람의 눈에 가려져 있는 것이나 멀리 있는 것도 알 수가 있다.

마음의 특수 감각의 현상에는 흰 빛이 있다고 한다. 그것은 '사트바'의 근본 원소가 나타나기 때문이다(1-36 참조). 보이지 않는 미세한 것 혹은 가려져 있는 것이나 먼 곳에 있는 것에 이 밝은 빛을 비추면 그 대상을 알아낼 수가 있다. 흔히 말하는 투시나 천리안의 영능(靈能)은 오늘날에도 자주 경험할 수 있는 일이다. 요기에게 이러한 특수 능력은 어렵지 않은 예사로운 것이다.

3-26 bhuvana-jñānaṁ sūrye saṁyamāt.

태양에 대한 총제를 행하면 우주를 아는 힘이 나타난다.

인도 신화에 의하면 이 세계는 지옥계(地獄界)로부터 범천계(梵天界)에 이르기까지 일곱 단계의 세계가 있고, 그 각 단계의 세계에 또 다시 많은 세계가 있다고 한다. 이 일곱 단계를 밑에서부터 보면 무간(無間) 지옥에서부터 시작되어 '메루' 산의 꼭대기에 이르는 지계(地界)로 되어 있다. 메루 산정부터 북극성 사이에는 유성(遊星) · 항성(恒星) 등으로 되어 있는 공계(空界)가 있고, 그 저쪽에 다섯 천계(天界)가 있다. 다음은 마하 인드라〔大因陀羅〕의 세계이고, 그 다음은 창조주인 '마하르(Mahar)'의 세계이다. 범계(梵界)가 여기에 있다. 이 범계에 다시 '쟈나스' 계와 '타파스' 계, 그리고 '사티야' 계의 세 가지 세계가 있다.

요가 수행자가 태양의 문(門)에 대한 총제를 행해 태양의 문인 '수슈므나(susumnā)' 라는 맥관(脈管)을 직관하고, 다른 곳에 대해서도 이와 같이 총제를 행하면 우주 만물을 볼 수가 있다.

통각(統覺) 작용의 깨끗한 순질은 본질적으로 만물을 비추어 보는 힘이 있으나, 어두운 암흑에 덮일 때에는 활동적인 동질에 의해서 노출된 곳만을 비추어 본다.

그러나 위에서 말한 바와 같이 태양의 문에 대한 총제를 행해서 우주를 비추어 볼 수가 있다.

3-27 candre tārā-vyūha-jñānam.
달에 대하여 총제를 행하면 별의 배치를 안다.

3-28 dhruve tad-gati-jñānam.
북극성에 대하여 총제를 행하면 별의 운행을 안다.

3-29 nābhi-cakre kāya-vyūha-jñānam.
배꼽에 대하여 총제를 행하면 몸 안의 조직을 안다.

배꼽은 신체의 일부인 배꼽이 아니라 배꼽을 중심으로 생명 에너지가 마치 수레바퀴 모양으로 퍼져 있다고 생각되는 신비한 부위다. 이것은 마니푸라 챠크라(Manipūa Cakra)를 말하는 듯하다. 눈으로는 보이지 않는 생명의 본원이다. 이에 대한 총제를 하면 몸 안의 조직을 알 수 있다고 한다.

몸의 조직이라는 것은 고대 인도인의 고유 생리학에 의하면, 바람〔風〕· 담즙(膽汁) · 담(痰)의 세 가지 기능 원질(機能 原質: doṣa)과 피부 · 피 · 살 · 힘줄 · 뼈 · 골수 · 정액 등의 일곱 가지 요소를 말한다.

이러한 몸의 짜임새를 알면 병을 진단하여 치료할 수 있게 된다.

3-30 kaṇtha-kūpe ksut-pipāsā nivṛttiḥ.

목의 우물에 〔총제하면〕 주림과 목마름을 없앤다.

목의 우물은 혀뿌리 밑에 있는 목구멍을 말한다. 이곳에서 주림과 목마름의 감정이 일어난다고 보아 여기에 총제를 하면 기갈증이 없어진다고 하였다. 타액원이 목구멍에 있으므로 이곳에 총제하면 타액이 분비되기 때문이다.

3-31 kūrma-nādyāṁ sthairyam.

자라〔鼈〕의 관에 대하여 총제를 행하면 견고성(堅固性)이 얻어진다.

자라의 관은 목의 우물 밑에 자라 모양을 한 관을 말한다. 여기서의 관(nādī)은 혈관이 아닌 생명의 힘이 흐르는 영체(靈體)의 관이다. 우리의 몸 안에는 이러한 관이 7만 2천 개가 있다고 한다. 목구멍 밑의 이러한 관에 총제를 행하면 마음이나 몸이 안정되고 강해진다. 주석자는 뱀이나 도마뱀과 같이 생명력이 강해진다고 말한다.

3-32 mūrdha-jyotiṣi siddha-daśanam.

머릿속의 광명에 총제를 하면 신령들을 볼 수 있다.

머리 위에 두개골이 접합되는 부분을 '머릿속의 광명'이라 하는데, 이곳에 빛나는 광명이 있다고 한다. 이곳을 범(梵)의 갈라진 곳(Brahma-randra)이라고도 한다. 신다(siddha)라는 영은 높은 지위에 있는 신은 아니고, 인간의 죽은 영보다는 위에 있는 신인족이다. 이들은 하늘과 땅의 중간에 살고 있다고 생각된다. 요가 수행에 숙달된 사람은 죽은 뒤에 이러한 신령들과 만나는데, 살아 있는 동안에도 요가 수행을 잘하여 삼매를 닦아 영성이 밝아지면 신령들과 만날 수 있다. 이러한 신령들은 수행자의 꿈속에 나타나 앞을 인도한다.

3-33 prātibhā vā sarvam.

혹은 조명지(照明智)에 의해서도 모든 것을 알 수 있다.

조명지(prātibha)는 변별지(辨別智, 2-26 참조)가 나타나기 직전의 지혜로서 타라카(tāraka: 救濟者)라고도 한다.

이 지혜를 얻으면 어떤 대상을 알기 위해서 거기에 총제를 할 필요가 없다고 한다. 다른 해석에 따르면, 생각을 하는 심리 기관인 의(意)로부터 돌연히 올바른 지혜가 나타난다고도 한다. 이 조명지는 광명(prabha)이라 불리는 지혜에 총제를 가할 때에 나타난다고도 한다. 여하튼 이 조명지는 사물을 식별하는 지식이 나타나기 이전에 나타나는 것으로서, 마치 태양이 떠오르기 전의 서광과 같은 것이다.

명상으로써 총제를 행하는 사람은 명상이 일어나는 징조인 숙려(熟慮)로부터 생하는 밝은 지혜가 있게 된다. 이 지혜는 명상으로 가게 하여 윤회로부터 구제하기 때문에 구제자라고 한다.

3-34 hṛdaye citta-saṁvit.

심장에 총제하면 마음을 안다.

심장은 생명의 본체가 깃들어서 모여 있는 유현(幽玄)한 영체이다.

이 심장은 작은 연꽃 모양을 하고, 항상 아래를 향하고 있으며, 그 속에 마음이 들어 있다. 그래서 '깨달음의 자리〔覺座〕'라고도 하고, 의식 작용과 자의식〔我慢〕과 순수한 지각 작용이 모두 여기에 있다고도 한다. 《찬도기아 우파니샤드》에 따르면 '작은 흰 연꽃의 집' 속에 아트만(Ātman: 自我)이 들어 있다고 한다. 마음은 의식 작용을 일으키는 실체로서 그 자체는 의식면에 나타나지 않으나, 심장에 총제를 하면 심장이 위로 향하게 되어 이 속에 숨겨져 있는 마음의 실체까지도 의식의 표면에 나타난다고 한다. 마음의 실체가 의식되는 이상 그 현상은 모두 의식될 수 있다.

어떤 주석가는 자기 마음만이 아니라 남의 마음까지도 알 수 있다고 주장한다.

3-35 sattva-puuaṣayor atyanta-asaṁkīrṇayoḥ pratyaya-viśeṣo bhogaḥ para-arthatvāt sva-artha-saṁyamāt puruṣa-jñānam.

'사트바'와 진아는 혼합될 수 없는데, 이 둘을 혼동하는 생각이 경험이라는 것이다. 그리하여 남을 위하는 '사트바'를 버리고 순수하게 자기만을 위하는 진아에게 향하여 총제하면 진아를 알 수 있다.

통각의 '사트바 구나'는 외계로부터의 자극에 의해서 이루어진 형상에 진아의 빛이 비춰짐으로써 의식에 나타난다. 이것이 바로 경험이다. 경험으로 나타난 의식은 진아가 아니라 사트바에 비춰진 빛에 지나지 않는다. 이것을 참된 자기라고 생각하기 때문에 기뻐하거나 슬퍼하는 것이다. 그러나 이러한 경험은 자성이 진아에게 경험을 맛보게 하기 위해서 자신을 전개한 것이요, 자성 자신을 위한 것은 아니다. 그리하여 자성의 전개인 사트바를 버리고 자신을 위한 진아에게 총제를 하면 진아를 여실히 볼 수 있다고 한다.

통각의 사트바는 진아와 절대로 혼합될 수 없는데, 정신성을 띠지 않은 라자스나 타마스 등이 순수 정신적인 진아와 동일시될 수는 없다. 사트바도 단지 나타나는 성향이 있을 뿐으로 사물을 식별하는 지혜로서 변화된다. 그러므로 사트바는 청정하고 비춰 보는 본성이 있다는 점에서 진아와 혼동되기 쉽다. 이렇게 혼합할 수 없는 둘을 같은 것으로 보는 관념이 바로 경험이라는 것이다.

또한 사트바는 남을 위한 것이다. 경험은 사트바의 속성이기 때문에 그 경험도 남을 위한 것이다. 하지만 진아는 자신만을 위하는 것이므로 진아를 알려면 진아에 대한 총제를 해야 한다.

그렇다면 총제를 가하는 대상은 진아 자체인가, 아니면 진아의 관념인가. 총제를 행하는 것은 사트바의 작용이므로 진아를 직접 대상으로 하지 못한다면, 이때 총제의 대상이 되는 것은 사트바에 비추어진 진아의 영상이라고 생각된다. 그러나 주석가는 '사트바 구나'와는 전혀 다른 진아의 순수 정신으로 된 관념에 대한 총제라고 한다. 우리의 상념에는 사트바를 본질로 하는 것과 진아의 정신성을 본질로 하는 것이 있는데, 총제는 진아에 대한 것이라고 한다.

따라서 진아를 안다는 것은 진아를 대상으로 하는 진아 자신의 지식이다. 왜냐하면 진아를 알 수 있는 것은 진아 자신 이외에는 없기 때문이다. 《대일경소(大日經疏)》에도 "마음 스스로가 마음을 증득(證

得)하고, 마음 스스로가 마음을 깨닫는다. 이것이 보리(菩提)를 이룬다는 것이다"라고 하였다.

3-36 tataḥ prātibha-śrāvaṇā vedanā ādarśa-āsvāda-vārtā jāyante.

그 결과 조명지와 〔초자연적인〕 청각·촉각·시각·미각·취각의 지혜가 생한다.

조명지에 의해서 미세한 것, 가려져 있는 것, 먼 곳에 있는 것, 과거의 것, 미래의 것을 알 수 있다.

청각지에 의해서 하늘의 말을 듣고, 촉각지에 의해서 하늘의 감촉에 도달하며, 시각지에 의해서 하늘의 빛깔과 형태를 의식하고, 미각지에 의해서 하늘의 맛을 의식한다. 취각지에 의해서 하늘의 향기를 구별하여 안다.

진아에 대한 총제로서 이와 같은 것이 항상 생한다.

3-37 te samādhau-upasargā vyutthāne śiddhayaḥ.

이들 〔지금까지 말한 총제의 여러 가지 결과는〕 삼매의 경우에는 장애가 되나 〔마음이〕 일어나고 있을 때에는 영능이 있다.

조명지 등은 삼매에 들어가 있는 마음에서는 오히려 장애가 된다. 왜냐하면 이들은 요가 행자의 지견에는 장애가 되기 때문이다. 그러나 세속인의 잡념 세계에서 이것들은 초자연력에 속한다.

요가 행자가 진아에 대해 총제를 가하여 초자연력을 얻고 난 후 그것으로 요가의 목적이 달성되었다고 생각해 총제를 중지한다면, 그것은 마치 빈곤한 사람이 약간의 재산을 얻고 나서 노다지를 얻었다고 생각하는 것과 같다. 마음이 삼매에 든 요가 행자는 초자연력을 얻더라도 그것을 피해야만 한다. 삼고(三苦)를 없애고 절대적인 적정(寂靜)이라는 인생 최고의 목적을 이루려는 사람이 어찌 이러한 초자연력에만 집착할 것인가.

세간에서는 요가를 주력(呪力)을 개발하는 수단이라고 생각하거나, 마술사와 요기를 혼동하는 사람이 있다. 요가를 수행하여 초자연력이 개발되는 것은 사실이지만, 그러나 그것이 요가의 목적은 아니다. 요가 행자가 그러한 초자연력에만 만족하면 삼매의 심경이 흐려지기 때문이다. 그러나 이러한 초자연적 능력은 세속적인 평범한 사람들의 잡념의 세계에서는 뛰어난 능력임에 틀림없다. 인도에서는 주법사같이 초자연적인 능력을 나타내는 일을 능사로 삼는 사람들을 비천한 사람이라고 하여, 이들은 요기로부터 천대를 받는다. 그렇다고 해서 초자연력이 요가의 성취(siddhi)가 아니라는 것은 아니다. 이러한 초자연력을 멀리할 필요는 없다. 이러한 힘이 나타나지 않는다면 그 수행은 성취되지 않을 것이며, 깨달음을 열어 해탈을 얻을 수가 없을 것이다. 불교에서도 삼명(三明) 육통(六通)이라는 신통력을 발하는 단계를 수행 과정에 두고 있다.

3-38 bandha-kārana-śaithilyāt pracāra-saṁvedanāc ca cittasya paraśarīra-āveśaḥ.

〔총제의 수습으로〕 몸에 마음을 속박하는 것을 늦출 수 있다. 또 마음의 움직임을 알면 마음이 타인의 몸으로 들어가서 머무

를 수가 있다.

마음은 본래 어디든지 가서 머무를 수 있는 것이며, 또 업에 의해 속박되어 한 몸속에 들어가 구속당하고 있는 것이다. 그러나 총제를 익히면 그 압력이 약해진다. 또 몸속에서 움직이는 것이 알려지면 사람은 마음을 자신의 몸에서 끌어내어 죽은 사람이나 살아 있는 다른 사람의 몸속에 들어가게 할 수 있다. 그때에 다른 여러 기능도 그 마음을 따라간다.

이렇게 하여 타인의 몸속에 자기의 마음을 넣은 요기는 그 사람의 몸을 자기 몸처럼 자유자재로 움직일 수 있다. 이때 몸에서 마음이 움직이는 길은 눈에 보이지 않는 가는 관이라고 생각된다. 여왕벌이 하늘로 날아오를 때에 꿀벌이 따라서 날아오르고, 따라서 내려오는 것과 마찬가지로 몸의 여러 기관은 마음에 따라서 움직인다고 한다.

3-39 udāna-jayāj jala-paṇka-kaṇṭaka-ādiṣu asaṇga utkrātiś ca.

〔총제의 수습으로〕 위로 향하는 생기(生氣)를 지배하게 되면 물·진흙·가시 등에 구애받지 않고, 또한 〔죽은 뒤에〕 쉽게 그로부터 〔탈출하여〕 위로 갈 수 있다.

'우다나(udāna)'는 다섯 종류의 생기 가운데 하나다. 이 '우다나'에 대하여 총제를 하면 물이나 진흙 속에 빠지지 않고, 가시를 밟아도 찔리지 않으며 그로부터 쉽게 벗어날 수 있다. 왜냐하면 이 우다나를 잘 통제하여 마음대로 할 수 있으면 몸을 가볍게 하여 떠오르도록 할 수 있기 때문이다. 우리가 가지고 있는 여러 기관은 밖으로는 몸의 형태를 나타내고, 안으로는 생기인 생명력을 나타낸다. 이 생명력(jīva)에는 다음의 다섯 가지가 있다.

1) 프라나(prāna)는 얼굴과 코를 거쳐서 심장 사이에 머물러 있어 숨을 운반하는 작용을 한다.

2) 사마나(samāna)는 심장에서 배꼽까지 사이에 머물러 있어 먹은 음식을 소화시키고 균등하게 배분하는 작용을 한다.

3) 아파나(apāna)는 배꼽에서 발바닥까지 사이에 머물러 있어 몸 안의 더러운 것을 제거하는 작용을 한다.

4) 우다나(udāna)는 코로부터 머리까지 사이에 머물러 있어 위로 몸을 올라가게 하는 작용을 한다.

5) 브야나(vyāna)는 온몸에 두루 차 있는 생명력이다.

위의 다섯 가지를 모두 '프라나'라고 한다. 이 중에서 '우다나'는 생명력을 위로 올라가게 하는 것이므로 이것을 자유롭게 길들이면 몸을 가볍게 떠오르도록 해서 바닷물이나 진흙에서부터 벗어날 수가 있다. 또한 '우다나'는 생명을 위로 끌어올려서 죽음을 불러 올 수 있기 때문에 이 힘을 지배하면 마음대로 죽을 수가 있다고 한다.

3-40 samāna-jayāj jvalanam.
사마나를 정복하면 몸에서 불길을 나타낼 수가 있다.

사마나는 음식을 연소시켜서 소화되게 하는 것이므로 이 기운을 정복하여 마음대로 할 수 있게 되면, 몸으로부터 불길을 토해낼 수가 있다. 이러한 기적은 불타의 전설에도 나온다. 그러나 주석가에 의하면, 불길을 토한다는 것은 심장의 고동이 뛰는 것이라고도 한다.

3-41 śrotra-ākāśayoḥ saṁbandha-saṁyamād divyam śrotram.

귀와 허공에 대한 총제를 한 결과로 천이통(天耳通)이 통한다.

인도에서는 옛부터 허공을 모든 청각의 기초라고 생각해 왔다. 청각은 귀에 구멍이 있기 때문에 생기게 되었고, 귀의 허공과 외계의 허공이 통해 있으므로 음성을 들을 수 있다고 한다. 허공은 무엇으로부터도 방해받지 않고 어디에나 편재해 있기 때문에 허공의 영능은 음성으로 나타난다.

천이통은 신령의 소리를 비롯하여 어떤 미세한 작은 소리도 들을 수 있는 힘이요, 먼 곳에 있는 소리도 들을 수 있는 힘이다.

3-42 kāya-ākāśayoḥ saṁbandha-saṁyamāllaghu-tūla-samāpatteś ca ākāśa-gamanam.

몸과 허공과의 결합에 대한 총제를 하거나, 또는 가벼운 솜에 마음의 집중〔等至〕을 하면 공중을 걸을 수가 있다.

몸이 있으면 거기에는 허공이 있다. 그 허공은 몸과 결합되어 있는 것이므로 이 결합 관계를 알아서 그것에 총제를 하면, 그 허공과의 결합을 지배하여 몸이 가볍게 된다. 또는 가벼운 솜에 대하여 혹은 그보다도 더 작은 원자 같은 것에 대하여 정(定: samapatti)의 힘을 가하면, 그 결과로 허공과의 결합을 지배하고 몸이 가볍게 되어 물 위에서 두 발로 걸을 수 있고, 거미가 실 위에서 걷고 태양광선 위를 걷는 것처럼 된다고 한다. 그러므로 인간도 마음대로 허공을 걸어갈 수가 있다고 한다. 불교에서는 이러한 특수 능력을 신족통(神足通)

이라고 한다.

3-43 bahir-akalpitā vṛttir mahāvidehā tatah prakāśa-āvaraṇa-ksayaḥ.

〔마음의 집중이〕 상상이 아니라 〔실제로 몸〕 밖에서 행해질 때에 그 작용을 대탈신(大脫身)이라고 한다. 그에 따라서 〔마음의〕 비춤을 덮는 것이 없어진다.

실제로 마음이 밖의 어느 한 곳에 가서 집중되는 것은 상상으로서만이 아니고, 실제로 그렇게 되는 것이라고 믿어질 때에 실현된다고 한다. 그것이 곧 크게 몸을 벗어난 정신의 독립이다. 흔히 우리는 우리의 몸을 자아라고 생각하는 것을 버리지 못한다. 자기의 마음(意)을 상상만으로 몸 밖으로 돌리는 것만으로는 참된 자유로운 경지에 이르지 못한다. 참된 정신의 자유는 마음을 몸 안에 얽매는 것이라는 생각을 버리고, 실제로 몸으로부터 해방시켰을 때에 생긴다.

번뇌나 업은 삼덕 가운데 라쟈스나 타마스의 성질을 가진 힘이 마음의 빛을 덮은 것이다. 마음의 작용이 삼매에 들어 있을 때에는 마음을 마음대로 몸으로부터 벗어나게 해서 외부 세계에 집중시킬 수가 있다. 이때 마음의 빛은 가림 없이 비추인다. 이때에는 '사트바'만이 움직여서 식별지가 일어난다. 요가의 행자는 통각의 순질을 덮는 타마스와 라쟈스가 없어진 빛나는 마음을 가지고 있으니, 그때에 요기는 마음대로 공중을 걸을 수 있고 사물을 알 수도 있다.

여기에서 말하는 대탈신은 깊은 망아(妄我)의 상태이다. 이것은 외부에서 보면 기절 상태처럼 보일 정도로 깊은 정신 통일에 이른 선정이다.

3-44 sthūla-svarūpa-sūkṣma-anvaya-arthavattva-saṁ yamād bhūta-jayaḥ.

〔다섯 가지 물질 원소의〕 거친 것, 그 물질의 본질, 그윽한 근본 원질, 〔그 원질의〕 근본 성격에 대한 총제의 결과로 다섯 가지 물질 원소를 정복할 수가 있다.

다섯 가지 물질 원소는 앞에서 이야기했듯이 오대(五大)라고 하여 지(地)·수(水)·화(火)·풍(風)·공(空)이다. 이것이 겉으로 나타난 것이 빛깔·향기·음성 같은 것이요, 그 본질은 각 원소에 공통되는 성질로서, 가령 지는 굳은 것이요, 화는 뜨거운 성질이다.

다시 그윽한 근본 원질에는 다섯 가지가 있으나 우리의 감각으로는 알 수가 없다. 단지 그윽한 가장 작은 원질이라는 것만 알 수 있다. 이것은 모든 사물의 근본 원인이 된다. 다음으로 각 원소의 보다 깊은 곳에 있는 힘은 그 다섯 가지 물질 원소 속에서 그것의 근본 성질을 결정한다. 세 가지 힘〔三德〕은 우주적인 목적에 의하여 진아의 경험과 해탈을 위해서 작용한다. 이러한 것들에 총제를 하면 다섯 가지 물질 원소를 마음대로 부릴 수가 있다고 한다.

3-45 tato 'ṇima-ādi-prādurbhāvaḥ kāya-saṁpat tad-dharma-anabighātaṣca.

〔물질적인 다섯 가지 원소를 지배하면〕 그 결과 몸을 작게 하는 힘이 나타나고, 몸이 〔자재력을 얻어〕 완전히 되며, 몸의 여

러 기능이 파괴되지 않는다.

몸의 자재력에는 여덟 가지가 있다. 첫째, 몸을 작게 하는 힘은 원자(原子)로 되돌아가는 것이다. 이렇게 되면 바위나 돌을 자유자재로 통과할 수 있는 힘이 생긴다. 둘째는 몸을 크게 하는 힘이고, 셋째는 솜같이 몸을 가볍게 하는 힘이며, 넷째는 마음대로 달이나 별을 손가락으로 만질 수 있는 힘이다. 다섯째는 자기의 뜻대로 어떤 것이라도 실현시키는 힘이고, 여섯째는 세계를 창조하고 지배하는 힘이며, 일곱째는 만물을 뜻대로 따르게 하는 힘이고, 여덟째는 자신이 바라는 것을 손에 넣는 힘이다. 이러한 여덟 가지의 현상은 오늘날의 심령과학에서 말하는 물리적인 영능과 같은 것이다.

3-46 rūpa-lāvaṇya-bala-vajra-saṁhananatvāni kāya-saṁpat.

육체의 완전함은 아름다운 모습과 우아함과 힘셈과 깨어지지 않는 굳셈이다.

보기에 용모가 아름답고, 매력적이며, 뛰어난 힘과 깨어지지 않는 굳셈을 말한다.

3-47 grahaṇa-svarūpa-asmitā-anvaya-arthavattva-saṁyamād indriya-jayaḥ.

〔몸에 갖추어져 있는〕 감각 기관의 지각 작용, 그것들의 본질, 거기에 결부된 자의식, 〔그것들 속에 들어 있는〕 삼덕과 〔그 삼덕의〕 목적성 등에 총제를 하면 감각 기관을 지배할 수 있다.

감각 기관의 지각 작용은 대상에 각 감각 기관의 공통적인 성질과 특수한 모습에 대한 작용이다. 가령 어떤 음성을 파악하는 것은, 그 음성의 본질인 공통성과 특수성을 파악하는 것으로 알게 된다.

또한 그것들의 본질은 지각되는 대상인 공통성과 특수성이 지각 작용과 결합되어 있는 것이다. 거기에 결부된 자의식은 각 감각 기관에 들어 있는 사트바에 의해서 나타난 것이다. 이 자의식은 공통적으로 가지고 있는 것이지만 각 감각 기관은 그것 나름대로의 특수성을 가지고 있다. 각 감각 기관의 서로 다른 모습은 밝게 감지하는 사트바와 활동하는 라쟈스와 정지하는 타마스의 성향이 있는 여러 본질로부터 된 것이며, 자의식이나 여러 감각 기관은 그들이 변화된 것이다.

다음의 모습은 모든 감각 기관에 들어 있는 자기 고유의 목적성이다. 이 다섯 가지 감각 기관의 모습을 순서대로 총제하면 이 다섯 가지 모두를 정복할 수 있다.

요가 행자에게는 모든 지각 기관을 극복하여 마음대로 할 수 있는 힘이 생긴다.

3-48 tato mano-javitvaṁ vidaraṇa-bhāvaḥ pradhana-javaś ca.

그것에 의하여 의식 활동과 같이 빠른 운동과 감각 기관을 떠나서 지각하는 힘, 세계의 근원을 지배하는 힘이 나타난다.

의식 활동과 같이 빠른 운동이라는 것은 지극히 빠른 것을 의미하므로 몸이 급속히 변하는 것이다. 감각 기관을 떠나서 지각하는 힘이 생긴다고 하는 것은, 감각 기관에 구속되지 않는 것으로 감각 기관으로부터 벗어난 상태에서는 감각 기능이 몸을 떠나서 어떤 장소에서, 언제나, 무엇이든지 자기가 바라는 대상에 대해 작용할 수 있게 된다.

세계의 근원인 프라다나(pradhāna)의 정복이라는 것은 이 세계의 근본 원인인 자성과 그 결과에 대한 것을 지배하는 일이다.

이들 세 가지 초자연력은 '꿀의 입(madhu-pratīkā)'이라고 말하여진다.

3-49 sattva-puruṣa-anyatā-khyātimātrasya sarva-bhāva-adhiṣṭhātṛtvaṁ sarvajñātṛ vaṁ ca.

〔통각의〕 사트바와 진아를 분별하는 지혜를 투철하게 얻으면 모든 세계를 지배하는 힘과 모든 것을 아는 힘이 생긴다.

근심이나 괴로움을 떠난 '비쇼카(viśoka)'라고 하는 영능은 최고의 영능이다. 여러 가지 총제 중에서 특히 고유한 목적성을 지닌 진아에 대한 총제를 행하여 마음의 깊은 곳에서 고요하고 깨끗한 상태가 나타나면, 사물을 지각하는 힘인 사트바도 사실은 진아와는 다른 것이라는 점을 알게 된다.

그리하여 이러한 직관에 머물러 움직이지 않게 되면, 드디어는 세계를 지배하는 지배자로서의 힘과 만물을 있는 그대로 아는 힘이 나타난다.

3-50 tad-varāgyād api doṣa-bīja-kṣaye kṣivalyam.

이러한 뛰어난 능력까지도 떠나게 되어 모든 죄과의 종자가 끊어졌을 때에 〔진아의〕 독존이 나타난다.

앞에서 말한 비쇼카라는 영능에 대해서까지 집착하지 않게 되면 진아의 독존이라는 최고의 목적을 이룩할 수가 있다. 왜냐하면 분별지라 하더라도 역시 사트바 구나의 한 현상에 지나지 않기 때문이다. 그것까지도 떠날 때에 근본 자성으로 돌아오는 운동이 일어나서 진아가 궁극적인 삼덕으로부터 떠나게 된다. 곧 이러한 최고의 이욕(離慾)에 의해서 법운(法雲) 삼매가 나타난다고 한다. 요가 최후의 목표는 지혜가 아니라 이욕이다. 이것이 없으면 어떠한 초능력도 해탈에 방해가 될 뿐이다.

3-51 sthāni-upanimantraṇe saṇgasmaya-akraṇam punar anisṭ aprasaṇgāt.

비록 높은 신령으로부터 유혹을 받더라도 집착이나 자랑하는 마음을 가지지 않아야 한다. 그렇지 않으면 다시 좋지 않은 일이 일어나기 때문이다.

높은 위치에 있는 신령은 인간이 해탈을 얻는 것을 질투한다고 한다. 그래서 아름다운 선녀나 불로장생의 약으로 요기를 유혹한다. 그러나 이 유혹에 끌려서 애착이나 자랑을 느끼면 다시 처음의 상태로 떨어져 버린다. 부처님도 깨달음을 얻기 직전에 마왕의 유혹이나 협박을 받았으나 그것을 이겨냈다. 주석가에 의하면 신령의 유혹을 받는 것은 요가의 네 단계 중에서 낮은 단계에 속한다고 한다.

3-52 kṣana-tat-kramayoḥ saṁyamād vivekajam jñānam.

찰나〔의 시간〕과 〔찰나에서 찰나에의〕 연속에 대하여 총제를 행하면 그 결과 식별로부터 생긴 지혜가 나타난다.

물체의 가장 작은 극점이 원자인 것과 마찬가지로 시간의 가장 작은 단위는 찰나이다. 또는 움직인 원자가 앞의 장소를 버리고 다른 장소를 얻는 순간이 찰나이다. 이때 원자의 흐름은 끊어지지 않는 지속성의 연속이다. 찰나와 연속과의 사이는 직접적으로 이어지는 것이 아니므로 우리가 생각하는 시간이라는 것은 관념뿐이다. 요가 철학의 시간론은 이러한 것이다. 흔히 우리가 시간이라고 생각하는 시간은 관념에 지나지 않고, 오직 찰나라고 하는 시간의 단위만이 그 실체이다. 이러한 찰나가 이어지면서 시간이 성립된다. 찰나는 자성의 전변에 있게 되므로 찰나가 있는 곳에는 반드시 세 가지 '구나(guna: 德)'의 움직임이 있다. 그러므로 한 찰나마다 이 세계가 전변하여 나타나는 것이다. 미래 · 현재 · 과거라는 찰나를 통해서 자성으로부터 세 가지 근본 원소인 삼덕이 전변의 원인이 되어 찰나로 상속되는 것이 우리 인식 기관에 의해서 일정한 시간의 관념으로 파악된다. 이러한 시간관은 불교의 아비달마론(阿毘達磨論)의 시간관과 비슷해서 요가의 시간론은 불교의 시간론과 승론파(勝論派)의 시간론 사이의 중간에 위치한다고도 하고, 자이나교의 시간론과도 가깝다고 한다.

이러한 찰나와 찰나 사이에서 이어지면서 일어나는 것에 총제를 가하여, 이것을 직관에 의해서 파악할 때 이러한 식별로부터 지혜가 생긴다.

3-53 jāti-lakṣaṇa-dṛśair anyata-anavacchedāt tulyayoḥ tataḥ pratipattiḥ.

〔이와 같은 분별로부터 생긴 시간은〕 종류나 특징이나 지위 등에 의하여 구별되지 않고, 오직 동일하게 보이는 둘만을 정확하게 볼 수 있다.

흔히 서로 비슷한 두 가지를 구별할 때는 그것의 종류 · 특징 · 장소를 식별의 기준으로 삼는다. 그러나 이러한 기준으로 구별되지 않는 것도 이 시간의 분석으로 얻은 지혜에 따르면 식별할 수 있다. 가령 동일한 원소에 속하는 원자를 분별하려면 이 지혜를 사용해야 한다고 한다. 우리가 경험하듯이 형태 · 빛깔 · 크기가 꼭 같은 두 개의 과실을 관찰자가 보지 않는 사이에 그 위치를 바꾸어 놓는다면, 보통 사람은 그것을 가려내지 못하지만 요기는 알 수 있다. 두 과실이 놓여진 공간의 특유한 찰나를 경험하기 때문이다.

3-54 tārakaṁ sarva-viṣayaṁ sarvathā-viṣayam akramaṁ ca-iti vive-kajam jñānam.

〔이러한 지혜는〕 구도자(救度者)라고 불리는 것이다. 모든 것을 대상으로 하고, 모든 방법을 대상으로 하여 한때에 〔일어나는〕 모든 것을 안다.

'타라카(Tāraka)'란 구도자라는 뜻이다. 죽고 사는 이 바다로부터 인간을 구제하여 저 언덕으로 건너가게 해주는 것이다. 이 지혜는 요기 자신의 조명지(3-33 참조)로부터 생하는 것이라고 한다. 이 타라카는 말에는 눈동자라는 뜻이 있다. 눈동자란 자기에게 갖추어져 있는 것으로서 빛으로 사물을 보는 것이다. 따라서 구도자라는 것은 자기의 조명지로부터 생긴 것이요, 남의 가르침에 의한 것이 아니다. 이것은 모든 것을 대상으로 하여 과거 · 미래 · 현재에 존재하는 모든 것을 세밀히 안다. 모든 방법을 대상으로 한다는 것은 과거 · 현재 · 미래의 모든 방법을 말한다. 한때라는 것은 한 찰나 사이에 통각에 다 다른 모든 것을 모든 방법으로 파악한다는 뜻이므로 이것에 의해서 식별지가 완성된다.

3-55 sattva-puruṣayoḥ ṣuddḥi-ṣāmye kaivalyam iti.

사트바와 프루샤의 깨끗함이 같을 경우에 독존(獨尊)이 있다.

순수 지각의 사트바의 청정함이라는 것은 요가를 닦은 결과 얻은 참된 지혜로 인하여 순수 지각으로부터 라쟈스와 타마스의 성격이 없어져서 번뇌의 종자가 사라지고, 움직임은 있어도 마음은 없으며, 오직 순수 지각과 진아만이 존재하는 분별지가 있는 상태이다.

진아는 본래 깨끗한 것이지만 경험을 받아들여서 더럽혀져 있는 것같이 보일 뿐이다. 그러나 순수 지각인 각(覺)의 사트바가 청정하게 되어 진아 본래의 깨끗함과 같은 상태에 있게 되면, 그 각은 진아에게 경험을 받아들이게 하는 힘을 가지지 못하게 된다. 그러므로 각의 본체인 마음은 그가 가지고 있는 움직임〔行〕을 그대로 가지고 근본 자성으로 환원시켜 버린다. 이때 진아는 경험을 받아 가지고 있는 모습으로부터 해방되어 깨끗하고 빛나는 절대 자주적인 존재로 돌아간다. 주석가는 초능력이 요가의 목적이 아니라 사트바를 깨끗이 하기 위한 것임을 여기서 말하고 있다. 그러나 이러한 초능력은 요가 수행자의 총제라고 하는 심리 조작이 발달함에 따라서 나타나는 것이다. 때문에 초자연적인 능력이 나타나는 것은 삼매력의 정도를 시험하는 일도 된다. 이러한 초자연력을 나타낼 정도가 되어야 비로소 해탈의 직접 원인인 참된 지혜를 얻을 수 있는 것이다. 인도 종교에서 이러한 초능력이 중시되는 것은 실제로 경험되는 사실이다.

불교에서도 오신통(五神通)이 좌선의 단계에서 나타난다고 한다. 이것은 선정이나 삼매의 높은 단계를 보이는 것으로 종교학에서도 매우 중요한 의미를 가진다. 이것으로 볼 때, 인도의 모든 종교가 영능을 중시하는 것이 아닌 인간의 참된 삶을 추구하는 종교임을 알 수 있다. 인도의 종교지도자는 우주 진리를 깨달은 각자(覺者)이거나 신의 권화(權化: avatāra)일 뿐 신령과 인간의 매개자는 아니다. 불교와 요가가 그리스도교나 이슬람교와 다른 점이 또한 여기에 있다.

4. 독존품(獨尊品: kaivalya-pāda)

4-1 janma-oṣadhi-mantra-tapaḥ-samādhi-jāḥ siddhayaḥ.

〔지금까지 말한 초자연력의〕 성취는 태생이나 약초의 힘으로, 혹은 주문이나 고행으로, 또는 삼매에 듦으로써 생겨난다.

이 4-1은 앞의 신통품에 들어가야 마땅한 것이다. 선천적으로 초능력을 가진 사람도 있고 진언(眞言: mantra)이나 약초의 힘으로, 또는 고행이나 삼매에 들어서 초능력을 얻을 수 있다고 하였다.

태어난다는 것은 신의 몸으로 태어난다는 말이다. 신의 일은 이 땅에서 행하는 것이 그렇게 할 수 있도록 전생에 닦은 힘에 의해서 과보를 받아야 하므로 어떤 신과 관련이 깊은 집단의 가정에서 태어나면 신의 힘을 감독할 기회가 미리 주어진다는 것이다.

약초에 의해서 성취된다는 것은, 아수라(asura)가 사는 집에서 늙지 않고 오래 사는 약을 얻는 경우이다. 사람은 어떤 원인으로 아수라가 사는 곳에서 이 약을 체험하거나, 매력적인 아수라 소녀들로부터 얻은 약을 먹고 늙지 않고 죽지 않는 초자연력을 얻는다.

마치 '빈디야' 산에 사는 '마다브야' 선인과 같다고 한다.

또한 주문에 의해서 허공을 걸어다니거나 장벽을 관통해 가기도 한다. 고행으로도 실현이 되는데, 고행을 닦으면 의지의 힘으로 어느 곳이든지 희망하는 대로 갈 수 있다.

삼매에 의해서 생하는 초자연력은 앞에서 이미 이야기했다. 여기에서는 다른 종류로 변화된 몸이나 감각 기관에 대하여 이야기하고 있다.

4-2 jāti-antara-pariṇāmaḥ prakṛti-ārūpāt.

근본 원질이 충만하여 다른 종류로 변화한다.

몸이나 감각 기관이 신이나 짐승의 종류로 변화하는 것은 근본 원질인 '프라크리티'가 충만하기 때문이다.

4-3 nimittam aprayojakaṁ prakṛtīnāṁ varaṇa-bhedas tu tataḥ ksetri-kavat.

동력인(動力因)은 근본 원질에 작용하지 않는다. 그러나 장애가 깨지면 그로부터 〔변화가 일어난다.〕 마치 농부가 〔물을 댈〕 때와 같다.

선악(善惡) 등의 업의 근원은 자성을 구사해서 작용할 수 없고, 오직 자성으로부터 새로운 것이 생기도록 돕는다. 그것은 농부가 논에 물을 댈 때에 논도랑을 만드는 것같이 새것이 이루어지도록 하는 데 장애가 되는 바를 막는 것과 같다.

선업(善業)이 악업(惡業)을 파괴하면 자성은 신과 같은 좋은 세계를 향하여 전변을 일으키고, 악업이 선업을 파괴하면 나쁜 세계를 향해서 전변하기 시작한다.

4-4 nirmāna-cittāni asmitā-mātrāt.

나타내어진 마음은 자기 의식으로부터 〔생긴다.〕

윤회 전생할 때에는 여러 종류의 생명을 받는다. 따라서 그의 마음도 여러 가지로 작용하지만 모두가 같은 자기 의식이라는 원질(asmitā-mātra)로부터 나온다. 다시 말해 생물이 윤회하는 동안에는 고양이로 태어나든지 인간으로 태어나든지 신의 몸으로 태어나며, 그에 따라서 마음의 작용도 변한다. 그러나 그 마음은 유일한 자기 의식이라는 원질로부터 생겨난다. 이것은 정신적인 영혼의 전생(轉生)이다. 하우엘 씨는 이 자기 의식을 불교 유식 사상(唯識 思想)의 제 8식에 해당하는 것이라고 하여 절대적인 아상(我想)이라고 하였다. 비유해서 말하자면 촛불이 계속 퍼져 나가는 것과 같다고 한다. 여기에서 생명과 몸이 있는 한 그들은 모두 각기 다른 각자의 마음을 지니고 있다고 하겠다. 그러면서도 공통된 보편적인 근본 마음은 자기 의식이라는 원질로부터 나오는 것이니 보편성을 가지고 있다 하겠다.

4-5 pravṛtti-bheḍe prayojakaṁ cittam ekam anekesām.

나타나는 모습은 여러 가지이나 그 〔마음〕들을 움직이는 근본 마음은 오직 하나이다.

한 생명이 여러 가지 다른 모양으로 각각 다른 마음을 가지고 태어나지만, 마음의 작용의 원인이 되는 하나의 마음이 있다고 한다. 왜냐하면 한 근본 마음의 전생하는 그때마다의 마음을 부려서 나타나기 때문이다. 이 유일한 마음은 전능한 신의 힘이 그대로 나타나므로 한 마음이 여러 마음으로 될 수 있다. 유일한 마음이 많은 여러 생물의 마음을 움직이면서 다시 되돌아오기 때문에 요기는 이러한 유일한 마음을 잡고 있는 것이다.

모든 전생에 통하는 일관된 한 마음은 시 · 공간을 초월해 있다. 그러므로 그 마음은 어떤 종류의 마음으로 변화될 수도 있고, 변화신(變化身)을 나타낼 수도 있다.

변화신에 나타나는 많은 마음들은 본래 마음의 목적에 맞추어진다. 요기는 이 유일한 마음으로 다른 변화신의 마음을 마음대로 부리는 것이다.

4-6 tatra dhyānajamanāśayam.

〔앞에서 말한 다섯 가지 원인으로부터 생하는 초능력 가운데〕 선정(dhyāna)으로부터 생하는 것에는 잠재력〔의 업이〕 남지 않는다.

잠재 능력이란 업의 잠재 인상과 번뇌의 잠재 인상이다. 이러한 힘이 없는 마음이 해탈이다. 해탈에는 탐욕 같은 마음의 움직임이 없다. 요기는 이러한 번뇌를 없앴으므로 선이나 악에 집착하지 않는다. 선정은 태생 · 약초 · 진언 · 고행 · 삼매의 다섯 가지 원인 중에서 삼매와 같은 것이다. 선정은 정려라고도 한다. 따라서 태어나면서부터 가지는 초능력이나 약초 · 주문 · 고행에 의해서 얻는 초능력에는 업이나 번뇌의 잠재력이 있지만, 이 선정에 의해서 생하는 마음에는 잠재력이 없다.

4-7 karma-aśukla-akṛṣṇam yoginas trividhaṁ itareṣām.

요가 수행자의 업은 희지도 검지도 않다. 그러나 보통 사람의 업에는 세 가지가 있다.

흔히 업에는 네 가지 종류가 있다고 한다. 흰 것과 검은 것, 희고 검은 것, 그리고 희지도 검지도 않은 것이다.

1) 흰 업(白業)은 좋은 결과를 낳게 하는 원인이 되는 업이다. 예를 들면 신에게 제사를 드리는 것이나 고행이나 학습·선정을 닦는 자가 가지는 업이다. 왜냐하면 그것은 단지 자신의 뜻에 의해서 행하는 것이요, 다른 어떤 도구를 빌려 거기에 의지하는 것이 아니며, 타인에게도 고통을 주지 않기 때문이다.

2) 검은 업(黑業)은 나쁜 결과를 낳게 하는 업이다. 예를 들면 남을 죽이는 행위 따위이다.

3) 희고 검은 업(白黑業)은 다른 어떤 연장에 의지해서 달성되는 행위이다. 여기에는 좋은 것과 나쁜 것이 섞여 있다. 평범한 사람의 행위는 대개 이러한 것이다. 이때에는 남을 괴롭히거나 이롭게 하는 것을 통해서 잠재력이 남는다. 이와 같은 외적 수단에 의해서 달성되는 것은 모두 고통이 따른다. 식량이 될 쌀을 얻을 경우에도 남의 고통이 따른다. 농사를 지을 때 벌레는 죽어야 하고, 농민이 힘을 들여야 하며, 씨앗은 죽어야 싹이 나서 열매를 맺을 수 있기 때문이다.

또한 남을 이롭게 한다는 것은 남에게 보시(布施)하여 이롭게 하는 일 등이다.

4) 희지도 검지도 않은 업(非白非黑業)은 번뇌를 없애고 과보를 버린 요기의 행위이다. 희지 않다는 것은 과보를 포기하고 있기 때문이요, 검지 않다는 것은 요기의 행위가 과보를 취하고 있지 않기 때문이다. 왜냐하면 요기에게는 업이 있을 수 없기 때문이다.

4-8 tatas tad-vipāka-aṇuguṇānām eva-abhivyaktir vāsananām.

〔생류가 윤회 전생하면서 쌓은 잠재력 가운데〕 그 업의 결과로 그의 과보로서 적합한 것만이 〔현생에〕 나타난다.

시초가 없는 오랜 옛날부터 생류가 전생 윤회해서 현재의 몸을 가지게 되었다고 한다면, 그것은 그 무수한 생에서 얻은 잠재력이 모두 나타난 것이 아니라 특정한 업보에 맞는 것만이 나타난 바라고 한다. 인간으로 태어난 나는 어느 때는 신령으로 태어났고, 어느 때는 짐승으로도 태어났으나, 인간으로 태어난 지금은 인간으로서의 잠재 인상만이 나타난다. 그것은 수많은 전생(前生) 동안에 쌓은 잠재력은 남아 있지만 인간으로서 특정한 전생(轉生)을 하고 있으니, 인간으로서의 과거 업보에 적합하게 나타난 것이다.

과거의 기억이 지각 경험 속에 섞여서 나타난다고 하는 것은 현대 심리학에서도 논의되고 있으나, 인도에서는 기억의 기원을 전생에까지 연장시키고 있는 것이다. 잠재 인상은 불교에서는 훈습(薰習)이나 습기(習氣)로 번역되는데 일종의 기억 파지(記憶 把持)이다. 이것은 행(行: saṁskāra)의 일부로서 잠재 인상과 번뇌와 업력으로 되어 있다.

4-9 jāti-deśa-kāla-vyavahitānām api āntaryam smṛtisaṁskārayor eka-rūpatvāt.

〔이들 잠재 인상은 그것이〕 성립된 때와 나타난 장소 사이에 간격이 있어 〔많은 생애를 통해서 장소와 때의〕 다름이 있다. 그러나 〔연속성이 있는 것은〕 다시 나타난 기억과 잠재력 사이

에 동일한 성질이 있기 때문이다.

많은 전생(轉生)을 통해서 잠재 인상이 쌓여지고 특정한 업보에 적합한 기억이 재생된다. 이때 그들 잠재 인상과 재생된 기억 사이에 연속성이 있다고 한다. 그 이유는 어디에 있을까. 만일에 이러한 연속성이 없다면 윤회도 없고 업도 없을 것이다. 이러한 문제에 대하여 주석가들은 그 잠재 인상이 잠재 인식 속에 남아 있는 것과 그것이 나타난 기억 사이에 동일성이 있기 때문이라고 말한다.

가령 고양이로 태어났다면 그 고양이의 업보는 자기의 업을 고양이로서 나타낸 것이다. 그 고양이가 어떤 많은 전생을 가졌던지, 혹은 얼마나 먼 곳에 떨어져 있었던지 간에 그가 지은 업이 다시 나타나는 것이며, 전생에 경험한 고양이의 업보에 의해서 형성된 잠재 인상만을 취해 현생에 나타난 것이라고 한다. 먼 곳에 떨어져 있더라도 그와 같은 결과를 가져오는 업을 나타내는 것이 주요 원인이 되기 때문이다. 또한 이것은 기억과 잠재력과 같은 성질을 가졌기 때문이다. 따라서 잠재 인상이 있는 그대로 기억도 있다. 이와 같이 기억과 잠재력은 잠재한 업을 마음의 작용으로 받아들임으로써 나타난다. 또한 동력인과 그 결과와의 관계는 끊어지지 않기 때문에 출생과 장소 및 시간의 다름에 관계 없이 그 잠재 인상은 직접 원인이 되고 있다.

4-10 tāsām anāditvam ca āśiṣa nityatvāt.

또한 잠재 기억이 시초가 없는 것은 항상 〔생에 대한〕 애착이 있기 때문이다.

모든 잠재 인상은 생에 대한 애착이 끊이지 않기 때문에 존재한다.

모든 사람이 가진 살고 싶어하는 애착은 자연히 생겨난 것이 아니다. 갓 태어난 어린아이는 죽음을 경험하지 않았는데도 죽음에 대한 공포를 가진다. 이것은 전생에서부터 죽음에 대한 괴로움의 기억이 있기 때문이라고 한다. 생물은 자기 생명에 대한 애착이 끊이지 않기 때문에 괴로움이 있다. 이러한 생명욕을 번뇌라고 말한다. 이러한 번뇌가 오랜 과거부터 있어 온 것과 마찬가지로 잠재 기억 역시 시작도 없는 옛날부터 계속되어 온 것이다.

연꽃이 피고 지는 것은 자연히 되는 것이 아니라 햇살과 접촉하여 되는 것이요, 꽃이 지는 것은 그 꽃을 지속하려는 잠재력 때문이다.

그러므로 무시이래(無始以來)로 있어 온 잠재 인상에 포함되어 있는 이 마음이 원인이 되어 어떤 잠재 인상을 얻어서 받게 되는 것이다.

4-11 hetu-phala-āśraya-ālambanair aṇgṛhītatvad eṣāṁ abhāve tadabhāvaḥ.

〔잠재 기억은〕 그 원인·결과, 내부의 의지처(依止處: 依體), 외부의 의지처〔所緣〕에 의해 결합되어 있기 때문에 그들이 없어지면 잠재 기억도 없어진다.

이들 마음의 작용과 잠재 인상이 시작도 없는 옛부터 계속된 것이라면 그것을 어떻게 끊을 수 있을까? 시작도 없고 끝도 없는 정신 능력은 끊어지지 않는가? 그런데 이 잠재 기억을 성립시키는 네 가지 원인을 없애면 잠재 기억도 없어진다고 한다.

잠재 기억의 원인은 괴로움이나 즐거움 등의 경험이다. 그 경험을 추구하는 번뇌가 경험의 원인이다. 번뇌 때문에 괴로움이나 즐거움의 경험을 가지는 것이다. 또한 이 번뇌의 원인은 무명이다. 따라서 잠재 의식의 근본 원인은 무명이라고 하겠다.

다음으로 잠재 기억의 결과라는 것은 다시 생한 기억이므로 현실적인 경험 의식이다. 이것을 기신론(起信論)에서는 염(念)이라고 한다.

마음속으로 의지하는 것은 잠재 기억이 의지하고 있는 본체이므로 결국 마음(citta)이다. 또한 대상이라는 것은 경험이 생하는 대상이다.

모든 잠재 인상은 이러한 원인과 그 결과 및 안으로 마음이 의지하는 기체(基體)와 외부 사물에 의해서 존재하게 되었다. 그것들이 없어지지 않는 한 존재하는 잠재 인상이 어떻게 없어지겠는가.

4-12 atīta-ānagataṁ svarūpato 'sti-adhva-bhedād bharmāṇām.

과거와 미래는 그것 자체로 존재한다. 여러 현상에는 시간적인 위상의 차별이 있기 때문에 〔과거·현재·미래의 세 가지 차별이 있다.〕

아무것도 없는 곳에 존재가 있을 수 없다. 무엇이 생하는 것은 이미 무엇이 있었던 것이다. 이와 같이 요가 철학은 인중유과론(因中有果論)에 서 있기 때문에 잠재 기억이 의식적으로서 나타나는 경우에도 이 원리는 적용된다. 현실적으로 나타나는 의식에서 어떤 경험이 생하는 것은 과거로부터의 잠재 기억에서 나타난 기억이요, 또한 이 현실 의식이 사라져 버린 후에도 아주 없어지는 것은 아니다. 잠재 기억의 실체는 과거 · 현재 · 미래를 통해서 변함 없이 실재하는 것이다. 이것이 마음의 본체로서 이어지고 있다. 마음의 본체가 현상의 모습을 한 채 과거 · 현재 · 미래로 전변한다. 이렇게 생각하는 상캬 요가의 철학에서는 업이나 윤회가 계속되는 근원인 마음의 본체는 삼세에 걸쳐 변치 않는 것이다. 그러므로 이것은 없어질 수 없다. 그렇다면 이 염념상속(念念相續)의 끝없는 속에서 어떻게 해탈을 얻을 수 있겠는가. 하지만 상캬 요가에서는 다른 차원에서 해탈의 계기가 얻어진다고 한다. 바로 '푸루샤〔眞我〕' 자체에 있는 지혜에서이다. 이 지혜는 우리들의 의식면에 나타나는 지혜와는 전혀 다른 것이다. 비록 삼매 속에서 나타난 지혜라 하더라도 그것은 이 푸루샤 자체에 있는 지혜를 나타나게 하는 힘에 지나지 않는다.

4-13 te vyakta-sūkṣmā guṇa-ātmānaḥ.

이것들은 〔현실적으로〕 나타난 모습을 지닌 것, 또는 그윽히 작은 상태에 있는 것이라도 모두 세 근본 요소〔三德〕를 실체로 하고 있다.

이것들이란 잠재 기억의 표상을 가리킨다. 이 잠재 기억의 표상은 현재에 현실적으로 나타난 상태만으로 존재하는 것이 아니라 과거나 미래에도 눈에 보이지 않는 지극히 그윽하고 작은 잠재 상태로 존재했다고 할 수 있다. 이 마음은 세 가지 소인(素因)의 상관 관계로 성립된다. 세 가지 소인으로부터 이루어진 이 마음은 전변을 통해서 존재한다. 그리고 이 마음은 다시 근본 원질인 자성을 근원으로 가지고 있다. 성전(聖典)은 이에 대하여 "여러 구나(guṇa)의 모습은 눈에 들어오지 않는다. 눈에 들어오는 것은 허깨비〔幻〕와 같이 빈 것〔空〕뿐이다"라고 이야기하였다.

이 세 가지 소인은 눈에는 보이지 않으며, 허깨비가 모습을 바꾸는 것같이 변하고 없어지는 성질을 가지고 있다. 또한 그 원질은 변하지 않기 때문에 "허깨비와 같다〔如幻〕"고 하였다. "허깨비와 같다"는 말은 허깨비는 아니라는 말이다. 원질은 변하지 않으므로 허깨비와는 다른 성질을 가지고 실제로 존재하고 있는 것이다. 또한 '빈 것'이라는 말은 소멸하는 것이라는 뜻이다.

그러나 만물이 이러한 원질로 되어 있다고 할 때에 어찌하여 귀라는 감각 기관이 있고, 음성이라는 대상이 있겠는가.

4-14 pariṇāma-ekatvād vastutattvam.
변화가 유일한 것이기 때문에 사물은 실재한다.

상캬 요가의 철학은 실재론(實在論)이기 때문에 객관적인 사물은 주관적인 관념과는 달리 독립하여 존재한다고 주장한다. 객관적인 사물이 있으려면 변화가 '자기 동일성'을 가지고 있어야 한다. 세 가지 원질인 삼덕의 전변에 의해서 사물이 자기 동일성을 유지하는 것은, 이 삼덕이 서로 관련되어 하나의 전변 형태를 구성하고 있기 때문이라고 한다. 세 가지 소인 가운데 한 가지가 주가 되고, 다른 두 가지는 이에 따르는 관계로서 삼자 일체의 관계로 전변한다. 이러한 것은 외계의 사물만이 아니라 심리적인 현상에도 적용된다. 그러나 불교의 유식 사상(唯識 思想)은 이렇지 않다. 곧 "인식 작용을 동반하지 않으면 대상은 존재하지 않는다. 그러나 대상을 동반하지 않고서도 인식 작용은 존재한다. 〔마치〕 꿈에 망상이 있는 것과 같다"고 하는 불교 유식학파의 사람들은 사물의 본성을 부정한다. 그리고 "사물은 인식 작용의 구성에 지나지 않으니, 꿈속의 대상과 같다. 엄밀하게는 존재하지 않는다"라고 말한다. 이러한 유식학파에 대하여 요가학파에서는 사물이 눈앞에 놓여 있는데도 불구하고 인식 작용만 있고 사물의 본성은 없다고 주장한다고 공박한다.

4-15 vastu-sāmye cetta-bhedāt tayor vibhaktaḥ panthāḥ.

〔객관적인〕 사물은 같은데 〔그것에 대하는〕 마음은 다른 것으로 보아 이들 둘의 길은 다르다.

여기에서도 불교 유식파의 관념론에 대한 비판이 행해진다. 인식의 대상이 되는 사물은 그것에 대하여 가지는 인식이나 생각과는 다른 길을 가진다. 가령 아름다운 한 여인을 보고 어떤 남자는 기뻐하고, 어떤 남자는 괴로워하며, 어떤 남자는 미워하는 것처럼 보는 사람에 따라 그가 가지는 마음에 차이가 생긴다. 이것은 마음과 객체가 서로 다른 것임을 의미한다. 앞에서 예를 든 남자의 마음은 그런 생각이 들게 된 원인으로서 마음에 가지고 있던 관념이 선법(善法)이냐, 악법(惡法)이냐, 또는 무지(無智)냐에 따라서 나타난 결과이다. 상캬 철학에서는 한 가지 대상을 놓고 이와 같이 세 가지 다른 인상을 낳게 된 이유는, 오직 마음에만 원인이 있는 것이 아니라 그 여인에게도 원인이 있다고 본다.

삼덕의 어울림으로 이루어진 것이 사물이니 그 사물은 찰나 사이에 전변한다. 따라서 같은 여인이지만 세 남자를 대할 때 상대 남자의 마음이 온당한가 잘못되었는가, 또는 어리석은가에 따라서 그 여인의 성격도 변하게 되어 기뻐하거나 괴로워하거나 어리석게 굴게 되면서 상대 남자의 마음에 관련지어지는 것이라고 생각된다.

4-16 na ca eka-citta-tantraṁ vastu tad-apramāṇakam tadā kiṁ syāt.

사물은 한 마음에 의존하고 있는 것이 아니다. 〔만일 객관적인 사물이 어떤 한 마음에만 의존하고 있다면, 그 마음에 의해서〕 그 존재가 확인되지 않는 일이 있으니 이런 경우에는 어찌되는가.

이 경문도 불교의 관념론에 대한 논박이다. 관념론자가 말하듯이 만일 사물이 어떤 사람의 마음에 의존해서 존재하는 것이라면, 그 마음에 의해서 확인되지 않는 바는 모두 존재하지 않는 것이 될 터이다. 존재하지 않는 것인 이상 그것은 다른 사람의 마음에 의해서도 인식될 수 없다. 그렇다면 누구에게도 확인되지 않는 사물은 어떻게 될까. 또한 그것이 마음과 결합될 기회는 어떻게 일어날 것인가. 한 사물의 일부가 마음과 결합될 수 없을 때 그 부분은 없는 것이 될 터이다. 예를 들면 몸에서 항상 눈에 보이지 않는 등(背)은 존재하지 않게 될 것이다. 그러므로 객관적인 사물은 마음과는 달리 독립해서 존재하는 것이라고 생각지 않으면 안 된다.

마음은 각 진아와 결합되어 존재하므로 그러한 여러 마음이 각각 공통적인 대상이 되는 하나의 사물과 결합될 때에 인식이 이루어진다고 보는 것이 마땅하다고 주장하게 된다. 이것이 상캬 철학의 실재론적 인식론(實在論的 認識論)이다.

4-17 tad uparāga-apekṣitvāc cittasya vastu jñāta-ajñātam.

마음은 〔그 자신이 객관적〕 사물에 의해 받아들여짐에 따라서 그것을 인식하는 것이므로 사물은 〔그 존재가〕 알려지기도 하고, 알려지지 않기도 한다.

상캬 철학의 인식론에 의하면, 객체의 인식은 객체가 자신과 같이 마음을 유도하는 데서 일어난다. 다시 말하면, 객체의 모습을 마음에 비춤으로써 인식이 성립된다. 이러한 요가의 인식론은 다음과 같은 두 가지의 비유로써 설명될 수가 있다. 먼저 객체와 마음의 결합을 자석(磁石)과 쇠붙이의 관계에 비유해서 설명하면, 자석 같은 객체는 자기 자신으로는 아무것에도 의욕을 갖지 않으나 마음을 자기와 관련시킨다. 또는 마음을 수정 같은 투명체로 보고, 수정 곁에 붉은 꽃을 놓으면 그 수정이 꽃을 비춰 붉게 물들 듯이 마음은 객체로 말미암아 물들여진 모습이라고 한다.

이렇게 생각할 때 동일한 객체가 인식될 경우와 그렇지 않은 경우가 존재하는 것이 설명된다. 마음은 보편적인 작용을 하는 것이므로 객체가 존재하는 이상 반드시 인식되어야 하겠지만, 인식되지 않을 경우가 있는 것은 객체와 마음이 결합되지 않았을 경우이다.

4-18 sadā jñātāś citta-vṛttayas tat-prabhoḥ puruṣasya apariṇāmitvāt.

마음의 작용은 항상 그 주재자에게 알려진다. 〔왜냐하면〕 푸루샤에는 전변이 없기 때문이다.

객관적인 사물은 알려지기도 하고 알려지지 않기도 하지만, 마음의 작용은 항상 그 주재자인 '푸루샤'에게 의식되어진다. 그렇다면 의식하는 그 통각의 근원은 무엇인가. 그것은 마음과 같이 그 자신이 전변하는 것이어서는 안 된다. 왜냐하면 전변하는 것은 알려지기도 하고, 알려지지 않기도 하기 때문이다. 전변하는 마음을 주재하는 것은 이러한 성질이 있는 것이 아니다. 푸루샤는 전변하지 않고 사물의 존재를 항상 인식만 하는 것이므로 마음의 작용이 있는 곳에는 항상 푸루샤의 인식이 있다.

4-19 na tat sva-ābhāsaṁ dṛśyatvāt.
그 〔마음〕은 보여지는 것이므로 자기 스스로는 관조하지 않는다.

마음은 보여지는 것〔所見〕으로서 보는 것〔能見〕이 아니다. 그러므로 마음 스스로 의식의 통각 작용을 할 수 없다. '내가 좋아한다'고 하거나, 또는 '내가 바란다'고 하는 의식은 마음의 상태에 대하여 푸루샤가 그것을 확실히 보고 증명함으로써만 가능하다. 여기서 비로소 '나'라는 말이 참된 나〔眞我〕의 표시로서 사용된다. 그러나 이 참된 나는 단지 의식성의 근원이 되고 있을 뿐, 그것 스스로 무엇을 바라거나 좋아하지 않는 등의 일을 하지는 않는다. 진아를 의식의 본체로 생각하는 것이 바로 근본 무명이다. 여기서도 제8식이 스스로 사물을 인식하는 힘이 있다는 불교 유식파의 주장을 비판하고 있는 것이다.

4-20 eka-samaya ca ubhaya-anavadhāraṇaṁ.
또한 마음은 두 가지를 동시에 확인할 수 없다.

여기서도 마음은 작용하고 있는 자신을 스스로 알지 못한다는 것을 논증하려 한다.

마음은 같은 찰나에 두 가지 대상에 대하여 그것을 확인할 수 없다. 때문에 마음은 밖에 있는 대상을 확인하여 판단함과 동시에 그 판단을 하는 마음의 작용까지 확인할 수는 없다고 한다. 이것은 불교의 찰나멸론자(刹那滅論者)에 대한 비판이라고도 할 수 있다.

4-21 citta-antara-dṛśye buddher atiprasaṅgaḥ smṛti-saṁkaraś ca.

〔만일〕 마음이 다른 마음에 의해서 보여질 수 있다면 지각(知覺)을 지각하는 것이 되어 무한히 소급되는 잘못이 따르고, 또한 기억의 혼란이 일어날 것이다.

이 교설도 진아의 실재를 부정하려는 불교도들에 대한 논박이다. 한 마음을 보는 다른 마음이 있다면, 또 그 다른 마음이 또 다른 마음에 의해서 보여지지 않는다면 그것 스스로의 의식성을 얻을 수가 없다. 그러면 어디까지나 한없이 지각으로부터 지각으로 옮아가지 않으면 안 된다. 그뿐 아니라 한 의식이 성립되려면 지각으로부터 지각으로 한없이 소급되는 경험의 기억이 생하여 기억의 혼란이 생기고, 단일한 기억의 한계가 없어지게 된다. 그러므로 변함없이 항상 인식하고 있는 진아가 실재한다고 보아야 할 것이다.

불교 유식파의 사상 가운데 스스로 자신의 마음이 대상을 인식하는 사상에는, 지금 여기서 논란이 되고 있는 무한 소원(無限 溯源)의 문제가 있다. 그래서 어떤 파에서는 견분(見分: 主觀)과 상분(相分: 客

觀) 외에 자증분(自證分)만을 내세운 파가 있었고, 또한 여기에 다시 증자증분(證自證分)을 내세우기도 하였다.

4-22 citer apratisaṁkramā yās tad-ākāra-āpattau sva-buddhi-saṁ vedanam.

〔대상과〕 결합하지 않는 순수 정신인 진아는 〔자기 스스로 대상과 관계하지는 않지만〕, 통각이 진아의 형상을 취했을 때에 진아가 자기에게 소속되는 것으로서의 통각을 의식한다.

여기서는 1-3의 경문에서 말한 바와 같이 진아가 순수 정신이기 때문에 어떠한 능동적인 작용도 하지 않는다. 따라서 진아 스스로 통각과 관계하지는 않으나 통각으로부터 진아의 빛인 의식성을 자신(진아)에게 비춰 가진다. 이때에 진아가 그 통각을 자기 것으로서 인식한다.

통각의 자각성은 진아와 통각의 공동 작업의 결과처럼 보이나 사실은 통각이 스스로 행하는 것이니, 진아는 아무 일도 하지 않는 것이라고 한다. 이와 같은 진아와 통각의 관계에서는 상캬와 요가 철학의 깊은 이론이 보인다. 어떤 대상을 인식할 때에는 통각 작용과 하나가 되어 있는 진아의 모습을 통찰해야 한다. 그러나 이러한 통찰은 쉬운 일이 아니다. 요가 주석자는 이러한 일에 대해 다음과 같이 말한다.

"항상 '브라흐만'이 있는 그윽한 그곳은 지하계의 황천(黃泉)도 아니고, 산중의 동굴도 아니며 어두운 곳도 바닷속도 아니다. 그것은〔진아와〕 다름없는 통각의 작용 속이라고 성인은 말한다."

그러므로 또한 다음과 같이 설해진다.

4-23 draṣṭṛ-dṛśya-uparaktaṁ sarva-arthaṁ.

보는 자와 보여지는 것〔客體〕에 관련지어진 마음이 모든 대상을 〔인식한다〕.

'보는 자'는 진아이다. '보여지는 것'은 객체인 대상이다. 대상을 비추어 보아서 인식하는 특성을 가진 마음인 사트바 구나가 객체와 진아 양쪽에 관련되어 그 형상을 얻었을 때에 그 객체를 인식할 수 있다.

그러므로 마음에는 1) 파악하는 것과 2) 파악되는 것과 3) 파악하는 작용이 갖추어져 있다. 이들 세 가지를 분명하게 아는 사람이 올바른 견해를 가진 사람이요, 그 사람이 곧 진아를 안 사람이다.

대상에 영향을 받은 마음은 자기가 가진 작용 때문에 대상을 가진 주관인 진아와 결합된다. 이러한 마음은 보는 자와 보여지는 자와 관련되어서 대상이 주관으로 나타난다. 순수 정신인 진아와 전변하는 원질로 된 마음이 대상을 잡아서 인식하는 것이다. 이것은 마치 어떤 대상이 수정에 비친 것과 같아 여기서 대상을 인식하게 되는 것이다.

가령 푸른빛에 물들여진 마음이 푸른 대상을 직접 지각으로 인식할 때에는 보는 자인 진아의 그림자도 나타나 있으니, 물들여진 마음은 보는 자인 진아를 직접 지각에 의해서 인식할 수 있다. 마치 물에 비친 달의 모습과도 같다. 물속의 달을 실제 달이라고 하거나 물속의 달 이외에 다른 달이 없다고 하는 것은 올바른 견해가 아니다. 그러므로 마음은 순수 정신의 영향으로 있게 되고, 마음의 작용도 대상을 떠나서는 있을 수 없으나 또한 순수 정신을 떠날 수도 없는 것이다. 이것이 마음은 만물을 대상으로 하여 인식한다는 말의 의미이다.

4-24 tadasaṁkhyeya-vāsanābhiścitraṁ api para-arthaṁ saṁhatyakā-ritvāt.

그 〔마음은〕 과거에 쌓인 무수한 잠재 기억을 가지고 여러 가지 모습을 보이지만 〔사실은〕 다른 것을 위해서 있는 것이다. 왜냐하면 〔마음은〕 복합되어 움직이기 때문이다.

이 마음은 무수한 잠재 인상에 의해서 다양한 모습을 나타내고 있으나, 사실은 진아를 위해서 존재하는 것이라고 한다.

마음의 전변은 앞에서 말한 바와 같이 자신을 위해서가 아니라 진아에게 경험을 맛보도록 하여 그후에 해탈을 시키기 위한 것이다(2-21 참조). 마음은 대상과 진아와 그 작용으로 된 복합체이기 때문에 궁극적으로는 진아를 위해서 존재한다.

4-25 viśeṣa-darśina ātma-bhāva-bhāvanā-vinivṛttih.

〔진아와 통각과의〕 다름을 보는 자는 자기 존재에 대한 여러 가지 생각을 없앤다.

'자기 존재에 대한 생각'이란 자기의 과거는 무엇이었던가, 혹은 자기는 내세에 어떻게 되는가 등을 생각하는 것이다. 진아와 통각의 다름을 아는 사람은 이러한 망상에 빠지지 않는다. 나는 무엇인가? 나는 어떻게 되는가? 이런 문제를 생각하는 사람이 요가의 가르침으로 수행을 하여 요가를 실천하면, 그로 인해 얻어진 과보로서 마음의 '순질'과 참된 자아와의 다름을 보게 되어 비로소 자기 존재에 대한 망상이 그치게 된다. 무릇 자기 존재에 대한 여러 가지 생각이 없는 허무주의자나 이 세계 이외의 다른 세계의 존재를 확신하지 않는 자에게는 아무 가르침도 있을 수 없고, 자기와 참된 자아와의 차이를 보는 일도 있을 수 없으며, 자기 존재에 대한 여러 가지 생각을 그치게 하는 일도 있을 수 없다.

예를 들어 장마철에 풀의 싹이 자라는 것을 봄으로써 그 종자의 존재가 알려지며, 해탈의 길을 앎으로써 해탈로 통하는 요가 수행의 길이 알려지고, 어떤 사람이 회개하여 눈물을 흘리는 것을 통해서 '사트바'가 나타난 것을 알고, 또한 사트바와 진아와의 차이가 어떤 것임을 알게 된다.

자기 존재에 대한 생각을 가진 사람은 결국에는 그 생각을 그칠 수 있다. 생각조차 하지 않는 사람은 허무주의자이므로 그에게는 어떠한 가르침이나 자기 존재에 대한 생각을 그치게 하는 일이 있을 수 없다.

이미 말했지만 자기 존재에 관한 생각은 "나는 무엇이었던가?" "나는 무엇인가?" "나는 무엇이 될 것인가?" 등이다. 그러나 이러한 생각이 사트바와 진아의 다름을 보는 자에게는 억제된다. 왜냐하면 이러한 생각은 마음에서 일어나는 변화일 뿐이기 때문이다. 이러한 생각이 없을 때 진아는 깨끗하고 마음의 어떤 속성과도 접촉되지 않기 때문에 선교자(善巧者)에게서는 자신의 존재에 관한 부질없는 어떤 생각들을 그치게 된다.

4-26 tadā vivekanimnaṇkaivalya-prāgbhāścittam.

그때에 마음은 식별지로 기울어져서 독존(獨存)으로 향한다.

그때에 마음은 식별지로만 향하고 있어서 무지에 기울어져 있던 마음이 다른 방향으로 기울어지게 된다. 곧 진아와 통각을 다른 것으로 식별하여 그로부터 생하는 지혜가 나타난다. 이렇게 되어서 마음이 진아 쪽으로 기울어지게 된다.

4-27 tac-chidreṣu pratyaya-antarāṇi saskārebhyaḥ.

이와 같은 마음에도 그 사이마다 〔이때까지 쌓인 잠재력으로부터 생긴〕 다른 관념들이 존재하게 된다.

식별지가 생겨서 순질과 진아가 다르다고 하는 것을 아는 지혜의 빛이 강해진 마음에도 그 마음의 흐름 사이마다 나타나는 "나는 그것이다" 혹은 "그것은 나의 것이다" 따위의 어떤 것을 알았다는 즐거움이나 "나는 안다" "나는 모른다"고 하는 그와 다른 여러 관념이 존재하게 된다. "나는 안다"는 관념은 갈애(渴愛)의 괴로움을 진정시키는 힘이 있고, "나는 모른다"는 것은 미혹(迷惑)의 힘이 있다. 이 미혹의 근원인 자의식이나 자기의 이익을 추구하는 의식이 바로 "나는 그것이다" "그것은 나의 것이다"라고 말해지는 것이다. 어찌하여 이러한 여러 가지 다른 관념이 생하는가. 그것은 모든 관념의 원인이 되는 것들 속에도 전생의 잠재력이 있기 때문이다.

4-28 hānam eṣām kleśavad uktam.

이들 〔잠재력을〕 제거하는 방법은 〔앞에서 말한〕 번뇌를 제거하는 방법과 같다.

2-10~11에서 번뇌를 제거하는 방법에 대해 설하였다. 과거에 어떤 관념을 가지고 있었던 경험으로 생한 잠재 인상이 참된 지혜의 불에 태워져서 타버린 씨알같이 되었을 때에 전생으로부터의 잠재력은 관념을 다시 나타내지 못한다. 그러나 정신과 물질을 식별하는 식별지가 완전히 성숙되지 않은 자는 잠재력을 멸하지 못한 채 다른 관념을 나타내고 있다.

4-29 prasaṁkhyāne 'pi akusīdasya sarvatha viveka-khyāter dharma-meghaḥ samādhiḥ.

〔깊은 명상의 삼매로부터 생한〕 깊은 지혜(prasaṁkhyāna)를 얻었어도 아무 욕망도 가지지 않은 자는 모든 경우에 식별지를 가지고 있어 법운 삼매의 〔경지가〕 나타난다.

깊은 지혜란 깊은 명상인 삼매에 들어가서 나타나는 지혜이다. 모든 존재의 본질과 그 존재의 관계를 아는 지혜이다. 곧 모든 존재가 있게 된 근본 진리와 그 존재들 사이에 있는 관계를 아는 지혜이다. 이런 지혜를 얻더라도 그에게 탐욕을 내어 구하는 것이 없고, 이런 명상까지도 욕심을 내지 않는 경지에 들어가면 모든 것에 대한 완전한 식별지를 얻게 되고, 그에 따라서 잠재력도 없어진다. 그러므로 그에게는 다른 생각이 생하지 않게 된다. 이렇게 되면 그에게는 법운 삼매(法雲 三昧)가 나타난 것이다. 법운 삼매(Dharmamegha samādhi)는 완전히 욕심을 떠난 심경에서 식별지만이 있는 경지라고 한다. 그러나 주석자들은 이에 대해 여러 가지 해설을 한다. '비쥬냐나비크슈(Vijnānabhiksu)'는 법운 삼매는 일체지(一切智) 등으로부터 생하는 것으로서 하늘이 비를 내리듯이 좋은 결과를 가져오는 삼매라고 하였다.

불교에서는 이 법운 삼매라는 말이 보살 정신 세계의 열 가지 단계 가운데 최고의 위치에 있는 경지인 법운지(法雲地)를 말한다고 하니, 이는 지혜로운 진리의 구름이 많은 공덕의 비를 뿌린다는 뜻이다. 하우엘 씨는 말하기를 공덕을 가져오는 지혜란 '만물이 의지하는 근본이 되는 힘'이라고 하였다. 그러므로 이런 삼매에 든 요가 수행자는 온 누리를 지탱하는 근원적인 힘에 싸여 있는 것이다. 그래서 그는 법신(法身: Dharma kāya)을 얻은 것이다.

이와 같은 상태에 있는 법운 삼매는 열반(涅槃)에 들어 있는 부처님의 덕(德)을 나타내는 말이라고 한다. 그러나 대승 불교에서는 이 법운지를 보살의 정신적인 깊이를 나타내는 계위(階位)라고 하여 불타의 계위로 들어간다고 한다.

하여튼 부처가 되기 위한 수행의 최후의 단계에서 오랫동안 수행한 공덕이 이루어져서 영성의 힘이 크게 나타나 마치 어두운 먹구름으로부터 비가 쏟아지듯하는 것을 말한다.

4-30 tataḥ kleśa-karma-nivṛttiḥ.
그때에 번뇌와 업은 없어진다.

이 법운 삼매를 성취하면 참된 지혜에 의해서 무명으로 인한 여러 가지 번뇌가 없어지고, 과거로부터 잠재해 있던 업의 힘이 무너진다. 이렇게 번뇌와 업이 없어졌을 때에 지혜를 가진 사람은 해탈한다.

참으로 그릇된 번뇌와 업을 모두 없앤 자는 어디에서나 언제나 다시 태어나는 일이 있을 수 없다.

4-31 tadāsarva-āvaraṇa-mala-apetasya jñānasya-ānantyāj jñeyamalpam.

그때에 모든 복장(覆障)의 더러움을 제거하는 지혜는 끝이 없기 때문에 〔이 이상〕 알아야 할 것은 거의 없다.

모든 번뇌와 업으로 덮여 있던 것이 걷혀서 밝은 지혜가 한없이 나타난다. 이때까지 지혜를 덮는 타마스의 힘에 눌려서 덮여 있던 사트바의 힘이 라자스의 힘에 의해서 행동을 일으킨다. 즉 타마스의 누르는 힘을 물리치고 나타나서 대상을 올바르게 파악하게 된다. 이때 모든 더러움을 떠나게 되고, 그의 빛나는 지혜의 빛은 한정이 없다. 지혜가 무한량이니, 더 알아야 할 것은 거의 없다. 마치 공중을 나는 반딧불이가 밝은 불을 가지고 있기 때문에 어두운 밤에 모든 것을 분별하면서 거침없이 날아다니는 것과 같다.

법운 삼매는 어두운 타마스를 제거함으로써 마치 구름이 걷힌 햇빛이 모든 생물에게 따사로운 은혜를 내리는 것과 같다. 이것은 또한 구름이 비를 내려서 대지를 적시는 것과도 같다. 그래서 법운이라고 한다. 이 법운 삼매는 잠재 인상을 가지는 번뇌와 잠재해 있는 업을 없애는 근원이다.

이 점에 대하여 《타이티리야 아랑야카》(I. 11. 5)에는 다음과 같은 말이 있다.

"소경이 보석에 구멍을 뚫고, 손가락 없는 사람이 그것을 끈에 꿰며,

목 없는 사람이 그것을 걸고, 혀 없는 사람이 그것을 칭찬하였다."

법운 삼매는 최고의 경지로서 모든 분별지가 그친 곳이요, 욕심을 떠난 최고의 세계요, 번뇌를 일으키는 잠재력을 없앤다.

이때 어떻게 삼덕이 이러한 법운 삼매에 들어 있는 진아에게 몸과 감각 기관을 생하게 하지 않는 것일까.

4-32 tataḥ kṛta-arthānām pariṇāma krama-samāptir guṇānām.

이에 의해서 〔삼덕인 근본 원질〕은 그의 목적을 다했으므로 전변을 계속해서 일으키는 것을 끝낸다.

삼덕인 자성이 세계 전변을 시작하는 목적은 진아에게 경험을 맛보게 하고, 그로부터 해탈하도록 하는 데 있다. 다시 말하면 진아에게 '자기 소외'의 경험을 맛보게 함으로써 자신에게로 돌아오게 하고, 이렇게 하여 다시 자신과 상대하게 된다. 이와 같이 자신과 상대함으로써 자기 소외를 경험하게 되어 다시 자신에게 돌아오는 단계로 나아가는 변증법적인 진화를 이룩하는 것이 자성 전변의 목적이다. 이 목적이 이루어지면 비로소 자성 전변의 근본 동기가 없어지게 되고, 이것으로 전변이 끝나게 된다.

4-33 kṣaṇa-pratiyogī pariṇāma-aparānta-nirgrāhyaḥ kramaḥ.

계속 일어나는 것〔繼起〕은 각 찰나를 떼지 않고 결합하고 있다. 그러므로 전변의 종극(終極)에서 파악된다.

3-52에서 "찰나로부터 찰나에 이어진다"고 한 바와 같이 시간의 가장 짧은 단위인 찰나와 찰나가 끊이지 않고 이어지고 있는 것이 계기라고 하는 상속이다. 이 상속은 전변이 성립되기 위한 전제 조건이라고 생각되고 있으나 이것을 인식하거나 파악할 수는 없다. 이 상속을 파악할 수 있는 때는 전변이 영구히 이어지다가 끝나는 찰나뿐이라고 한다.

이와 같은 생각을 불교의 대승기신론(大乘起信論)에서는 "미혹한 중생은 무시이래로 생각과 생각이 이어져서 아직 생각을 떠난 일이 없다. 이런 상태에 있는 동안에는 마음의 현상이 나타나서〔生〕 머물러 있다가〔住〕 달라지고〔異〕 없어지는〔滅〕 네 가지 상태를 거치면서 변화해 가는데 이 모습을 파악할 수는 없다. 이런 마음의 모습을 아는 것은 보살의 모든 단계를 지나서 한 찰나의 생각에서 깨달음을 얻어 상념이 없어진 무념무상의 상태에 있을 때"라고 말하고 있다.

4-34 puruṣa-artha-śūnyānām guṇānāṁ pratiprasavaḥ kaivalyaṁ svarūpa-pratiṣṭhā vā citi-śaktir iti.

독존(獨存)이란 진아를 위한 목적이 없어진 세 소인〔三德〕이 자기의 근원으로 돌아가는 것이다. 또한 진아가 자기 능력의 본성에 머무르는 것이라고 할 수도 있다.

삼덕이 진아에게 경험을 맛보게 하여 해탈케 하려는 목적을 완수하고 근본 원질로 돌아가서 다시는 세계 전변을 하지 않는 것이 독존이다. 이렇게 독존한 진아는 통각의 사트바와도 결합하지 않고 자기의 본성에만 머물러 있으므로 이때는 진아가 근본 능력만으로 홀로 존재한다. 그 능력이 항상 지속되고 있는 것이 바로 독존이다. 이 독존이라는 것은 두 가지 면으로 볼 수 있는데, 하나는 근본 원질이 진아와 결합하지 않고 해탈한 것이요, 다른 하나는 진아가 스스로의 본성을 확립한 해탈이다. 이때는 진아가 근본 원질을 본원으로 하는 사트바와도 결합하지 않고 홀로 있는 것이다.

이러한 독존위라는 것은 결국 해탈한 상태를 말하는 것이다. 근본 원질인 자성을 바탕으로 한 삼덕 쪽에서 보면, 근본 원질에서 지각 기능(覺)이 일어나고, 또 여기에서 자의식 등으로 펼쳐지는 과정을 거꾸로 되돌아가는 운동을 하여 드디어는 근본 원질로 돌아와 버린 상태가 독존이라는 해탈이다. 또한 진아 쪽에서 보면 진아가 삼덕의 전변에 관여치 않고 자기 본래의 모습에 안주하는 것이다.

이로써 객관 세계가 전변하는 소인과 진아인 순수 정신이 서로 다르다는 점이 알려지고, 진아가 다른 어느것과도 관계하지 않는 해탈에 이르러 모든 고통이 완전히 없어지는 것이다.

제2장

요가란 무엇인가?

1. 요가의 목적

요가(yoga)란 말은 범어(梵語)의 유쥬(yuj: 결합하다)에서 왔는데, 여러 가지 뜻으로 쓰여 결합(結合) · 억제(抑制) · 삼매(三昧)의 뜻이 있다. 한역(漢譯)으로는 유가(瑜伽)라고 음역하고 상응(相應)이라고 의역하는데, 흔히 선적 수행(禪的 修行)을 통한 인간과 신의 결합을 뜻하는 말이라고 생각되기도 한다. 그러나 요가는 그 믿음으로나 가르침으로 보아 신과의 합일이 아니라 본질적으로는 오감(五感)을 제어하여 외계에의 집착을 떠나 평정한 세계로 가는 방법이요, 그것을 목적으로 하는 것이다. 인도의 고대 법전인 《마누 법전》에도 "요가에 의해서 최고아(最高我)의 은미(隱微)한 본성을 안다"고 하였다.

이러한 의미를 지닌 요가는 뒤에 그것의 철리(哲理)를 체득하고 이상을 실현하는 수단으로서 요가의 수행을 요구하였다. 이러한 요가는 몸을 움직여서 건강하게 하고, 병을 치료하며, 좌선(坐禪)으로 명상을 하여 정신을 수련하는 것일 뿐만 아니라 인간의 정신과 육체를 완전케 하는 방법이었다.

이에 따라 여러 가지 유파가 생겼는데, 보통 크게 나누어서 형식적인 면에 치중하는 수행법인 크리야 요가, 곧 하타 요가와 정신적인 면에 치중하는 지냐나 요가, 곧 라쟈 요가로 발달하게 되었다. 하여튼 요가는 인도의 사상이나 종교를 전반적으로 이해하는 데 없어서는 안 될 대표적인 것이다. 또 그 수행법은 시간과 공간을 초월하여 모든 현대인에게까지도 그 빛을 던져 주는 동양의 지혜임이 틀림없다.

요가 수행법이 언제부터 누구에게서 시작되었는지는 확실히 모르나 문헌과 고고학적 고증에 의하면 기원전 3천 년 내지 2천여 년 전에 인도 원주민에게서 비롯된 것으로 추정된다. 요가는 하나의 종교요, 철학이요, 기술이며 학문이라 할 수 있다. 요가 수행법은《우파니샤드》(*Upaniṣad*: 奧義書) 이래 전인도에 걸쳐서 모든 종교학파의 공통적인 수행 방법으로 되었는데, 이 수행법을 파탄잘리가 정리하여《요가수트라》(*yoga-sūtra*)를 만든 것이 4,5세기경이며, 그후에야 비로소 요가가 독립된 학파의 면모를 갖추게 되었다. 이러한 요가는 인도 사상에서 그 의의가 매우 커서 종교적·철학적 면뿐 아니라 그 실제적인 면은 특별히 현대인에게 주목받고 있다.

요가의 목적은 일반 인도 사상의 공통 과제로 되어 있는 인간으로서의 깨달음〔覺: Buddhi〕을 얻고자 하는 것이며, 깨달음을 얻어 해탈하는 것을 목적으로 함은 불교나 그밖의 모든 인도 종교와 같다. 요가의 가르침에 따르면 인간의 참된 자아(自我)는 우주의 절대적인 생명이요, 우주적 생명을 자신에게서 발견하여 이것을 살리는 방법이 바로 요가 행법이다. 이와 같은 목적이 달성되면 자신이 절대적인 생명을 얻게 되며, 이때 자기의 영성(靈性)이 완전히 드러나서 신과 같이 된다고 할 수 있다.

요가는 이와 같은 종교적 뜻과 아울러 우파니샤드 이래로 이어받은 자아관(自我觀)을 그의 철학적 중심 개념으로 삼고 있기 때문에 요가의 자아 해탈의 철학은 자연히 신비주의로 기울어졌고, 직감적 인식력을 양성하는 명상을 주로 하게 되었다.

이와 같은 철학적 의의 외에도 요가가 보여주는 수행법은 인도인에게는 보편적이요 절대적인 의의를 가진 수행법으로 나타났으며, 또한 인도인뿐만이 아니라 현대인 누구나가 간직해야 할 귀중한 지혜로서 계승되고 있다.

요가 수행법은 사상적으로나 실제적으로 인도 사상의 자연스러운 산물이다. 그럼에도 이 요가 수행법이 단순한 종교 신앙의 산물로 오해되거나, 초능력을 지나치게 중시하여 요가의 본질적인 의의가 잘못 이해된 일이 없지 않았다. 특히 요가의 신통 기적(神通 奇蹟)을 과장해서 믿거나, 또는 고행을 하여 육체의 단련만을 꾀하려고 하거나, 질병의 치료에만 이용하려는 사람들이 생겼다. 이러한 것은 요가 본래의 목적을 벗어난 것이라고 해야 한다.

앞에서 말한 것처럼 요가가 일종의 종교라고는 하지만 특정한 신을 믿는 것이 아니고, 수행의 방편으로 신을 믿는 것에 지나지 않는다. 따라서 자연신교(Deisumus)로서 믿음을 요구하기보다는 자기 자신이 실제로 수행을 통해 신과 자아가 일체라는 점을 체득하게 된다.

그러므로 요가는 종교인 동시에 학문이요, 기술이다. 인간에게서 가장 중요한 진아를 발견하여 이것을 생활 속에서 살려내 자아의 빛으로 우리의 생활을 올바르고 아름다우며 즐겁게 하자는 것이다. 이와 같이 요가는 심신을 단련하여 완전한 인간이 되자는 것이므로, 요가가 여러 파로 나누어져 있다고 하더라도 그것은 하나의 목적을 향하여 나아가고 있는 것이다.

2. 인도에서의 요가의 위치와 기원

요가에는 안팎의 속박과 동요를 떠나기 위해서 여덟 가지의 수행법이 마련되어 있는데, 이 모든 수행법은 결국 심신을 조정하는 방법이다. 이 여덟 가지의 수행법이 모두 완성된 사람을 무니(muni)라고 한다.

요가라는 말은 유쥬라는 동사에서 왔다고 한다. 이 유쥬라는 말은 말(馬)을 잡아맨다 또는 수레에 말을 맨다는 뜻이 있고, 다시 준비하다 · 조제하다라는 일반적인 뜻이 있으나 흔히 합일하다 · 결합하다의 뜻으로 사용되었다. 이와 같은 여러 가지 유래와 말뜻을 가진 요가라는 말이 특정한 행법의 명칭으로 나타난 것은 인도의 베다 문헌 중에서 초기의 《타이티리야 우파니샤드》(*Taittiriya-Upaniṣad*: 석가모니 이전)가 최초이다. 그러나 여기에서는 슈라따(sraddha: 信念) · 리타(ṛta: 正義) · 사트야(satya: 眞實) 등의 말과 함께 쓰였을 뿐이고, 요가의 뜻을 한정할 만한 어구는 보이지 않는다. 오직 신비적인 수행에 필요한 심적 상태 또는 조건을 나타낸 말이었다. 그런데 《바가바드기타》(*Bhagavadgīta*: B.C. 200~A.D. 200년, 힌두교의 최고 성전(聖典)이다)에서는 요가를 마음이 평정된 상태(sama-tvam)라고 정의하고 있다. 여기서 요가는 그 참뜻에 가까운 내용을 가지고 있었던 듯하다.

그러나 중기(中期) 우파니샤드 가운데 《카타 우파니샤드》(*Katha*

Upaniṣad)에 이르러서 요가에 대한 말의 명확한 정의로 "다섯 지각 기관〔五知覺器官: nānāni〕이 의(意: manas)와 더불어 정지하여 깨달음 또한 움직이지 않을 때, 사람은 이를 지상(至上)의 경지(境地: paramāgati)라고 한다. 이와 같이 여러 기관을 굳게 잡는 것〔執持: athiraindriya-hāranā〕을 사람들은 요가라고 본다"(Kath. up. Vl. 9-10)라고 규정하고 있다. 이것은 당시에 이미 바라문(婆羅門)의 신비가들이 요가 행법을 채용하고 있었음을 알려주는 것이다.

우파니샤드에서는 요가 행법을 "혀끝을 윗잇몸에 붙여 여러 기관을 통일하여 위대성〔mahiman: 萬有自在神〕이 되어 위대성을 직관하라. 그러면 무아(無我: nir-ātmā)가 되고, 무아의 경지〔無我之境: nir-ātma-tvam〕에 달한다"라고 설명하였다. 이것으로써 그 당시에 요가는 이전의 행법에서 말해 온 제감(制感: pratyāghāra)보다 높은 고차적인 심리 조작과 신비적인 체험을 갖추고 있었음을 짐작할 수 있다.

다음《카타 우파니샤드》보다 뒤에 나온《슈베타스바타라 우파니샤드》(*Śvetāśvatara-Upaniṣad*: B.C. 300~200년)에도 요가 행법의 내용이 적혀 있다. 그 책에 의하면 그때 조식(調息: prānāyāma)의 법이 완성되었고, 요가 성취의 전조인 환각과 요가행의 공덕(功德)인 건강·무욕(無慾)·신호향(身好香) 등이 연구되고 있었음을 알 수 있다. 또한 이《슈베타스바타라 우파니샤드》보다 나중에 나온《마이트리 우파니샤드》(*Maitri-Upaniṣad*: B.C. 200~?)에도 요가 행법이 설명되어 있는데, 여기에서는 요가 행법이 여섯 갈래〔六支分: ṣad-aṇga〕로 조직되어 고전(古典) 요가 체계와는 다르게 나타난다.《바가바드기타》에서는 요가를 1) 지냐나 요가(jñāna-yoga), 2) 카르마 요가(Karma-yoga: 行

의 요가), 3) 바크티 요가(bhakti-yoga: 信의 요가)로 구분하고 있는데, 이 세 가지 요가는 결국 개개인의 성격에 따른 해탈 방법(궁극적인 생활 원리)을 제시한 것이다.

이상에서 우리는 요가가 정통 바라문의 수행자들에게 새로운 형태의 행법으로서 채용되었고, 그들은 지각 기관을 억제하는 심리적 조작을 마부가 수레에 말을 매는 데 비유해 요가란 말을 쓴 것임을 짐작할 수가 있다. 그러나 비정통파인 불교나 자이나교에서도 이와 비슷한 것이 있어서 요가라는 말과 더불어 쟈나(dhyāna: 禪那)라는 말을 사용하기도 하였다. 그렇다고 해서 요가 행법이 반드시 비정통파와 관계가 없다고 할 수는 없다. 요가 철학은 상캬(Saṁkhya: 數論)파와 통하고, 그 심리 분석은 불교와 관계가 깊다. 불교에는 조식으로서 마음을 집중하는 관행(觀行)을 닦는 요가파가 있고, 특히 밀교(密教)에서는 삼밀유가(三密瑜伽)를 설한다.

요가의 기원에 대해서는 학계에서도 여러 설이 있다. 인더스 문명시대 원주민의 출토품에 요가식 앉음새로 삼매에 들어가 있는 듯한 신상(神像)이 있음을 볼 때 요가의 기원을 인도의 원주민의 생활 속에서 찾을 수 있다고 주장하는 설, 그리고 바라문의 전통 속에서 흘러내려 왔음에 비추어 바라문 사상에서 찾으려는 설과, 상캬의 신비사상에서 나왔다는 설이 있으나 전면적인 파악은 정통파와 비정통파의 자료를 넓게 들추어내야 할 것이다.

사상적으로 볼 때도 요가와 상캬 사상은 정통적인 바라문 사상과 비정통적인 불교나 자이나교 등 여러 사상의 중간에 위치해 있는데, 그들의 사상과 접촉하면서 색다른 학파를 형성시킨 것이라고 생각된다. 즉 요가는 특수한 교리나 창시자도 없이 인도 사상의 당연한 귀결로서 발생한 행법으로서 기원전에 상캬파와 더불어 독립된 것으로 생각된다.

3. 요가의 유파

처음의 요가행은 불교의 선(禪)과 같이 조용한 곳에 앉아 눈을 감고 마음의 움직임을 억제하여 정신의 통일을 가져오는 수행이 주가 되었다. 그러나 그후에 이러한 마음의 수행에는 몸의 건강함이 없어서는 안 될 요건임을 깨닫게 되어 완전한 건강체를 만들 수 있는 방법을 연구하기 시작하였다.

몸이 완전히 건강하지 않고서는 마음의 수양도 되지 않으며, 몸의 상태에 의해 마음이 움직이게 되므로 약한 몸으로는 오랫동안 정좌하여 힘든 수도 생활을 계속할 수 없다. 그러므로 몸의 건강은 마음의 수행을 도와서 깨달음을 얻는 데 큰 도움이 된다는 것을 알게 되었다. 이와 같이 해서 몸의 수련에 중점을 두는 하타 요가라고 하는 파가 발달하였다. 이에 비하여 마음의 수행에 치중하는 일파가 일어났으니, 이것을 라쟈 요가라고 부른다. 이들 이외에도 많은 파가 나타났으나 하타 요가와 라쟈 요가를 요가의 기본 흐름이라고 해도 좋을 것이다. 이 두 파는 후에 합류하여, 하타 요가는 라쟈 요가의 예비 코스처럼 생각하게 되었다.

하타 요가는 신체의 수련을 목적으로 한 요가로서 거기에는 오늘날의 일반적인 운동법과 비슷하게 느껴지는 수행법들이 있다. 그러나 요가 운동은 인도의 옛 성자들이 수천 년에 걸쳐서 직접 몸으로써 체험하고 연구한 끝에 이룩한 것이므로 몸과 마음에 미치는 효과는 일반 운동에 비할 바가 아니다. 이 책에 모아 놓은 운동법은 평범한 운동처럼 보이는 것들도 있으나, 정해진 법대로 잘 수행하면 여러 가지 병이 치료되고 몸이 건강해지며 온화한 인격의 소유자가 될 수 있다.

라자 요가는 주로 고요히 앉아서 명상을 하여 마음의 작용을 억제하는 것인데, 이러한 수행은 인도에서 기원전 5,6세기경에 이미 그 형태와 방법이 갖추어져 이에 대한 사상이 체계화되기 시작하면서부터 인도의 전통 문화가 되었다. 라자 요가와 하타 요가 이외에도 지냐나 요가와 바크티 요가가 있다. 지냐나 요가는 철학적인 면을, 바크티 요가는 종교적인 면을 강하게 나타낸다.

이렇게 볼 때에 요가의 유파는 라자 요가(심리적인 것) · 하타 요가(생리적인 것) · 지냐나 요가(철학적인 것) · 바크티 요가(종교적인 것)로 크게 나누어 볼 수 있다. 어느것이나 모두 요가의 목적인 참된 자아의 확립을 이룩하려는 노력이다.

요가라 하더라도 각각 유파에 따라 그 특색이 있고 그 방법도 다른데, 그것은 요가가 종교로부터 철학 · 심리학 · 생리학에 이르기까지 모든 분야에 걸쳐서 인간의 생활 원리를 개척하고 있기 때문이다. 예를 들면 라자 요가는 신의 존재를 인정하지 않고 오직 자기 마음을 고요히 하여 마음의 본질을 파악하려고 하는 데 비해서, 바크티 요가는 우주의 최고신에 대한 절대적인 귀의와 신앙을 바탕으로 한다.

그러나 요가의 여러 유파는 각각 성격과 수행 방법을 달리하면서도 동일한 목적의 달성을 꾀하고 있으니, 이것은 요가라는 말이 어떤 사상적인 내용을 가지는 것으로 사용된 것이 아니고 인간의 마음이 취해야 할 이상태(理想態)를 나타내는 말이기 때문이다. 실제로 마음을 한곳에 집중시키는 정신 통일은 요가를 닦는 데에 필수적인 기초 조건이다. 따라서 요가라고 명명된 모든 유파는 어떤 유일한 신을 인정하든 않든 관계 없이 마음의 평정을 가져오는 유일한 방법으로서 요가를 택했다.

이외에도 만트라 요가(mantra-yoga) · 탄트라 요가(tantra-yoga)라는 유파도 있다. 어쨌든 요가의 수행은 올바른 종교적 신앙과 철학적 인식 및 심리적인 마음가짐, 그리고 생리적인 건강을 모두 겸비한 완전한 인간이 되기 위해서 노력하는 것이다.

4. 요가와 다른 종교

앞에서 요가를 종교라고는 했지만, 요가가 다른 종교와는 다르다는 것은 이미 말했다. 요가가 신이나 어떤 교의(敎義)를 내세우지 않는다면 무엇을 믿고, 무엇을 행하는 것일까? 물론 요가에도 믿는 것이 있다. 그것은 자재신(自在神: īśvara)이다. 자재신은 세계 창조의 유일신이 아니고, 위력 있는 완전성을 갖춘 우주적인 영묘(靈妙)한 힘이다. 그러므로 요가에서 받드는 신이나 교의는 자연신교로서 수행상의 필요에 의해 세워졌다. 수행의 목표는 일상 생활 속의 상대적인 것을 초월한 절대자와의 합일에 있으며, 끊임없이 동요하는 상대적인 생활을 제어하여 절대정(絕對靜)의 경지에 도달하려는 데 있다. 이 경지는 신비스러운 경지로서 해탈의 경지와 일치한다. 이 경지에 도달했을 때 참된 자아〔眞我: puruṣa〕가 파악되니 우리의 현상적인 심신은 정복되고, 오직 참된 자아만이 빛나게 된다. 이러한 독존위(獨存位)에 가까워질 때에 자연히 부수적으로 인격이 완성되고 초자연력〔神通〕을 획득하게 된다고 《요가수트라》의 〈신통품〉에 설명되어 있다.

이상에서 말한 바와 같이 요가는 어떤 신이나 교의를 두지 않는다는 점에서 다른 종교를 믿으면서도 요가의 길로 들어갈 수 있다. 오히려 요가를 닦음으로써 불교나 그리스도교, 그밖의 어떤 종교라도 그 종교의 정신을 더 잘 알게 된다고 할 수 있으니, 요가는 모든 종교적 수행의 근본이 된다고도 할 수 있다.

5. 현대와 요가

요가는 하나의 학파로서 체계화되어 고대 인도의 육파 철학(六派哲學)의 하나가 되었고, 그 근본 경전인 《요가수트라》는 A.D. 400-500?년에 파탄잘리에 의해서 편찬되었다. 그런데 어떻게 고대 인도인들이 마련한 이 요가가 현대인에게 수용될 수 있을까? 근래에 많은 과학자들에 의하여 신체와 정신의 상호 관계와 조화가 문제시되고 있다. 건강을 위해서나 또는 해탈을 얻는 데 있어서 신체와 정신의 조화가 얼마나 중요한지를 일찍이 깨달은 수행자들이 체험을 통해서 체득한 바를 전승한 것이므로 과학 문명을 자부하는 현대인이 요가를 주목하게 되는 것은 당연하다고 할 것이다.

더구나 현대는 너무나 심한 동요와 긴장으로 인해서 많은 사람이 이른바 현대병(現代病)을 가지고 있다고 한다. 이러한 많은 질병이 정신과 깊은 관계가 있음을 생각해 볼 때 동양의 지혜인 요가를 건강관리법이나 미용법으로 서구인들이 받아들이고 있음은 당연한 일이다.

예를 들어 건강을 위한 하타 요가는 일반적인 운동 같지만 여느 운동보다도 생리적으로나 심리적으로 보다 좋은 효과를 가져온다. 운동 하나하나가 모두 깊은 호흡과 관련되어 정신을 통일하므로 혈액 속에 산소를 공급하여 신체 기능을 도울 뿐 아니라 정신력도 높여 준다.

요가를 수행하는 요기들은 우리의 신체와 정신의 힘을 최대로 계발하기 위하여 스스로의 몸을 가지고 실험하였다. 그리하여 정신의 힘이 육체를 지배함으로써 생명력을 드높일 수 있음을 알았다.

세상일에 사로잡혀서 살고 있는 현대인들이 정신과 육체를 잘 조화시킬 수만 있다면 현대병은 예방할 수 있다. 현재 인도에는 1백50여 개의 요가 도장이 있는데, 주로 신체 수련으로 건강을 회복하려는 사람을 위한 하타 요가의 훈련과 보다 높은 정신 수련을 쌓으려는 사람을 위한 라자 요가의 훈련, 또 신체나 정신의 기적적인 위력을 나타내기 위한 훈련 등을 하고 있다. 이런 도장에는 인도인은 물론 세계 각처에서 많은 학자 · 의사 · 과학자들이 모여든다.

특히 요가의 호흡법은 운동가나 음악인 · 비행사 등의 주목을 끌고 있다. 연전에 우리 나라에 온 세계적인 성악가 스테파노는 그의 경이적인 성향을 기른 비결이 요가에 있다는 말을 한 바 있다. 현재 미국에는 베단타(vedānta) 교리와 더불어 수입된 요가가 여러 도장에서 인도인이나 미국인의 지도에 의해 수행되고 있고, 또 몇 가지의 책자가 발행되어 있으며, 최근에는 병자나 죄수들의 정신 개조에도 이용되고 있다.

일본에서도 건강법과 미용법으로 많은 사람들이 요가를 연구하고 있다. 우리 나라에서는 언제부터인지는 모르나 사원 등에서 승려들의 극히 일부만이 요가를 하고 있었으나, 최근에는 외국 번역물을 통해 요가가 알려진 후 건강법으로 행해지고 있다. 요가가 어떤 형태로든지 세계 각 민족에게 수용되면서 요가의 본질적인 정신과 그 합리성이 인정되어질 때에 그것은 영구히 인류의 광명으로 빛날 것이다.

유명한 의학자 가레루는 "몸과 마음은 일체로서 보는 바에 따라서는 몸이라고도 마음이라고도 할 수 있다"고 하였다. 이 말로도 알 수 있듯이 몸에 병이 생겼을 경우에 몸과 마음을 서로 분리하여 치료한다면 좋은 치료 효과를 거두지 못한다. 어떤 병이든 간에 신체의 국부적인 증상으로서만 생각할 수는 없고, 또 마음만의 병이라고도 생각할 수 없다. 폐병이나 고혈압도 단순히 몸만의 병으로 보고 치료해서는 안 되며, 마음의 병이라고 하는 노이로제도 마음만의 병으로 보고 심리적인 치료만 한다면 큰 효과를 얻기 어렵다.

현대 의학이 신체의 국부적인 치료에 치우쳐 있기 때문에 여러 가지 난치병에서 손을 떼고 있는 것도 사실이다. 미국에서도 근래에 와서 심신쌍관요법(心身雙關療法)을 주창하고 있어 부분적인 것보다 전체적인 치료에 관심을 가지게 되었고, 특히 심리적인 상태가 환자에게 주는 영향이 크다는 것을 알게 되었다.

현대 의학이 유물론 사상에 끌려 있는 한 인류는 질병의 공포에서 구제될 수 없지 않을까?

현대 의학이 아직까지 우리의 전면적인 신뢰를 얻지 못하고 있는 것과 환자들의 기대를 충족시키지 못하고 있는 것은 이 때문이다. 물론 우리들은 현대 의학의 성과를 크게 평가하고 있고, 앞으로의 의학에 대해서도 더 큰 희망을 가진다. 현대 의학이 머지않아 몸과 마음을 하나로 보고 치료하는 방법을 발견하게 되면, 그때는 완전한 치료 효과를 거두게 될 것이다.

불완전한 것은 현대 의학만이 아니라 스포츠에서도 그러하다. 건강체조 같은 것을 보더라도 물심이원관(物心二元觀) 혹은 유물론의 오류로 인해 오히려 건강을 그르치고 있는 예가 많다.

6. 요가 운동의 의의

요가 운동은 앞에서 말했듯이 본래는 정신 단련의 준비 단계로서 발달한 것이었다. 요기(yogi 또는 yogin)들에게 몸을 건강히 한다는 것은 그들의 목적을 달성하는 수단에 지나지 않았다. 요기들은 본래 영혼의 절대적인 자유, 곧 해탈을 인생의 최고 목적으로 생각하였고, 이를 달성하기 위하여 수행하는 사람들이었다. 해탈을 얻으려면 장시간의 수련에 견딜 수 있고, 명상에 적응할 수 있는 몸과 마음을 만들어 잘 유지해야 했기 때문에 요가 운동이 고안된 것이었다. 이와 같이 요가 운동은 본래 정신적인 목적과 관련되어 발달한 것이었고, 그렇게 함으로써 몸도 더욱 튼튼히 하는 효과를 가져올 수 있었다. 왜냐하면 몸과 마음은 서로 분리해 취급되어서는 안 되기 때문이다.

요가 운동은 보통 운동과 여러 가지 면에서 다르다. 요가는 운동에 따라서 정신 집중력을 기르고, 호흡으로써 얻은 생명력을 신체 안에 유입시키며 종교적인 경건한 정조(情操)까지 가지게 한다.

요가 운동이 호흡과 관련된다는 것에는 깊은 뜻이 있다. 호흡법을 요가에서는 프라나야마(調息法: prānayāma)라고 하는데, 요가에 따르면 프라나는 흡기(吸氣)라는 뜻으로 우리들을 살게 하고 움직이게 하는 힘이다. 눈이나 귀 등의 기관을 통해 외부 사물을 지각하는 것에서부터 내장의 활동에 이르기까지 모든 생명은 이 프라나의 발현이다. 요가의 생리학에서는 숨을 쉴 때에 프라나가 몸으로 섭취된다고 한다. 이 프라나는 산소를 말하는 것이 아니다. 프라나는 코에서 폐로 들어가는 것이 아니고, 척추를 따라서 존재하는 생명의 저장소에 흘러 들어간다. 프라나는 신경세포와 섬유질에 작용을 일으키는 것이다. 다시 말하면 신경이나 섬유질에 파상적(波狀的)으로 들어가서 흥분시킨다.

요가의 조식법은 흡기(吸氣) · 지식(止息) · 호기(呼氣)의 세 부분으로 된 특정한 리듬을 가진다. 이 조식법의 목적은 단순한 산소의 섭취만이 아니라 호흡 조정으로써 호흡을 주관하는 자율신경을 간접적으로 조절하는 힘을 기르고 대자연의 리듬에 조화되려는 것이다. 요가 운동에서 긴장과 이완을 교대로 하는 일도 생명의 리듬에 맞추려는 것이다.

요기는 자기 마음대로 몸의 어느 부분에 다량의 혈액을 흘러 들어가게 하거나 흘러 들어가지 못하게 할 수도 있다. 자율신경만 잘 조절하면 자기 몸을 마음대로 지배하게 된다. 몸을 마음대로 지배할 수 있게 되면 마음을 지배할 수 있게 된다. 마음을 지배할 수 없으면 해탈도 할 수 없다.

요가 운동의 또 하나의 중요한 목표는 몸의 정화이다. 요가에서는 정결을 중시한다. 이때의 정결은 몸의 외부만의 정결이 아니라 내부의 내장이나 혈액의 정결까지도 뜻한다.

요가의 호흡법과 운동법의 대부분이 이러한 것이지만, 특히 내장의 정화를 꾀하는 것은 현대 의학으로부터도 높이 평가받고 있다. 이러한 정화에 성공하면 인간의 웬만한 질병은 면할 수 있게 된다. 이렇게 몸이 정화되고 자율신경이 조화로이 활동하게 되면 내장의 작용이 촉진되고 조화로운 생리 기능이 이루어져서 몸 전체의 건강을 유지할 수 있으며, 자율신경의 중추인 뇌간(腦幹)에 반사 작용을 일으켜 정신 기능을 건전히 한다. 요가 운동으로 노이로제가 치료되고, 감정의 동요가 진정되며, 나아가서 온화한 인격을 완성할 수 있는 것도 이 때문이다.

이와 같이 요가에서는 몸의 운동으로 정신을 훈련하고, 정신의 훈련으로 몸 전체의 건강을 증진하게 된다. 인간은 전일적(全一的)인 존재이다. 병이 생기는 것이나 없어지는 것이나 모두 인간 존재의 전체적인 작용에 의한 것이다. 문명인이라고 자부하는 현대인이 병으로부터 벗어나지 못하고 오히려 옛날보다 더욱 어려운 병으로 고민하고 있는 것도 우리 생활에 생명의 전일적인 법칙이 깨어져 있기 때문이다. 현대인이 물질의 향락을 앞세워 인간의 전존재를 물질에 의존시키려는 데서 정신적으로나 육체적으로 잘못된 생활을 하게 되었다고 볼 수 있다. 이렇게 볼 때 요가는 육체와 정신의 모든 기능을 복원시키는 것이므로 요가야말로 자연의 법칙에 순응하는 것이라고 할 수 있다. 요가가 건강을 증진시키는 것은 이상한 일이 아니다. 그것은 자연 법칙에 순응한 결과이기 때문이다. 생명의 작용보다 더 신기한 것은 없다. 이 생명의 신비는 과학으로는 다 알 수 없다. 그러면서도 우리는 이 생명의 기적 속에서 살고 있다. 이 위대한 기적을 모르고 생명을 가볍게 보며, 오히려 생명을 학대하는 생활을 하고 있기 때문에 질병과 같은 여러 가지 불행을 초래하는 것이다. 그러기에 요가의 선각자들은 이 생명의 신비를 고대인의 영지(英知)로써 직관하여 인생의 최고 목적을 위하여 안출하였으니, 결국 요가의 목표는 정신과 육체의 건강을 유지하여 질병을 막고 나아가서는 영성을 계발하여 절대적인 자아를 확립하며 진리가 행해지는 사회를 세우는 데 있다고 하겠다.

옛날 그리스 시대의 스포츠는 몸과 마음을 완전히 발달시켜서 완전한 인간을 만드는 데 목적이 있었다. 그러나 오늘날은 그 목적이 경기에서 승리하는 것과 신기록을 세우는 데 있게 되었고, 그 결과 특수 기능이 뛰어난 인간을 만드는 데 그치고 말았다. 세계선수권 소지자나 특수 기능을 가진 선수가 몸과 정신의 완전한 건강을 언제까지나 유지할 수 있을까? 오히려 그들의 몸이 건강체가 되지 못하여 고민하고 있음은 무엇을 말하는 것일까? 몸이 이런 것처럼 마음에 대해서는 더욱 기대하기가 어렵다.

스포츠에 대해서 뿐만이 아니고, 일반 무도(武道)도 마찬가지이다. 그러나 요가는 기술을 다투는 것도 아니고, 경쟁 대상이 있는 것도 아니다. 오직 자신의 몸과 마음을 건전하게 하기 위해서 스스로 노력하는 기술이므로 경쟁심에 끌려서 무리할 필요도 없다. 요가는 본래 조용히, 천천히 하는 것이다.

그리고 요가의 목적은 승리나 기록에 있지 않고, 자기의 몸이 얼마나 자기의 마음대로 되느냐는 데 있다. 또한 자기 몸의 굴신(屈伸)이 자유로워져 외부와의 조화가 민감하게 되도록 하여 그 민감도를 얼마나 발달시킬 수 있느냐에 있다. 즉 신체와 정신의 가능성을 최대한으로 확대시켜 가는 곳에 요가의 흥미가 있다고 볼 수 있다. 그러나 요가 운동에서는 만족이란 것이 없다. 우리의 능력을 계발하여 끊임

없이 유지·활용하는 것이기 때문이다. 요가는 남에게 보여주기 위한 것이 아니라 자기 스스로가 즐기는 것이다. 계속 요가를 하게 되면 몸과 마음이 건전하게 되어 인간적 행복을 획득할 수 있을 뿐 아니라, 보통 사람에게서는 볼 수 없는 몸과 마음의 힘〔生命力〕이 계발되어 간다. 점차로 인간은 우리가 보통으로 생각하는 것 이상의 위대한 존재라는 사실을 알게 될 것이다. 그리고 그 위에 명상을 수련하여 참된 자기를 찾는 수행을 하게 되면 드디어는 신과 같은 인간이 된다고 하는 것이 요가의 주장이다.

요가의 가르침에는 운동이나 명상만이 아니라 먹는 음식물에서부터 기타 일상 생활 전체에 걸친 세심한 가르침이 있다. 또한 그 중에는 도덕에 관한 것도 있으니, 이런 점으로 보아 요가는 인간이 완전한 행복을 이룩할 수 있는 기술이라 해도 좋을 것이다. 몸과 마음이 건전하고 덕성이 겸비된 인간이 모여 사는 사회야말로 우리들이 지향하는 사회며, 요가야말로 그러한 실천도(實踐道)라고 할 만하다.

개인이 있으므로 사회가 있고, 또한 사회가 있으므로 개인이 있다. 요가는 개인의 수련으로부터 사회를 선도해 나가는 길이라고도 할 것이다.

7. 요가 운동의 특징과 호흡

우리의 귀중한 생명을 보전하고 있는 육체는 소중한 것이다. 소중한 우리의 몸을 아껴야 함은 물론 몸이 요구하는 충분한 영양과 신선한 공기를 공급해 주고, 적당한 운동과 휴식을 주어야 한다.

호흡과 휴식에 대해서는 다시 말하겠으므로 여기서는 언급하지 않겠지만 육체에는 적당한 운동이 필요하다. 그렇지 않으면 육체의 유연성이 없어지고, 세포 조직이 노화하여 쉬이 늙어 버린다. 또한 지방이나 독소가 몸 안에 남아 있으면 피로와 노쇠를 가져오며, 병의 침입을 받게 된다.

인간의 몸은 잘 손질하면 아름다움을 언제까지나 유지할 수 있으나 그렇지 않으면 보기 흉해지기도 한다. 행복과 불행도 마찬가지로 자신에게 달려 있다. 우리의 병은 대개가 잘못된 생활이나 생리적인 요구를 무시하는 데서 일어나는 경우가 많다. 우리의 몸을 스스로 해쳐 놓고서 건강하기를 바라는 것은 몰염치한 일이다. 우리의 육체나 정신은 몸의 운동을 필요로 하고, 또 휴식을 요구하고 있으므로 적당한 운동은 잘못된 심신을 정상적으로 회복시킨다.

운동을 안하게 되면 건강한 몸을 못 쓰게 만들어 놓거나, 뚱뚱하게 살이 찌도록 하여 보기 흉한 몸으로 만들고 만다. 이와 같이 인간에게는 적당한 운동이 필요하므로 어떤 종류의 운동이든지 간에 적당히 하여야 한다. 현대의 스포츠 · 체조 · 등산 · 수영 · 댄스…… 무엇이고 좋다. 그러나 이러한 각종의 운동이 모두 특색이 있어 몸을 건강하게 하는 것은 사실이지만, 우리 인간은 육체의 건강이나 기술의 연마만으로는 정신적인 행복을 느낄 수 없다. 육체와 정신이 모두 건강해야 한다.

요가 운동은 이러한 이상을 실현하도록 꾸며져 있다. 그러므로 요가는 완전한 인간 행복에의 길이라고 해도 지나친 말이 아닐 것이다. 왜냐하면 육체적 또는 정신적인 면에서 성취해야 할 높은 목표를 달성하는 여러 가지 길을 고려하고 있기 때문이다.

요가 운동은 단순히 근육만을 발달시키는 것이 아니고, 심신의 건전한 조화를 꾀한다. 즉 두뇌로부터 여러 가지 샘(腺) · 내부 기관 · 신경 · 세포 조직 등의 활동을 조절 · 강화한다. 뿐만 아니라 호흡과 혈액의 원활한 기능을 조절하고, 배설이 잘 되도록 한다. 요가의 모든 체위법(體位法)은 머리끝에서부터 발끝까지 모든 부위에 전체적인 영향을 주어 심신을 강화한다.

어떤 학자가 요가 아사나(āsana : 坐法 · 體位法)의 효능에 대하여 "치료와 복원 양쪽에 효능이 있다. 또한 정신적으로도 깊은 뜻이 있고, 더욱 깊이 들어가면 요가의 심오한 세계에 들어가는 준비가 된다"고 말한 것은 올바른 이해라고 하겠다. 인도의 생리학에 의하면 인간의 몸에는 우주를 창조하고 움직이는 힘인 샤크티가 잠재해 있다고 하는데, 이것을 불러일으키는 것이 요가의 운동이다. 이 힘이 일어나면 어떤 신비한 힘을 스스로 느끼게 된다. 이때에 몸에서 강력한 변이가 일어나서 건강하게 되며, 정신적으로도 완전하게 안정된 환희를 느끼게 된다.

우리들의 생리적인 기능 가운데 가장 중요한 것이 호흡이다. 우리들의 육체의 고장이나 정신의 이상을 바른 호흡으로써 얼마나 감소시킬 수 있는지를 생각해 본 사람은 적을 것이다. 생명과 호흡은 가장 밀접한 관계가 있다. 산다는 것은 호흡하는 것이고, 호흡하는 동안은 살고 있다. 먹지 않고는 몇 주일이라도 살 수 있으나 호흡하지 않고는 살아 있을 수 없다. 공기는 혈액에 가장 중요한 영양이고, 이러한 혈액이 전신을 순환하면서 세포나 조직 · 신경샘 및 각 기관에 영양을 공급한다. 우리의 몸은 피부 · 뼈 · 이 · 털에 이르기까지 혈액의 유주(流注) 상태에 따라 좌우된다. 위의 소화 작용에서부터 두뇌 활동에 이르기까지 모든 활동은 산소의 공급 여하에 따라 좌우된다.

이와 같이 중요한 호흡에 대하여 어떻게 관심이 없을 수 있으며, 합리적인 호흡을 생각해 보지 않을 수 있겠는가? 매일 아침 밥을 먹는 일보다도 아침의 신선한 공기를 2,3회 심호흡하는 것이 더욱 필요하다는 것을 알아야 한다. 우리가 취하는 음식물도 산소의 힘을 빌어서 영양분이 되어서야 섭취된다. 미국의 형태학(形態學) 전공의인 라이스 박사는《인체의 구조》에서 어떤 좋은 음식이라도, 또는 아무리 잘 조리된 음식일지라도 산소의 공급이 부족하면 음식물의 분자를 분해하여 영양소로 만드는 이온화 과정이 완전히 이루어지지 못한다고 하였다. 또한 그는 일생 동안 불량 아들을 위해 살았는데, 소년들의 불량 요소의 55퍼센트는 산소 부족이 원인이었다는 재미있는 학설을 발표하였다. 이 산소의 부족이란 곧 호흡이 짧거나 얕은 것,

신선하지 않은 공기를 마시는 것을 말한다. 아이들에게 바른 호흡법을 가르쳐 불량아를 없애는 일은 간단하다. 혈액 속에 생명의 근거인 산소가 부족하면 그와 반비례하여 이산화탄소가 생기게 마련이다. 지능지수가 낮은 아이의 부형들은 이 점을 생각해 보아야만 한다. 산소는 두뇌에 영향을 주며, 적혈구를 만들어 준다.

한 번의 깊은 호흡과 여러 번의 얕은 호흡과는 말로 표현할 수 없을 만큼 차이가 크다. 건강하고 싶은 사람이라면 하루 60회 정도의 심호흡을 해야 한다고 한다. 얕은 호흡은 직접 또는 간접으로 정신장애에서부터 감기에 이르기까지 많은 질환의 원인이 되고 있다. 두뇌가 그 기능을 나타낼 때에는 몸의 다른 부분보다 세 배의 산소가 필요하다고 한다. 미국에서 식사 요법으로 유명한 하리쟈는《보다 건강하라, 보다 행복하라》에서 "리듬 있는 깊은 호흡은 피로한 몸에 정기(精氣)를 넣어 주는 가장 좋은 방법이다. 우리들의 건강을 위해서 좋은 음식보다 깊은 호흡이 더 중요하다"고 하였다.

여러분은 담배의 해독을 잘 알고 있을 것이다. 인후염이나 기관지염 · 편도선염 · 식도염 · 십이지장궤양, 또는 폐암 등을 앓고 있는 사람에게 아무리 담배에 대한 경고를 하여도 자신과는 관계 없다고 생각해서 담배를 끊지 않는다. 만일 담배를 끊고 싶은데 잘 되지 않은 사람이 있다면, 곧 심호흡을 연습하여 매일 몇 번이고 실천해 보라. 담배 몇 개비는 비타민C를 25밀리그램이나 중화시켜 무효하게 만든다고 한다. 타고 있는 촛불에 산소를 공급하듯이 충분한 산소의 공급이 건강과 쾌적한 젊음을 가져다 줄 것이다. 우리는 항상 호흡을 하고 있으니 새삼스럽게 호흡법을 배울 필요가 없다고 할지 모르나 10

명 가운데 1명이라도 깊은 호흡법을 알고 있는지 의문이다.

요가에서는 완전한 호흡을 하는 특별한 방법이 있다. 체육 교사나 의사 · 음악가들이 요가의 심호흡을 보고 놀라는 것은 당연하다. 이 방법은 폐에 산소를 충만케 하고, 그 산소를 충분히 활용케 한다.

요가 운동 하나마다의 동작은 이런 목적을 달성하기 위해 심호흡과 같이 맞춰서 하는 것이고, 호흡법이 따로 있기도 하다. 이와 같이 호흡이 우리의 신체나 정신에 많은 힘을 주고 있음을 발견한 요기들은, 우주의 생명력이 대기 중에 일종의 유동물(流動物)로서 실재한다고 직관하여 이 생명력이 만물의 생명의 근원이 되고 있다고 보았다.

호흡을 조절하는 운동을 하면 사람의 체내에 유동하는 프라나[生命力]의 양을 증가시킬 수 있다고 한다. 이 증가된 생명력을 체내의 태양신경총(太陽神經叢)에 쌓아둔다고 한다. 산소는 우리 몸의 영양이 되고, 질병 공세에 저항하는 힘을 만들어 주며, 감정을 완화시키고 신경을 조절함으로써 정신의 안정과 기억력을 증진시킨다. 요기는 이러한 리듬 있는 심호흡은 우주의 리듬과도 통한다고 생각한다. 천체에서부터 모든 생물에 이르기까지 모두 각자의 리듬에 따르면 기능이 조화되고, 그렇지 않으면 장해를 입는다고 생각하여 벌써부터 리듬 있는 호흡으로 자신을 지키는 일을 실천해 왔다. 실제로 요가의 호흡법은 성악가가 발성을 할 때에도 이용되고, 뱃멀미나 공포증 등을 없애는 데에도 이용되고 있다. 호흡의 조절로써 자신의 정신이나 감정을 자기 스스로 조절할 수도 있게 된다. 호흡 조절이 잘 되면 건강은 물론 정신의 평정과 영능의 계발까지도 달성할 수 있게 되니, 해탈의 경지도 이 호흡과 관련된 수행의 결과로 달성되는 것이다. 그러나 이 호흡법은 요가의 아사나 훈련과 특별한 식사법 등 독특한 요가적 규제 속에서 올바른 지도자의 지도를 받아야만 한다. 요기가 되려면 오랜 연구와 많은 수습과 엄격한 훈련이 필요하다. 그 중에서도 심신의 조정을 목적으로 하는 호흡법인 프라나야마는 심신을 조절함으로써 그 능력을 증강시키는 것이다. 이것은 영성(영적인 내재력)의 계발을 궁극적인 목적으로 한다.

특별히 요가 호흡에서 강조하고 있는 것은 숨을 닫는 지식법(止息法: kumbhaka)이다. 이것은 될 수 있는 대로 오래 몸 안에 우주의 생명력을 충분히 담아두는 것이다. 인간은 이 생명력, 곧 프라나를 공기 · 식물 · 흙 · 일광(日光)으로부터 흡수하고, 이것이 우리 몸 안에서 살아 움직인다고 생각하므로 이 프라나를 될 수 있는 대로 많이 흡수하려 한다. 이것이 쿰바카 호흡이다. 이러한 요가의 독특한 호흡법이 생리적 · 심리적으로 어떠한 효능이 있는지는 여러 의학자들의 연구에 의해서 알려지고 있다.

우리들의 생활 환경은 늘 자극하는 세계이다. 우리들은 항상 안팎에서 크든작든 간에 여러 자극을 받는다. 집 안에 있을 때에도, 화재나 도난 같은 어떤 사고가 있을 때에도, 길을 가다가 개가 덤비거나 차가 달려오거나 해서 놀랄 때에도 이런 여러 자극이 항상 뒤따른다. 또한 내부로부터 분노나 비애 또는 공포심 등이 우리 신경에 영향을 미쳐서 몸을 못 쓰게 만들거나, 혹은 말문을 막히게 만드는 경우도 있다. 이것은 타율신경의 마비나 자율신경의 장애 때문이다.

인간의 신경에는 의지와 관계 있는 기관을 장악하는 타율신경과 의지와 관계 없는 기관을 장악하는 자율신경의 두 종류가 있다. 물건을 잡으려고 손을 들거나 다리를 굽히거나 할 때의 골격근 운동은 타율신경이 작용하는 것이고, 위장이나 혈관, 기타 심장의 운동과 분비물은 자율신경이 행하는 것이다. 자율신경에 장애가 생겼을 때 경련이나 마비가 일어나는 것만 보아도 인간의 매일매일의 생활에서 자율신경이 얼마나 큰 역할을 하고 있는지를 알 수 있다. 이렇게 자율신경은 전신의 내장 기능을 장악하고 있다.

우리의 생명과 직접적으로 큰 관련을 갖는 것도 자율신경이다. 노한 나머지 자율신경이 혈관이나 혈압 등에 큰 충격을 주어 뇌출혈을 일으켰을 때나, 극도로 긴장한 운동 선수가 스타트 라인에서 심장이 정지하여 빈사(瀕死)하는 것은 자율신경의 장애 때문이다.

이처럼 우리의 질병은 의학적으로 보아도 신경(넓은 의미의 정신 작용)에 관계되는 것이 많다고 할 수 있다. 자율신경이 주로 관계하는 것에는 심계항진(心悸亢進) · 부정맥 발작(不整脈 發作) · 빈맥증(頻脈症) · 심장 신경증 · 혈압 항진 · 기관지 천식 · 식도 경련 · 위산과다 · 위경련 · 결장(結腸)경련 · 경련성 변비 · 신경성 설사 · 점액산통(粘液疝痛) · 감동성 황달 · 담석증 · 담석산통 · 빈뇨(頻尿) · 당뇨 · 월경 곤란 · 차멀미 · 뱃멀미 · 신경성 뇌빈혈 · 적면증(赤面症)…… 등이 있다. 넓은 의미로 보아 정신 작용에 관계되는 질병은 신경증 · 신경질 · 신경쇠약 · 히스테리 · 공포증 · 유뇨 · 상상임신, 폐결핵의 발병과 진행, 편식 · 경악마비(驚愕麻痺)…… 등이다. 이와 같이 세상에는 여러 단순한 기능적인 질병으로 고통받는 사람이 많이 있다. 이러한 고통을 없애기 위하여 오늘날의 의학은 자율신경의 흥분을 누르려고 진정제를 쓰고 있으나, 그러한 진정제들은 갑자기 일어나는 흥분을 감당하지 못한다. 이런 갑작스러운 반응을 즉시로 억제하는 방법이 있다면 인류에게 얼마나 다행한 일이겠는가? 이런 증상에 대하여 요가 수행자들은 약을 모르던 옛날부터 직접 몸으로 체험하며 연구해 왔다.

이 자율신경에도 두 종류가 있다. 하나는 교감신경이고, 다른 하나는 부교감신경이다. 이 교감 · 부교감의 두 신경은 해부학적으로나 기능적으로 서로 다른 것으로서 그 작용은 거의 상대적이다. 즉 전자는 촉진적으로, 후자는 억제적으로 작용한다. 그러나 때로 정반대라기보다는 협력적으로 작용할 때도 있다.

이 교감과 부교감의 두 신경은 전신의 내장에 두 개가 같이 분포되어 있는데, 눈의 동공과 눈물샘 · 침샘 · 기관지 · 식도 · 위 · 작은창자 · 큰창자 · 간 · 지라 · 콩팥 · 수뇨관 · 방광 · 성기 · 혈관 · 땀샘 · 피지선에 이르기까지 거의 모든 내장에 분포되어 있다. 다시 말해 인간의 내장은 이 두 신경에 이중으로 지배되어 있는 것이다.

평소에 건강한 사람은 이 두 신경이 서로 균형을 유지하고 있으므로 각 내장은 규칙적인 활동을 한다. 그런데 어떤 경우에 이 균형이 깨어지면 이상이 생긴다. 예를 들어 건강한 사람의 맥박수는 1분에 60~80회이다. 심장에 가 있는 교감신경은 심장의 박동을 많게 하므로 맥박이 많아지고, 반대로 부교감신경은 박동을 적게 하므로 맥박이 적어지는데, 어떤 사고가 생겨서 이 두 신경이 균형을 잃어 맥박이 갑자기 많아지거나 할 때에는 심장이 정지되어 죽기까지 한다. 얼굴의 혈관도 마찬가지다. 그러므로 옛날부터 제하단전(臍下丹田: 배꼽 아래 한 치쯤 되는 곳이다)에 힘을 주는 방법과 그밖의 여러 방법으로 신경의 조화를 기해 왔다. 이 정신 반응의 조정에 대해서 요가의 지식법(止息法: kumbhaka)은 무엇보다 좋은 방법이다.

물론 궤양과 같은 질병에 대해서는 이 호흡법만으로는 치유할 수 없으나 일반 기능적인 변화에 대해서는 완형 작용(緩衡 作用)을 하여 생명의 위험에 방비한다. 이러한 방법을 가르치는 것이 요가의 호흡이다. 호흡을 잘 조절하게 되면 심신이 잘 조화되고 건강을 유지하여 생업을 능률적으로 영위하게 된다. 수행을 많이 쌓은 사람들은 무념무상 속에 유유자적한다. 부동심(不動心)이니 안심(安心)이니 하는 것도 여기서 나오는 것이다.

그러면 어찌하여 호흡이 이토록 중요한가 하는 점을 실례로써 생각하여 보자. 우리의 마음이 안정되었을 때는 자연히 내뿜는 숨이 길고, 병이 있거나 불안 · 공포에 싸여 있을 때는 들이마시는 숨이 길어진다. 서예를 할 때 보더라도 정신이 집중되어 있을 때에는 오히려 숨을 쉬지 않는 것같이 되어 숨을 닫고 있다. 요가의 쿰바카와 같이 유식 상태에 있는 것이다. 이 유식 상태에서는 전신의 힘이 허리와 아랫배에 집중되어 신체의 모든 다른 부분에서는 긴장이 풀려 있다. 이와 반대로 어떤 일을 처리할 때 초조해지면 신경이 고조되어 교감신경이 흥분되고 복압(腹壓)이 높아져서 근육이 경화되며, 이것이 심하면 혈액순환이 잘 안 되고, 심지어는 신경이 마비되기까지 한다. 그러므로 예로부터 수행하는 사람이 어떤 일을 당해도 태연자약한 것은 수행이 많은 사람일수록 긴장이 풀려 있고, 단전에 힘이 들어가 있기 때문이다. 어떤 무술을 보더라도 힘이 들어가 있는 곳은 아랫배뿐이다.

요가의 호흡법은 모든 일상 생활에 적용된다. 심지어 부부 생활에서도 요가식 호흡법을 이용할 때는 원만한 부부 생활을 할 수 있다. 요컨대 자율신경의 작용은 앞서 말한 바와 같이 가슴이나 뱃속의 내장 기관이나 피부의 혈관이나 눈 · 귀에까지 통해 있다. 따라서 이 자율신경은 전신의 내분비 기관, 곧 뇌하수체 · 송과선(松果腺) · 이하선(耳下腺) · 갑상선(甲狀腺) · 흉선(胸腺) 등을 비롯하여 뱃속의 좌우 신장(腎臟) 위에 있는 부신(副腎) · 난소(卵巢) · 고환(睾丸), 또는 위(胃) 뒤에 있는 췌장(膵臟) 등으로부터 나오는 호르몬과 내장 기관의 신경 말단에서 나오는 호르몬 등의 분비 기능을 합리적으로 통제하고, 때로는 촉진하거나 억제하여 인체의 생활 현상을 조정한다.

자율신경은 피부의 체온 조절 · 혈액 순환 · 호흡 · 소화 · 흡수 · 배설 · 생식 등의 기능을 한다. 이러한 자율신경은 또한 사람의 기질이나 체질까지도 변화시키는 힘을 가지고 있다. 자율신경은 인체가 건강할 때에는 조금도 의지에 따르지 않는다. 그러나 병이 나거나, 혹은 어떤 변화가 생기면 내장의 지각신경이 자율신경을 대신해서 그 상황을 보고해 준다. 가령 위의 감각이 의식되는 것은 위궤양이나 위암 같은 병이 났을 때뿐이고, 보통 때에는 위의 존재를 모르고 지낸다.

교감신경과 부교감신경의 작용에 대하여 좀더 자세히 살펴보도록 하자.

한 가지 예를 들면 교감신경은 심장의 활동을 흥분시켜 혈관을 수축하고 혈압을 올리는 데 반하여, 부교감신경은 심장을 억제하여 혈관을 확장하고 혈압을 하강시킨다. 이 두 작용이 조화 · 평형되었을 때

심장이 정상적인 고동을 유지하고, 혈압도 정상적으로 된다. 이 흥분과 억제의 상반된 신경중추는 간뇌(사잇골)에 있다. 교감신경계는 혈관을 수축하고 혈압을 높이며, 전신의 흥분을 맡는 아드레날린계 호르몬의 배급을 맡고 있어 마치 사자와 같은 민감한 성격을 만들고, 부교감신경계는 혈관을 확장하여 혈압을 낮추고 흥분을 해소하는 아세틸코린계 신경 호르몬의 배급을 맡아 소와 같은 침착한 성격을 만든다. 또한 교감신경형은 민감한 두뇌와 날씬한 몸을 가지고, 화를 잘 내며, 경솔한 편이고, 오래 살지 못하는 경향이 있다. 반면에 부교감신경형은 뚱뚱하고 침착하며, 화를 잘 내지 않고, 인정이 많아 남이 잘 따르며, 장수한다고 한다.

자율신경	흥분 중추	말초신경	교감신경—교감신경형: 민감
	억제 중추		부교감신경—부교감신경형: 둔감

성에서도 남성은 부교감신경형, 여자는 교감신경형, 어린이는 교감신경형, 중년층은 부교감신경형, 노인은 교감신경형이 된다. 또 몸의 체위로 보더라도 서 있을 때는 교감신경이 활동을 많이 하여 피로하고, 누워 있으면 부교감신경형이 되어 피로가 없고, 의자에 앉으면 그 중간이 된다. 또 시간적으로 낮은 활동하는 시간이므로 교감신경형이 되고, 밤에는 부교감신경형이 된다. 그러므로 야간에는 심장의 부교감신경의 억제 작용이 강해지므로 심장마비가 되기 쉽고, 또한 임부는 출산을 야간에 많이 하게 된다.

요컨대 좌선(坐禪)이나 요가 수행을 많이 하면 부교감신경이 최고로 발달한다. 그리하여 몸이 건강하게 되어 병에 걸리지 않으며, 정신의 평온을 가질 수 있다.

8. 요가의 명상

요가 수행에는 여러 갈래가 있다고 하지만 결국 명상을 통해서 인간 최고의 정신 능력을 계발하려는 데 그 목적이 있다. 따라서 요가의 명상은 우리 인간에게 갖추어진 높은 정신 능력을 열어서 완전한 인간으로 돌아오게 하는 가장 핵심적인 요소가 된다.

인간의 생활은 물질과 관련된 일상 생활 속에서 항상 상대적인 정신 활동을 하고 있으며, 이것을 극복하여 보다 높은 정신 세계로 나아가는 것이 요가의 명상법이다.

요가의 명상법은 흔히 네 단계로 나누어져 있는데, 낮은 단계로부터 높은 단계로 들어간다. 그러나 이 네 단계가 엄격히 구별되는 것은 아니고, 정신 통일의 진행 과정에 따른 마음의 흐름으로 나누어진다. 이 네 가지 단계는 요가의 여덟 가지 부문 중에서 나중 네 가지를 말한다. 곧 제감(制感)과 응념(凝念) · 정려(靜慮) · 삼매(三昧)이다.

1. 첫단계의 제감(pratyāhārā)이라는 것은, 우리 정신이 항상 외계의 대상에 끌리는 감각 기능을 억제하여 이에 끌리지 않고 깊은 내심(內心)으로 돌려서 외계로부터 받은 인상에 끌리지 않도록 하는 심리적인 조작을 말한다. 이러한 훈련은 쉬운 일이 아니다. 왜냐하면 인류는 오랜 진화 과정을 겪어 오는 동안에 생명을 보존하고 환경에 적응하기 위해서 항상 외계에 관심을 가지고 이에 대응하지 않으면 안

되었기 때문이다. 그러므로 우리의 정신 활동도 본능적으로 외계에 깊은 관심을 가지고, 외계로부터 받은 인상에 끌려 들어가지 않으면 안 되었다. 그러한 우리의 마음의 작용을 억제한다는 것은 정말 어려운 일이다. 그런데 우리의 생명을 유지 · 보호하기 위해 본능적인 힘으로 갖추어져 있는 감각 기능을 억제하는 것은 생명의 본질을 무시하고 이를 거부하는 일이 아닐까? 그러나 요가에서는 그렇게 보지 않고 오히려 이것을 거부함으로써 우리 인류에게 갖추어져 있는 높은 정신 능력이 충분히 나타나게 된다는 점을 이론적 · 실제적으로 입증하고 있다. 이러한 정신적인 작업에서 먼저 해야 할 것이 제감이다.

제감은 눈에 보이지 않는 마음을 컨트롤하는 것이기 때문에 매우 어려운 일이다. 그리하여 요가에서는 여러 가지 편리한 방법을 써서 이를 훈련한다. 이것이 요가의 체계 속에서 설명되고 있다. 예를 들어 두 손으로 눈과 귀를 가리고 외계와 마음을 차단하여 마음의 상상력으로써 외계를 대하는 것이다. 처음에는 막은 귓속에서는 '쏴' 하는 소리가 나고, 가린 눈앞에 외계의 사물이 있는 그대로 떠오르지만, 그런 소리를 들으면서도 그 중에서 다른 아름다운 소리를 들으려 하고 눈앞에 떠오르는 것을 보면서도 그와 다른 아름다운 것을 보려고 노력하면, 드디어는 귀를 막지 않고 눈을 가리지 않고도 외계의 것에 끌리지 않고 상상한 것에 정신을 집중하게 되며, 그렇게 되면 외계로 달리는 우리의 마음을 억제하여 안으로 마음을 돌릴 수 있게 된다. 이렇게 하여 자기가 마음대로 자기의 마음을 움직일 수 있게 되면, 비로소 감각 기능을 억제하고 다음 단계로 들어가서 정신을 한 곳에 꽉 매어둘 수 있게 된다. 이것은 제감에서 응념으로 한 단계 깊이 들어가는 정신적인 흐름이다.

2. 다음 단계인 응념(dhāraṇā)은 마음을 어떤 한 대상에 집중하여 움직이지 않게 하는 것이다. 이론적으로 말하면, 생각하는 대상을 가장 작게 하여 단일하고 순수한 것에 한정시켜 거기에 마음의 초점을 맞추어 마음을 움직이지 않게 하는 것이다. 요가에서는 이러한 마음의 훈련을 하기 위해서 자기 몸의 어느 한 부분에 정신을 집중시키는 방법을 사용한다. 고요히 앉아서 눈을 감고 코끝이나 미간 혹은 배꼽에 정신을 집중한다. 이렇게 하여 정신이 한곳에 집중되어 초점이 맞추어지면, 점차로 이것이 익숙해져서 어떤 추상적인 관념을 생각하여 그것을 대상으로 하는 생각을 지속할 수 있다. 마음은 언제나 복잡한 외계의 대상에 접하여 다양하게 일어나고, 그 일어난 마음이 항상 움직이고 있기 때문에 마음을 한곳에 매어둔다는 것은 매우 어려운 일이다. 마음을 꽉 잡아매 두려고 애를 쓰면 쓸수록 마음은 보다 복잡하게 전개된다. 그러므로 어떤 잡념이 일어나면 그것을 없애려고 할 것이 아니라, 물결을 타고 자유롭게 헤엄치듯이 마음을 타고 원점으로 되돌아오는 노력을 할 필요가 있다. 그러는 동안에 마음이 길들여져서 응념이 이루어진다.

이렇게 하여 마음이 움직이지 않고 집중 상태에 있게 되면, 아무리 소란 속에 있더라도 마음을 어떤 곳에 돌리려고 하면 마음대로 돌릴 수 있고, 외계 속에 있으면서도 그것에 끌리지 않고 자기를 안전한 곳으로 인도해 갈 수가 있다. 이와 같은 방법이 요가 체계 속에는 상세히 설해져 있으나 자세한 것은 뒤로 미루겠다.

3. 이러한 정신 집중력이 생겨서 쉽게 어떤 대상에 정신을 집중하

여, 외계로부터 받는 감각이 나를 괴롭히지 않게 되면 다시 그것을 넓게 확대할 수 있다. 이것이 정려(dhyāna)이다.

이 정려는 앞의 응념과는 마음의 움직이는 방향이 서로 반대가 된다. 다시 말하면 응념은 생각의 대상을 될 수 있는 대로 단순화하여 단일한 관념에 한정시키는 것으로서 마음의 작용을 집약시키는 것이지만, 정려의 경우에는 마음의 작용이 널리 확대된다. 응념의 확대가 곧 정려이다. 응념에 의해서 한 대상을 정확하게 파악했다면, 그 대상을 떠나더라도 그 응념의 힘은 다른 상념으로 옮겨지면서도 응집된 중심을 잃지 않고 그대로 옮겨진다. 그것은 마치 팽이가 돌아가면서도 꺼지지 않는 것과 같다. 외계의 대상이 확대됨에 따라서 응집력이 약해져서 대상에 대한 심상(心像)이 흐려지거나 중심 관념을 잃게 되는 것은 정려가 아니다. 그래서 불교에서는 선(禪)을 통해 이러한 훈련을 한다.

4. 다음에 최후 단계는 삼매(samādhi)의 단계이다. 이 삼매는 지금까지의 세 단계와는 다른 세계이다. 삼매는 이미 심리적인 조작을 벗어나 있는 세계이다. 여기에는 의식적인 노력이 없다. 응념에서 정려로 깊어진 심적 노력이 끝나고 스스로 이룬 경지가 삼매의 세계이다. 이것은 정려가 완성되었을 때에 문득 얻어지는 경지이며, 이른바 깨달음이라는 것이다. 이러한 세계가 나타나는 것을 어떤 초인적인 힘의 계시라고 보는 이도 있고, 정신의 새로운 세계가 열린 돌파(突破)라고 보는 이도 있으나, 이 삼매의 상태에서는 주관과 객관이 완전히 하나가 되므로 모든 대상은 지금까지 주관에 의해서 존재하던 차원과는 다른 차원에서 그것 그대로의 절대적인 가치를 가지고 존재하

게 된다. 너와 내가 하나이며 둘이다. 이때에 너와 나의 둘은 차원이 다른 너와 나다. 《요가수트라》에서는 이 삼매의 세계를 정의하여 "생각하는 대상만이 나타나 있어 생각은 없어진 것 같은 상태"라고 하였다. 이러한 경우의 마음을 반야(般若: prajnā)라고 하니, 이때에 영명(英明)한 지혜가 발한다. 오늘날의 철학적인 용어로 말하면 지적 직관(知的 直觀)에 해당한다. 이러한 지혜에 의해서 인간은 근본적인 생명의 힘을 발휘할 수 있게 되고, 여기에서 인간은 모든 고통으로부터 해탈하게 되는 것이다.

제3장

하타 요가

요가 수행법 가운데 그 신체적 수련법인 하타 요가는《요가수트라》제2장 실수품(實修品)에 자세히 설명되어 있다. 요가의 여러 가지 구성 요소〔八支則〕 중에서 제1의 금계(禁戒: yama), 제2의 권계(勸戒: niyama), 제3의 좌법(坐法: āsana), 제4의 조식법(調息法: phrāṇayāma)과 제5의 제감(制感: pratyāhāra)이 하타 요가에 속하는 것이다.

물론 신체적인 수련이라 하더라도 정신과 분리된 것이 아니고, 요가의 목표인 삼매(三昧: samādhi)를 목적으로 심신을 동시에 수련하는 것이지만 이 여덟 가지 가운데 앞의 다섯 가지는 주로 신체적 수련을 위한 것이므로 하타 요가〔努力 瑜伽〕, 또는 크리야 요가〔作法 瑜伽〕라고 부른다. 여덟 가지 중에서 나중 세 가지는 요가의 근간이 되는 것으로서 정신적 수련이다. 그러므로 이를 라자 요가〔王 瑜伽〕라고 한다.

1. 금계(Yama: 禁戒·夜摩)

금계에는 불살생(不殺生: ahimsa) · 불망어(不妄語 誠實: satya) · 불투도(不偸盜: asteya) · 불사음(不邪婬 貞潔: brahmacarya) · 불탐(不貪: aparigraha)의 다섯 가지가 있다. 이것은 요가 수행자가 꼭 지켜야 할 계율이다.

이것들은 어디서나 언제나 제한 없이 행해져야 한다고 하였다.

불살생

불살생을 지켜야 하는 이유로서 《요가수트라》 제35절은 "불살생이 확립되면 그의 앞에서는 적의(敵意)가 포기된다"라고 하였다. 이 금계는 요가 수행의 예비적인 계행(戒行)의 위치에 있다. 이 금계는 도덕적인 규범이다. 요가 수행으로 처음 들어가는 수행자에게 일상 생활로부터 오는 혹란(惑亂)이나 동요가 있어서는 수행에 정진할 수 없다. 우선 인간 생활의 내적 조건을 조절해야 한다. 요가가 도덕을 무시하고 신비한 체험만을 추구하여 마음속의 빛으로 생명의 의의를 찾는 신비주의적 일반 체계와는 다른 점이 여기에 있다. 물론 요가 체계에서 삼매 등 신비적 체험은 금계와 본질적으로는 관계가 없으나, 수행을 하는 데 이기심이나 위선이나 선악 등 어디에고 마음이 걸려 있으면 마음의 혹란이 일어나게 되어 수행이 잘 되지 않는다.

선이든 악이든 간에 이러한 마음의 혹란이 일어나지 않게 심정을 정화해야만 그것을 초월해서 그보다 깊은 경지로 들어갈 수 있다.

《요가수트라》보다 역사가 오래된 요가 체계에서는 이러한 도덕적인 규율이 없었다. 그럼에도 《요가수트라》에서 제1단계에 금계를 둔 것은 위와 같은 뜻에서이다. 《마누 법전》에도 "불살생으로 감관(感官)의 집착을 떠남으로써 《베다》에 정한 제식(祭式)에 의해서, 또 엄격한 고행에 의해서 현세에서도 그 경지〔梵我合一〕를 획득한다"고 하였다.

이와 같이 불살생은 집착을 떠난다는 것이 그 본래의 뜻으로 되어 있다. 불살생은 남을 해치지 않는 마음으로 타인을 대하는 것이지만, 이 말은 살생하지 않는다고 하여 소극적인 뜻으로만 해석해서는 안 된다. 이것은 단순히 남에게 상해(傷害: hiṁsa)를 입히지 않는다는 것만은 아니다. 여기에는 적극적인 뜻이 있다. 곧 해치고자 하는 모든 마음을 깨끗이 버리고, 우러나오는 마음으로 남을 사랑하는 것이 불살생이다. 이러한 적극적인 불살생의 정신은 금계와 권계의 근본을 이루고 있고, 요가 체계의 도덕적인 사상도 이 불살생의 정신에 뿌리를 두고 있다. 그리고 이 불살생의 정신으로부터 금계의 다른 규범인 불망어 · 불투도 · 불사음 · 불탐 등이 있게 된다.

불살생의 정신을 강조하는 것은 요가만이 아니다. 전체 인도 사회의 일반적인 전통이다. 불교의 오계(五戒)에도 들어 있고, 특히 자이나교에서는 이를 중요시한다. 오늘날 박애 정신이 그리스도교 윤리 사상의 근저가 되고 있듯이 불살생은 인도인의 도덕적인 규범의 중심을 이루어 왔다.

불망어

거짓말을 하지 않은 결과에 대하여《요가수트라》실수품 제36절에서는 "불망어가 확립되면 행위와 그 결과가 일치한다"라고 하였다.

불투도

도둑질하지 않은 결과에 대하여 실수품 제37절에서는 "불투도가 확립되면 모든 재물이 그에게 모인다"라고 하였다.

정결

금욕에 대하여 실수품 제38절에서 "정결이 확립되면 정력을 얻는다"라고 하였다.

불탐

탐욕을 없애는 것에 대해서는 실수품 제35절에 "불탐이 확립되면 전생의 상태를 그대로 알 수가 있다"라고 하였다.

이런 금계는 "태생(jati)·장소(deśa)·때(kāla)·기회(samaya)의 제약을 받지 않고 일체의 것에 통하는 큰 서원〔大誓願: mahāvrata〕"이라고 한 바를 보더라도 절대적으로 엄수해야 할 것으로 보았다.

이 요가의 금계는 불교의 오계와 비슷하나 동일하지는 않다. 불교에서는 제5에 불음주(不飮酒)를 두었고, 자이나교에서는 제5에 불탐을 두었으니 오히려 자이나교에 가깝다.

그리고 여기서의 불망어(不妄語: 誠實)는 오직 사실 그대로를 전하기만 하면 그 결과야 어떻게 되든지 간에 관계 없다는 뜻이 아니고, 적극적으로 남을 해치지 않고 위해 주는 진실이어야 한다고 학자들은 말한다.

2. 권계(niyama: 勸戒 · 尼夜摩)

여덟 가지 체계 가운데 제2는 권계다. 권계는 순결(純潔: sauca) · 만족(滿足: saṁtoṣa) · 고행(苦行: tapas) · 학송(學誦: svādhyāya), 최고신에의 귀의(念神: īsvara-pranidhāna) 등 다섯 가지이다.

순결

순결은 육체의 욕정에 대처하는 방법이다. 금계의 정결에서와 같이 육체를 욕정으로부터 순결하게 보전하는 것이다. 그러므로 생리적인 면으로부터 조절하여 수행하는 것이 권계이다. 순결의 수행으로 얻는 결과에 대해서는 《요가수트라》 실수품 제40-41절에 "순결의 결과, 자기의 몸에 대한 염오감(厭惡感)을 일으켜 남과 교접하지 않는다. 또 사트바(sattva)의 청정(淸淨), 유열(愉悅), 심집중(心集中), 감각기관의 제어, 자신을 직관하는 능력(ātma-darśanayogyatā) 등이 생긴다"고 하였다.

순결은 육체의 욕정에 대한 순결만이 아니고, 신체 안팎의 정결도 포함한다. 그러므로 요기들은 욕정의 순결만이 아니라 몸을 항상 깨끗이 하기 위하여 목욕과 내부 청소를 한다.

만족

만족은 마음의 문제에 속한다. 만족은 탐내지 않은 결과 주어지는 것으로서 족함을 아는 마음이다. 또한 심리적인 욕망에 대처하는 마음이 만족이다. 이 만족에 대하여《요가수트라》실수품 제42절에서는 "만족의 결과 무상락(無上樂)을 획득한다"고 하였다.

고행

고행에 대해서는 실수품 제43절에 "고행의 결과 오예(汚穢: 지저분하고 더러움)가 멸해짐으로써 신체와 감각 기관의 초자연력이 나타난다"고 하였다. 이 고행은 흔히 신체의 훈련을 뜻하고 있다. 그러나 요가는 극단적인 고행을 주장하지 않고 중용을 취하는 것을 가르친다.《바가바드기타》에도 "과식과 전혀 먹지 않는 것, 지나친 수면과 전혀 자지 않는 것은 요가의 가르침이 아니다. 적당히 먹고 즐기며, 적당히 일하고, 적당히 자고 일어나는 사람은 요가를 얻어 고(苦)를 멸한다"고 하였으니, 이는 불교의 중도(中道)와 같다.

요가의 고행은 적당한 수행으로 번뇌를 처리하는 것이다. 이 권계의 고행은 육체적 고통을 견디는 것이 주가 되지만, 그것을 통하여 정의 작용(情意 作用)인 번뇌를 억제하는 것이다.

학송

거룩한 주문인 '옴'이나 성전(聖典)을 반복하여 계속 송창(頌唱)하는 것이다. 실수품 제44절에 "독송의 실행으로 희망하는 신령과 만날 수 있다"고 하였다. 순결에서부터 만족과 고행을 거쳐 학송까지 오게 되면 점차로 삼매를 성취하는 길로 들어서게 된다. 그리하여 번뇌를 억제할 수 있다.

최고신에의 귀의

이에 대하여서는 실수품 제45절에 "최고신에 귀의한 결과 삼매를 성취한다"고 하였다. 최고신에 귀의하는 것은 인격신인 최고신을 대상으로 하여 거기에 귀의하는 방법이다. 여기까지 오면 번뇌는 미약하게 된다. 번뇌가 미약해진다는 것은 번뇌의 근본인 무명(無明)의 뿌리가 너무도 깊기 때문에 아직 완전히 지멸되지 못했다는 의미이다.

이상과 같이 금계와 권계의 두 가지는 생리적 · 심리적인 수행으로서 궁극의 목적에 도달하려는 윤리적인 준비 단계이다. 적극적 수행인 권계를 거치면 드디어 본격적인 요가로 나아갈 준비가 된 것이다.

3. 체위법(āsana: 體位法 · 坐法)

요가 수행을 해나갈 때 먼저 주의할 것은 자세이다. 왜냐하면 심신이 조화되지 않는 것은 자세에 원인이 있기 때문이다. 세번째 단계인 좌법은 올바른 자세와 운동법을 규정하고 있다. 《요가수트라》 실수품 제46~48절에서 "좌법은 안정되고 또한 쾌적한 것이다"라고 하였고, "노력을 늦추어 마음을 가없는 것에 합일시킴으로써 얻어진다"고도 하였으며, "그 결과 상대를 초극한다"고 하였다.

이렇게 좌법은 확고한 의지로서 쾌적해야 하며, 너무 지나친 근책(勤策)을 하지 말고 유연자약하게 스스로를 무한대로 확대시키는 것이며, 그 결과로 상대적인 세계를 초탈할 수 있다. 다시 말하면 부동(不動)의 자세로 자신이 우주로 확대될 때에는 괴로움과 즐거움, 춥고 더움 등의 상대적인 것을 초탈할 수 있다는 말이다.

《요가수트라》에는 좌법에 대한 설명이 많지 않다. 그것은 이미 일반적인 행법으로 두루 알고 있는 것이므로 그 효용만을 적은 것이나, 수트라(經)의 주석가나 후세의 요가 문헌에는 좌법으로 마흔일곱 가지 또는 여든네 가지가 있다고 하며, 심지어는 84만 종이 있다고까지 설명되고 있다. 좌법이 이와 같이 발달한 것은 신체가 조복(調伏)되지 않고서는 마음을 다스릴 수 없기 때문이다. 이러한 많은 좌법 곧 체위법에는 원래 두 가지 목적이 있었는데, 하나는 명상을 하기 위해서였고, 또 하나는 신체를 조정하기 위해서였다.

첫째로, 명상을 목적으로 한 좌법은 긴 시간의 수행에 적합한 체위이다. 예를 들면 연화좌(蓮花坐 · 連坐: padmāsana) · 길상좌(吉祥坐 · 幸坐: svastikāsana) · 용사좌(勇士坐: virāsana) · 사자좌(獅子坐: siṁhāsana) 등이다(체위법 참조). 그런데 이 좌법들은 선(禪)의 결가부좌(結跏趺坐) 같은 체위들이다.

둘째로, 신체 단련의 자세는 종류도 많고, 변화도 많다. 예를 들면 현좌(賢坐: bhadrāsana) · 구좌(龜坐: kurumāsana) · 계좌(鷄坐) · 배구좌(背龜坐: uttānāsana) · 궁좌(弓坐: dhanurāsana) · 어주좌(魚主坐: matsyanā-dhāsana) · 공작좌(孔雀坐: rnayūrāsana) · 자재좌(自在坐: sidhāsana) 등 수십 종이 있다.

이러한 체위법들은 신체의 각 근육과 샘 및 기관과 혈액 순환을 조정한다. 수행이 진전됨에 따라서 신체 건강은 필수 조건이 된다. 그리하여 정신 통일에 장애가 되는 신병을 제거하는 방법을 강구하게 되었다.

이 좌법은 고행이 아니다. 앞서 말한 바와 같이 쾌적한 마음으로 너무 애쓰지 않으면서 적당하게 노력하는 것이라는 점은, 요가가 극단적인 고행이 아님을 잘 나타내고 있다.

1) 요가 운동에서 유의할 점

요가 운동을 서서 할 때는 옥외에서 해도 좋으나, 앉아서 하는 운동은 마룻바닥에 자리를 깔고 하거나 방바닥에 담요나 요를 깔고 한다. 그러나 환기가 잘 되는 곳이라야 한다.

요가 운동을 처음 행하는 사람은 본격적인 체위법을 하기 전에 일정한 기간 동안 준비 운동을 하여 경직된 근육을 부드럽게 풀고 자율신경을 각성시켜야 한다. 예비 운동이라고는 하지만, 그것은 건강을 증진시키고 중병에서 회복시켜 주는 힘이 있으므로 수시로 행해서 몸을 부드럽게 해야 한다.

요가 운동을 할 때의 주의 사항을 들면 다음과 같다.

(1) 공복일 때 행한다. 식후 3~4시간 후나 식전이 좋다.

(2) 계속해서 1시간 이상 해서는 안 되며, 처음에는 30분 이상 하지 말아야 한다.

(3) 한 동작마다 그 신체 부위에 정신을 집중한다.

(4) 각 동작과 호흡이 서로 조화되게 한다.

(5) 운동중 긴장과 이완이 교체되게 하여, 운동의 각 동작 사이에 쉬도록 한다.

(6) 항상 입을 닫고, 코로 호흡한다.

(7) 오랫동안 병을 앓고 난 사람은 1주일쯤 호흡 운동과 예비 운동만 하고, 점차로 본격적인 운동에 들어간다.

(8) 여자들은 생리 기간중에는 목 운동과 눈 운동·휴식 운동만 해야 하고, 임신해서 3개월이 된 후부터는 가벼운 운동만 해야 한다.

(9) 운동 직후에 목욕하는 것은 좋지 않다. 30분쯤 지난 뒤에 하는 것이 좋고, 그보다는 운동을 시작하기 전에 하는 것이 더욱 좋다.

2) 요가의 예비 운동과 생기 충실 운동

(1) 발목 운동 1

〔방법〕 a. 양쪽 발끝을 붙이고 가슴을 펴고 똑바로 선 다음, 그림 1과 같이 허리에 두 손을 대고 오른발의 발꿈치를 들어 발끝만을 땅에 대고 선다. 오른발에 힘을 주어 충분히 발꿈치를 올렸다가 내린다. 여기서 긴장을 풀고 잠시 쉰다.

b. 다음은 그림 2와 같이 발꿈치를 땅에 대고 발끝을 충분히 올린 뒤에 천천히 내리고 조금 쉰다. 다음 왼발에 대해서도 같은 동작을 한다. 이 운동을 좌우 교대로 3회씩 되풀이한다.

c. 발끝을 바닥에 붙이고, 그림 3과 같이 오른쪽 발목을 안으로 꺾는다. 그리고 천천히 본래 자세로 돌아간다. 왼쪽 발목도 같은 방법으로 꺾는다.

〔그림 1〕

〔그림 2〕

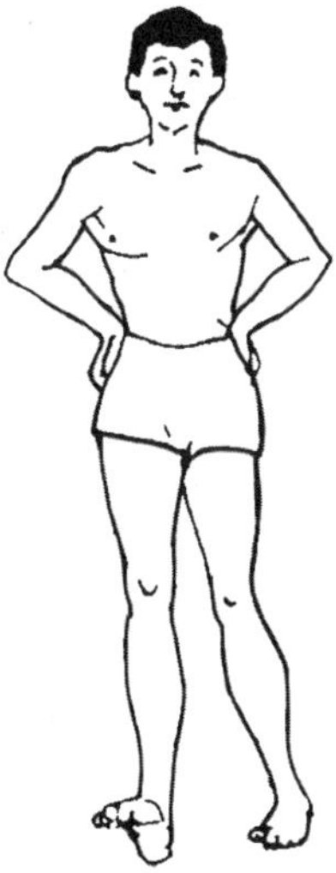
〔그림 3〕

d. 오른쪽 발목을 밖으로 꺾었다가 천천히 처음 자세로 돌아간다. 왼쪽도 똑같이 한다. 이 동작을 3회씩 반복한다.

〔효능〕 발목 관절 마비 · 관절 무력증 · 발목 근육 경화증 · 동맥경화 등을 방지한다.

이 운동을 등산 직전이나 아침에 하고 난 후 등산을 하거나 외출하면 발을 삐지 않고, 집에 돌아와서 하면 피로가 풀린다.

(2) 발목 운동 2

〔방법〕 a. 그림 4와 같이 오른발의 발꿈치를 들고 엄지발가락을 땅에 붙인 채 힘을 주어 무릎의 관절을 밖으로 뒤튼다. 충분히 벌린 다음 천천히 처음 자세로 돌아온다. 왼발도 이와 같이 해서 좌우 3회씩

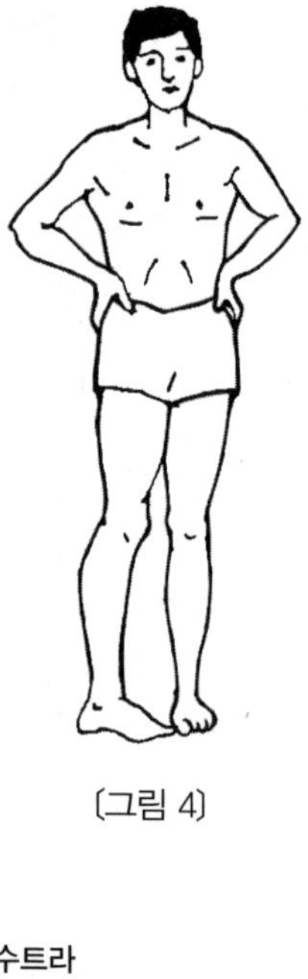

〔그림 4〕

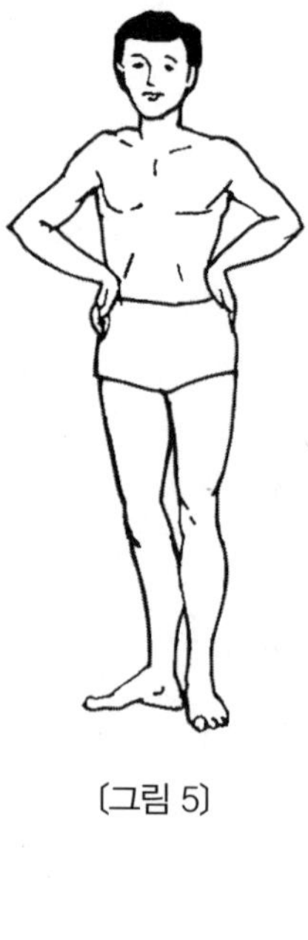

〔그림 5〕

행한다.

b. 손을 대고 두 발끝을 붙이고 서서 그림 5와 같이 오른쪽 발꿈치를 천천히 오른쪽으로 벌린다. 충분히 벌렸을 때 발끝으로 땅을 힘있게 디딘 다음 천천히 원위치로 발끝을 가져온다. 다음에 다른 발끝을 축으로 하여 발꿈치를 벌린다.

〔주의〕 이때 발의 회전을 따라서 허리가 돌아가지 않도록 손으로 허리를 눌러 움직이지 않게 한다.

〔호흡〕 발을 돌릴 때 들이쉬고, 원자세로 돌아올 때 내쉰다.

〔효능〕 발목 및 무릎의 이상과 굴곡을 교정한다.

(3) 무릎 운동 1

〔방법〕 a. 손을 허리에 대고 양발을 붙이고 똑바로 선다. 그런 다음 그림 6과 같이 두 발의 발꿈치를 들고 몸을 내려서 천천히 무릎은 앞으로 반쯤 굽힌다. 다음은 처음 자세로 다리를 뻗고 서서 조금 쉰다.

이와 같은 방법으로 3회 되풀이한다.

b. 발끝을 붙이고 선 다음, 그림 7과 같이 양무릎을 벌리고 천천히 충분히 굽혀 손가락 부분을 허벅다리에 가볍게 댄다. 이때 발꿈치를 든다. 그리고 천천히 처음 자세로 되돌아온다. 역시 3회 반복한다.

〔주의〕 등뼈를 똑바로 세우고, 앞으로 굽히지 않도록 한다.

〔호흡〕 발꿈치를 들 때 숨을 들이쉬고 무릎은 굽힐 때에 숨을 닫고, 원위치에 돌아와서 내뿜는다.

〔효능〕 자율신경을 강화하고, 발과 무릎의 관절염 및 근육의 경화를 풀어 주어 유연케 한다.

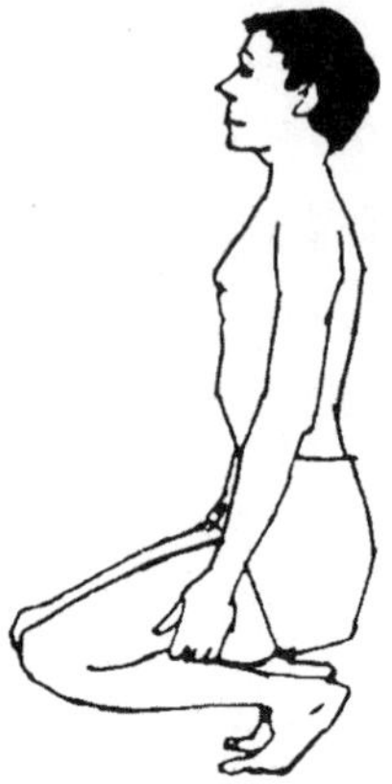

〔그림 6〕

〔그림 7〕

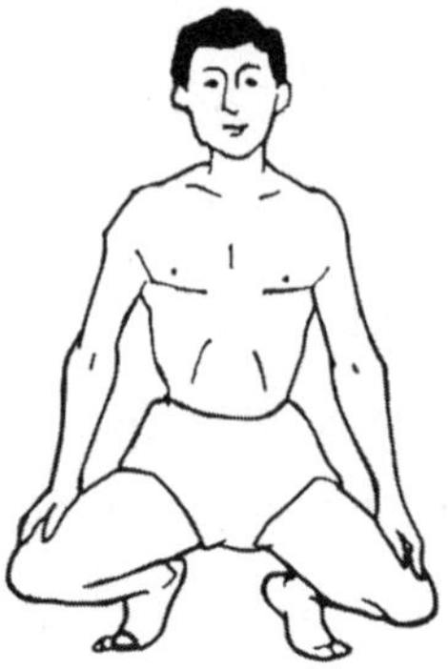

〔그림 8〕

(4) 무릎 운동 2

〔방법〕 발끝을 벌리고 서서 두 팔을 허리에 대고 발끝으로 선 다음, 무릎은 벌린 채 그림 8과 같이 빠르게 굽혀 엉덩이가 발꿈치에 닿도록 하였다가 곧 그 반동으로 일어서서 발꿈치를 땅에 댄다. 빠른 동작으로 10회 내지 20회 되풀이한다.

〔호흡〕 발꿈치를 들 때 숨을 들이쉬고, 닫은 채로 굽혔다가 일어서서 내쉰다.

〔효능〕 발의 관절 및 무릎 · 다리의 이상을 없애고, 혈액 순환이 잘 되게 하며 다리에 생기를 더해 주어 생명력을 강화한다.

〔주의〕 무릎을 굽힐 때는 척추를 곧게 하고, 눈은 정면의 한 점을 응시하여 정신을 통일한다.

(5) 넓적다리 관절 운동

〔방법〕 두 손을 허리에 대고 숨을 들이쉬면서 그림 9와 같이 오른쪽 다리를 앞으로 뻗었다가 뒤로 가져가고, 다시 옆으로 뻗었다가 앞뒤로 하여 원위치로 온다. 이렇게 좌우로 교대하여 3회씩 행한다.

〔효능〕 자율신경을 강화하고, 위와 간장에 좋은 자극을 준다.

(6) 허리 운동 1

〔방법〕 바로 서서 두 손을 넓적다리 뒤에 붙이고, 그림 10과 같이 몸을 젖혀 뒤로 굽힌다. 이때 무릎은 굽히지 않고 두세 번 반복한다.

〔호흡〕 숨을 들이쉬었다가 닫고 뒤로 굽혔다가 다시 원위치로 왔을 때 내쉰다.

〔주의〕 현기증이 나면 눈을 감고 좀 쉰다. 노이로제가 있는 사람은 잘 되지 않고 몸이 흔들릴 것이다. 그러나 계속 연습하면 신경이 강

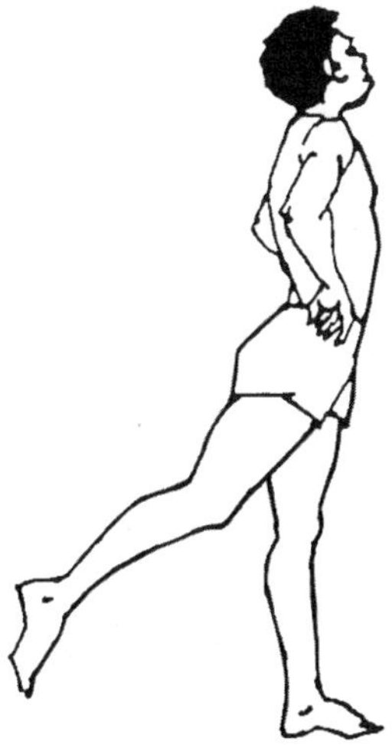

〔그림 9〕

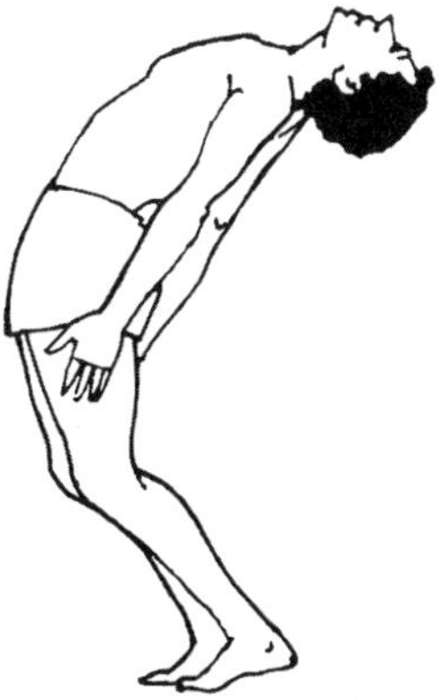

〔그림 10〕

화되어 노이로제도 없어진다.

〔효능〕 척골의 이상을 없애고, 자율신경을 강화하며, 비대증을 없애고, 혈압을 조절하며 노이로제에 좋다.

(7) 허리 운동 2

〔방법〕 그림 11과 같이 두 손을 마주 잡고 위로 올려 숨을 닫고 허리를 축으로 하여 상체를 좌우측으로 누인다. 이렇게 각각 3회씩 반복한다.

〔호흡〕 두 손을 올릴 때 들이마시고, 누일 때 닫고 다시 똑바로 했을 때 숨을 내쉰다.

〔효능〕 척추의 이상을 없앤다.

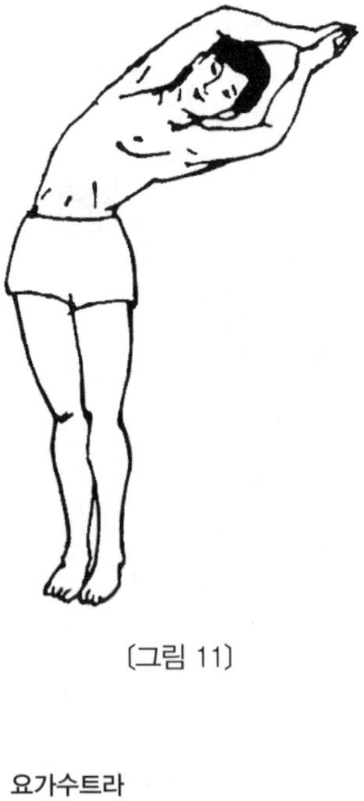

〔그림 11〕

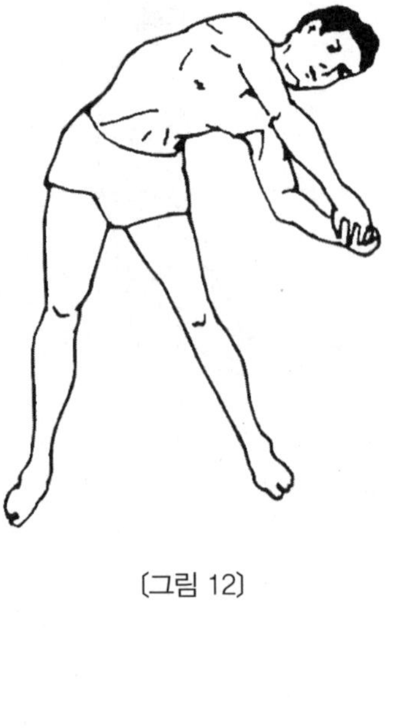

〔그림 12〕

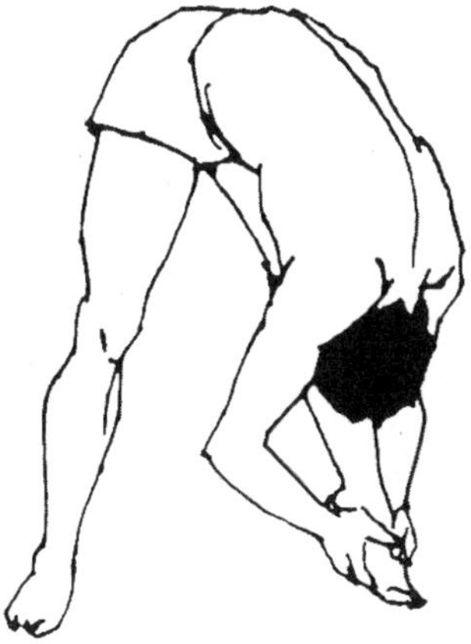

〔그림 13〕

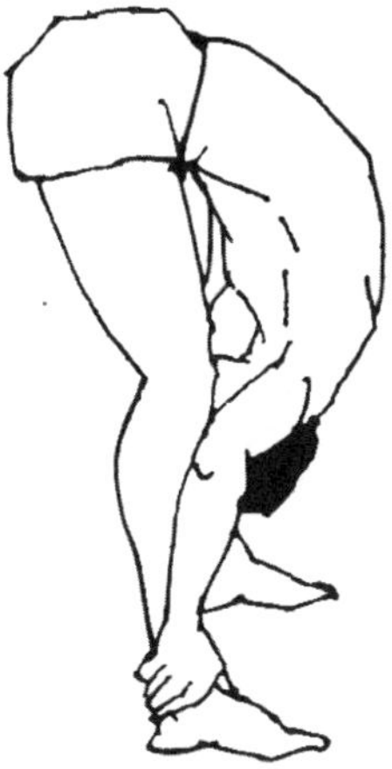

〔그림 14〕

(8) 허리 운동 3

〔방법〕 두 손을 깍지 끼고 그림 12와 같이 상체를 앞으로 굽힌 다음, 숨을 들이쉬면서 좌측으로부터 돌린다. 몸을 일으킬 때 숨을 들이쉬고, 내릴 때 내뿜는다.

〔효능〕 척추와 허리의 경화나 이상을 없앤다.

(9) 허리 운동 4

〔방법〕 그림 13과 같이 숨을 들이쉬었다가 내뿜으면서 허리를 깊이 굽혀 왼쪽 발목을 두 손으로 잡고서 두 다리를 편다. 이와 같은 방법으로 오른쪽도 행한다. 다음은 그림 14와 같이 두 손으로 좌우 발목을 잡고, 머리를 될 수 있는 대로 깊이 굽힌다. 일어날 때 숨을 들

이쉬고 굽힐 때 내뿜는다.

〔효능〕 허리와 다리의 경화를 풀고, 생식선의 기능을 돕는다.

(10) 팔목 운동

〔방법〕 똑바로 서서 팔을 좌우 옆으로 어깨 높이까지 올려 뻗은 다음, 손바닥을 위로 하고 손가락을 붙인다. 다음은 손바닥을 뒤집어 아래로 한 다음 손가락을 모아 손목으로부터 아래로 힘을 주어 굽힌다. 그림 15와 같이 팔꿈치를 끌어당겨 손목이 어깨에 닿게 한다. 이때 엄지손가락은 세워진다. 충분히 힘을 주었다가 힘을 빼고서 팔을 아래로 내리고, 다음에 손바닥을 밖으로 하여 손가락을 벌린다. 그리고 손바닥을 안으로 뒤집고 처음 자세로 돌아간다.

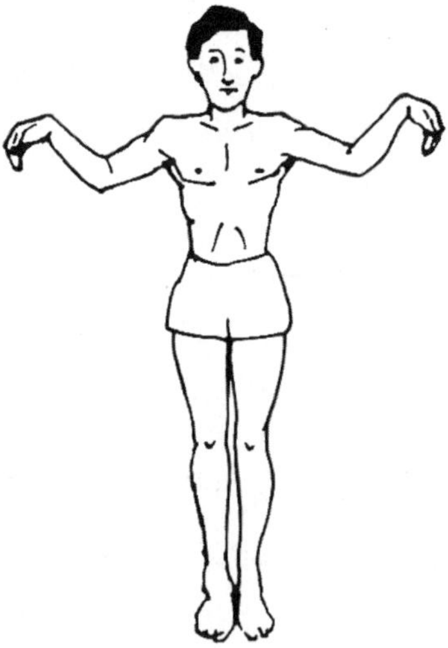

〔그림 15〕

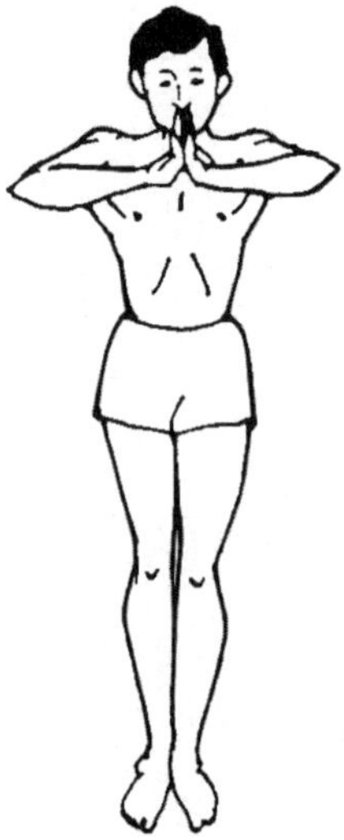

〔그림 16〕

〔호흡〕 팔을 뻗을 때 숨을 들이쉬고, 숨을 닫은 채로 굽히고 내리면서 내뿜는다.

〔효능〕 손목관절염 · 손목관절 마비 · 견비통을 없애고, 폐활력을 강화한다.

(11) 손목 운동

〔방법〕 a. 똑바로 서서 가슴 앞에서 두 손을 합장한다.

b. 합장한 손의 손가락을 벌렸다가 모은다.

c. 팔이 좌우로 수평이 되게 팔꿈치를 들어올린다. 그런 자세로 팔에 힘을 주어 두 손바닥을 서로 꽉 눌렀다가 힘을 뺀다.

d. 합장했던 손의 손바닥을 떼고 손가락만 붙인 채 앞으로부터 회전하여 두 손등을 댄다. 이렇게 되면 두 엄지손가락은 밖을 향하게 된다(그림 16).

e. 합친 손등을 가슴에서 코 높이로 올려 손끝이 코로 향하게 한다.

f. 팔에 힘을 주어 손목이 아플 정도로 두 손등을 꽉 눌러서 잠시 있다가 힘을 뺀다.

g. 손끝을 가슴을 지나 아래로 회전하여 다시 손바닥을 합쳐 합장한다.

h. 앞에서처럼 팔목에 힘을 주어 두 손을 꽉 눌러 붙였다가 힘을 뺀다.

i. 천천히 팔을 내려 원자세로 돌아온다.

〔호흡〕 맨 처음 합장할 때 숨을 들이쉬고, 계속 닫은 채로 있다가 마지막 팔을 내릴 때 천천히 숨을 내뱉으며 원자세로 돌아온다.

〔효능〕 손목의 관절을 강하게 하고, 관절통을 없앤다.

(12) 가슴 운동

〔방법〕 기본 자세로부터 숨을 쉬면서 두 팔은 어깨 높이로 곧게 앞으로 뻗고 두 손을 합장한다. 숨을 닫고 합장한 손을 가슴 앞으로 끌어와서 숨을 내쉬며, 합장한 채로 손가락을 조금 벌린 다음 다시 다섯 손가락을 합치고 숨을 들이쉬면서 그 합장한 손을 하늘 높이 치켜올린다. 두 팔이 귀에 닿도록 곧게 뻗고, 두 손가락을 깍지 낀다. 이때 얼굴을 조금 아래로 굽히면서 깍지 낀 손바닥을 위로 향하게 한 후 숨을 내뿜으면서 머리 뒤로 내려 손바닥을 그림 17과 같이 목에 댄다. 다음은 팔꿈치를 앞으로 모아 팔로 목을 감싸듯이 하였다가 오

〔그림 17〕

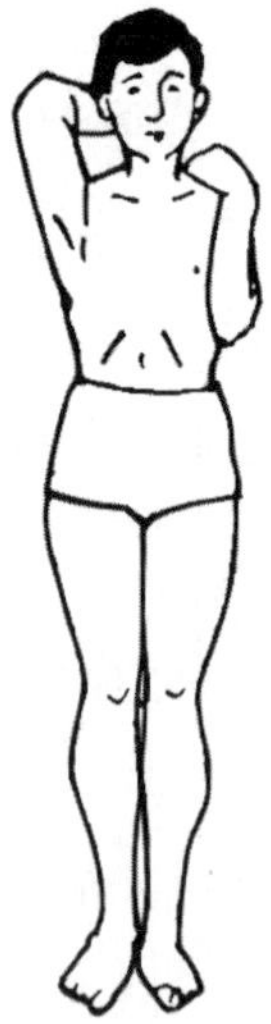

〔그림 18〕

므린다. 호흡은 팔꿈치를 합칠 때에는 숨을 내뱉고, 벌릴 때에는 들이쉰다. 이 동작을 3회 반복한 다음, 두 손을 풀고서 손바닥을 어깨로부터 가슴을 따라서 천천히 원위치로 가져간다.

〔효능〕 손목 관절염 · 견비통 그리고 근육경화를 없애 주며, 폐활량을 증가시킨다.

(13) 어깨 운동

〔방법〕 두 팔을 어깨와 수평이 되게 양옆으로 뻗고, 손바닥을 아래로 하여 손가락에 힘을 주어 꺾고서 손바닥을 오므린다. 모든 손가락에 힘을 준 채 팔꿈치를 굽혀 손을 어깨로 가져온다.

손바닥을 어깨에 댄 채 그림 18과 같이 한 팔씩 팔꿈치를 앞으로부터 돌려 뒤로 회전하기를 3회 하고, 다음은 뒤로부터 앞으로 회전하기를 3회 한다. 이렇게 좌우 각각 행한다.

〔호흡〕 두 손을 옆으로 뻗을 때 숨을 들이쉬고, 손에 힘을 주어 어깨까지 오는 동안 숨을 닫으며, 어깨에 와서 내쉬고, 팔을 돌려 올라갈 때 들이쉬고 내려올 때 내쉰다.

〔효능〕 견비통을 없애고, 폐활량을 증가시킨다.

(14) 목 운동

〔방법〕 그림 19처럼 목을 천천히 앞으로 굽혔다가 세우고, 다음은 뒤로 굽혔다가 세우며, 다음은 왼쪽으로 굽히고 다시 오른쪽으로 굽힌다. 다음은 왼쪽과 오른쪽으로 돌리고 다시 좌우로부터 원형으로 회전한다. 이때 정신을 목에 집중하고 천천히 돌리는 동시에 호흡을

동작에 맞춘다. 이렇게 각각 3회씩 되풀이 한다.

〔호흡〕 숨을 들이쉬면서 굽히고 내뿜으면서 세우고, 다시 들이쉬면서 뒤로 하며 내뿜으면서 세운다. 들이쉬며 오른쪽으로, 내뿜으며 가운데로 돌아오고, 들이쉬며 왼쪽으로 돌리고 내뿜으며 돌아온다. 회전 운동은 앞으로 굽힐 때 들이쉬어 닫은 채로 한 바퀴 회전하고, 내뿜으며 고개를 든다.

〔효능〕 뇌의 혈액 순환을 도와주며, 피로를 없애고, 경골의 이상과 견비통을 없앤다.

〔그림 19〕

(15) 눈 운동

〔방법〕 똑바로 앉아 눈을 뜬 채 머리를 움직이지 않고 다음과 같이 행한다.

a. 천장을 올려다보고, 다음은 바닥을 내려다본다.

b. 수평으로 오른쪽을 보고, 그 다음 왼쪽을 본다.

c. 오른쪽으로 45° 위를 보고, 다음은 왼쪽으로 45° 아래를 본다.

d. 왼쪽으로 45° 위를 보고, 그 다음 오른쪽으로 45° 아래를 본다.

e. 눈동자를 시계 방향으로 돌렸다가 다시 시계 반대 방향으로 돌린다.

위와 같은 운동을 각각 3회씩 하고 나서 힘을 주어 눈을 깜빡거린 다음 눈을 감고 쉰다.

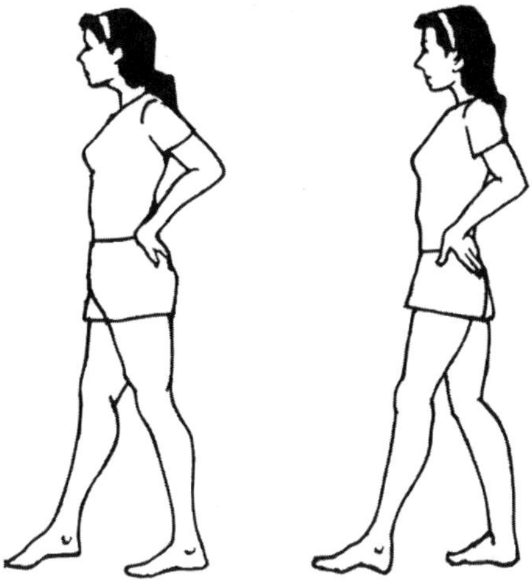

〔그림 20〕

다음은 눈을 손바닥으로 가볍게 비빈다.

〔효능〕 눈의 피로를 없애고, 흥분된 신경을 안정시킨다.

(16) 신경 강화 운동 1

〔방법〕 그림 20과 같이 천천히 걸어서 정면으로 다섯 발자국 나갔다가 정면을 향한 채 뒷걸음질쳐서 다섯 발자국 물러선다.

다음은 정면을 향한 채 오른쪽으로 다섯 발자국 횡보하고, 다시 왼쪽으로 다섯 발자국 횡보한다.

〔효능〕 자율신경을 발달시킨다.

(17) 신경 강화 운동 2

〔방법〕 그림 21과 같이 발끝으로 바로 서서 무릎을 벌리고 굽혀 엉덩이를 천천히 발꿈치에 갖다댄다. 척추를 똑바로 하고, 손을 무릎에 댄 채 한참 그대로 있다가 천천히 일어선다.

〔효능〕 신경을 조화롭게 발달시킨다.

〔그림 21〕

(18) 신경 강화 운동 3

〔방법〕 그림 22와 같이 두 발을 모아 앞으로 뻗고 앉는다. 두 손으로 두 무릎을 잡은 채 들어올린다. 엉덩이로 받쳐서 뒤로 쓰러지지 않도록 하여 잠시 있다가 원위치로 돌아온다.

〔효능〕 자율신경을 강화한다.

(19) 신경 강화 운동 4

〔그림 22〕

〔그림 23〕

〔방법〕 그림 23과 같이 앞으로 두 다리를 뻗고, 두 손으로 양발끝을 잡고 좌우로 넓게 벌린 채 발목을 들어올린다. 그대로 엉치뼈로 받치고 조금 있다가 발을 모아 발에서 손을 떼고 원자세로 돌아온다.

〔호흡〕 18)과 19)의 운동을 할 때의 호흡은 일단 숨을 들이쉰 다음 닫고서 다리를 뻗어 무릎이나 발끝을 들어올리고, 몸을 안정시켜 좌우로 벌리고 있는 동안은 통상적인 호흡을 한다. 이때 눈은 앞의 한 점을 응시하고 정신을 집중한다.

〔효능〕 자율신경을 강화시켜 준다.

(20) 정력 강화 운동

〔방법〕 그림 24와 같이 두 다리를 벌려 앞으로 뻗고 앉아 두 손으로 넓적다리를 잡는다. 오른쪽 다리를 오른쪽으로 벌리고 난 다음 왼손으로 왼쪽 다리를 왼쪽으로 벌린다. 다음에는 두 다리를 두 손으로 동시에 벌렸다가 원위치로 가져온다. 이것을 여러 차례 되풀이한다.

〔효능〕 성신경을 강화 · 갱생시키며, 노화를 방지한다.

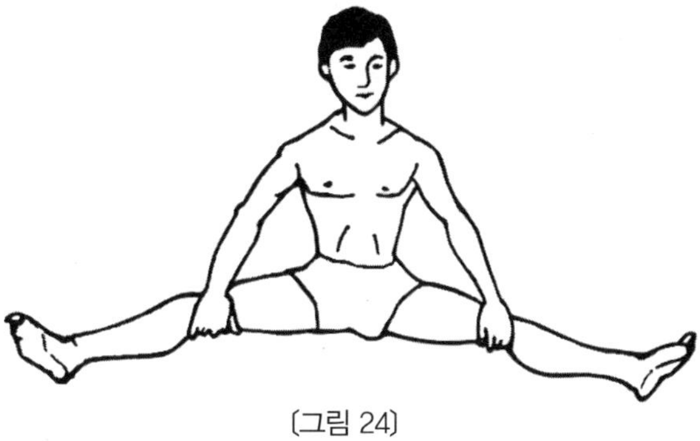

〔그림 24〕

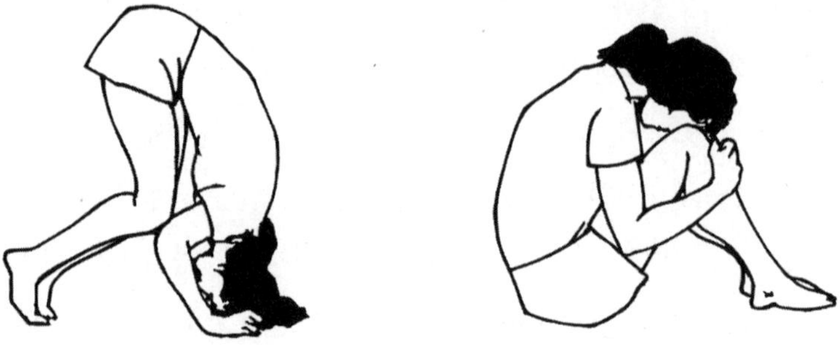

〔그림 25〕

(21) 척추 운동 1

〔방법〕 무릎을 굽히고 앉은 다음, 그림 25와 같이 두 손을 바닥에 대고 앞으로 굽혀 머리를 바닥에 대고서 앞으로 한 바퀴 돈 다음 천천히 일어선다.

〔효능〕 척추를 적당히 자극하고, 교감신경과 부교감신경의 균형을 가져온다.

(22) 척추 운동 2

〔방법〕 그림 26과 같이 발을 앞으로 뻗고 앉아 두 손을 뒤로 돌려 깍지를 낀다. 발을 앞으로 끌어와서 엉덩이를 들어 깍지 낀 손 위를 지나가게 한 다음 다리도 손 위를 지나가게 한다. 이때 손바닥은 위를 향하게 한다.

〔효능〕 허리와 어깨 및 등을 부드럽게 하는 척추 운동이다.

(23) 척추 운동 3

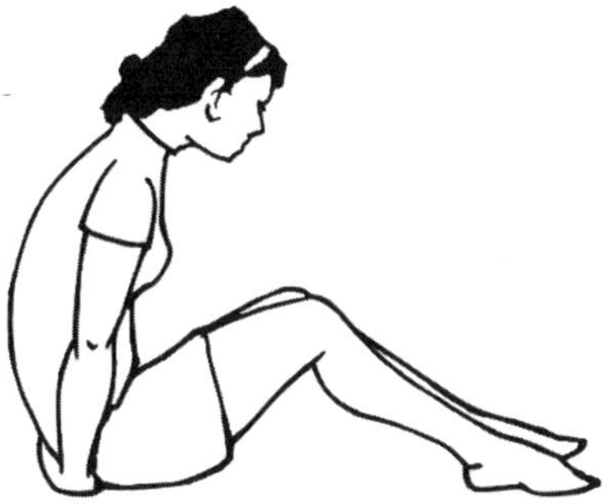

〔그림 26〕

〔방법〕 a. 발은 조금 벌리고 선다. 손을 허리에 대고 엄지손가락을 앞으로 한 다음, 하체는 움직이지 말고 숨을 닫은 채 그림 27과 같이 상체를 빠르게 왼쪽으로 돌린다. 그리고 힘을 뺀 다음 숨을 내쉬면서

〔그림 27〕

〔그림 28〕

〔그림 29〕

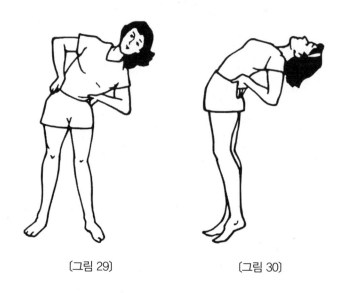

〔그림 30〕

원자세로 돌아간다. 이렇게 좌우 교대로 5회씩 한다.

b. 천천히 숨을 쉬면서 그림 28과 같이 두 손을 앞으로 모아 뻗은 다음, 얼굴과 손을 오른쪽으로 회전시켜 오른손을 충분히 오른쪽 뒤로 뻗는다. 이때 전신을 긴장한다. 그리고 천천히 숨을 토하면서 긴장을 풀며 정면으로 돌아온다. 이 동작을 할 때 두 팔이 어깨보다 처지지 않도록 해야 한다. 이렇게 좌우 교대로 5회씩 행한다.

c. 그림 29와 같이 발을 조금 벌리고 손을 허리에 대고 선다. 하체를 움직이지 않고 상체를 좌우로 누인다. 누일 때에 숨을 토하고, 일어날 때에 들이쉰다. 이때 척골을 곧게 해야 한다. 이렇게 5회에서 10회 정도 행한다.

d. c와 같은 자세로 그림 30과 같이 상체를 앞뒤로 굽힐 때 숨을

〔그림 31〕

내쉬고, 원자세로 돌아올 때 들이마신다. 이렇게 5회 한다.

e. 두 발을 약간 벌리고 선다. 두 손을 허리에 대고 약간 앞으로 굽힌 다음, 허리를 중심으로 하여 상체를 좌우로 회전시킨다. 이것을 5회 반복한다.

f. 발을 넓게 벌리고 선다. 손바닥을 아래로 하고, 두 팔을 좌우로 들어올려 어깨와 수평으로 뻗은 다음 그림 31과 같이 무릎은 곧게 하여 상체를 천천히 좌우로 굽힌다. 이때 손끝이 좌우 발끝에 닿도록 하고 올라간 팔은 머리를 넘어서 좌우로 기울어진다. 몸이 굽혀졌을 때에 시선은 수평 정면을 본다. 다음은 상체를 세우고, 두 팔은 수평으로 한 후 천천히 내린다. 이 동작을 좌우 교대로 3회씩 한다.

〔호흡〕 두 팔을 올릴 때 숨을 들이쉬고, 왼쪽이나 오른쪽으로 몸을

뉘었다가 일어설 때까지 숨을 닫았다가 손을 내릴 때 내뿜는다.

이 운동은 체위법의 하나로 삼각체위법(三角體位法: trikonāsana)이라고 한다.

〔효능〕 척추의 이상을 없앤다.

인간의 내장 기능을 맡은 자율신경은 척추를 통해 내장으로 통하고 있으므로 척추 이상을 수정하면 모든 내장의 기능이 정상화된다.

(24) 손가락 운동

〔방법〕 그림 32와 같이 발을 약간 벌리고 선다. 팔을 들어 어깨 높이로 올린 다음 손가락을 펴고 손바닥이 위를 향하게 한다. 엄지손가락부터 힘을 주어 굽혀 모든 손가락을 다 굽혀서 쥔다. 다음에는 그

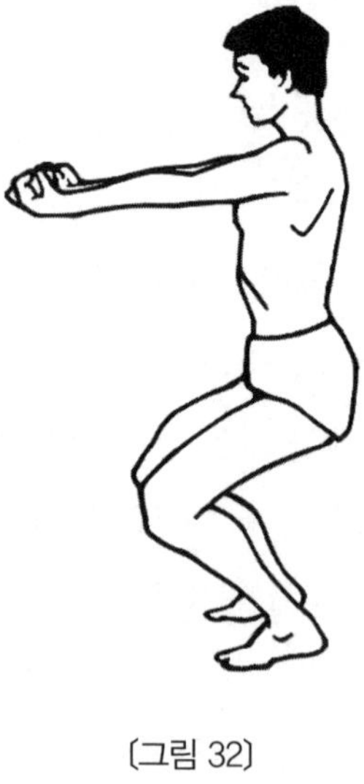

〔그림 32〕

〔그림 33〕

손가락에 힘을 주어 풀어 간다. 다음에 또 손가락에 힘을 주면서 곱친다. 이와 같은 방법으로 3회씩 반복한다.

〔효능〕 손가락의 신경마비나 무력증을 없앤다.

(25) 심장 운동

〔방법〕 그림 33과 같이 제자리에 서서 걷듯이 작은 동작으로 시작하여 점점 크게 걷는 동작을 30회 정도 한다.

다음은 제자리에서 뛰는 동작을 한다. 처음에는 동작을 천천히 하다가 점점 빠르게 하여 발꿈치가 엉덩이에 닿도록 30회 정도 겅중겅중 뛴다.

〔효능〕 혈액 순환이 잘 되도록 도와주고, 심장을 강화한다.

(26) 관절 운동

〔방법〕 그림 34와 같이 주먹을 쥐고 팔에 힘을 주어 크게 어깨 높이로부터 위로 세 바퀴, 또 어깨 높이로부터 아래로 세 바퀴 돌린다.

〔효능〕 팔의 회전 운동을 통하여 어깨의 관절을 부드럽게 한다.

(27) 생기 충실 운동

〔방법〕 a. 그림 35와 같이 손을 허리에 대고 발끝을 벌리고 서서 오른발에 중심을 두고 왼발을 앞으로 뻗는다. 발끝을 충분히 아래로 굽혀 숨을 토한 다음, 다시 숨을 들이쉬면서 발끝을 올려 무릎을 굽히고 뒤로 가져간다. 뒤로 끌어간 다음 숨을 닫고 한참 있다가 다시 발을 앞으로 가져와 다리를 뻗은 자세를 취한다. 이와 같이 발을 앞

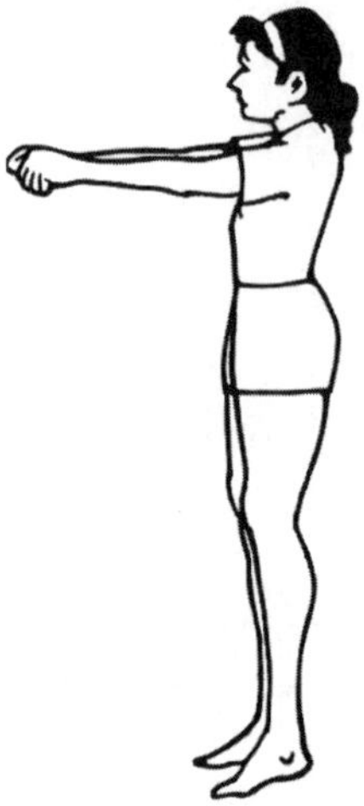

〔그림 34〕

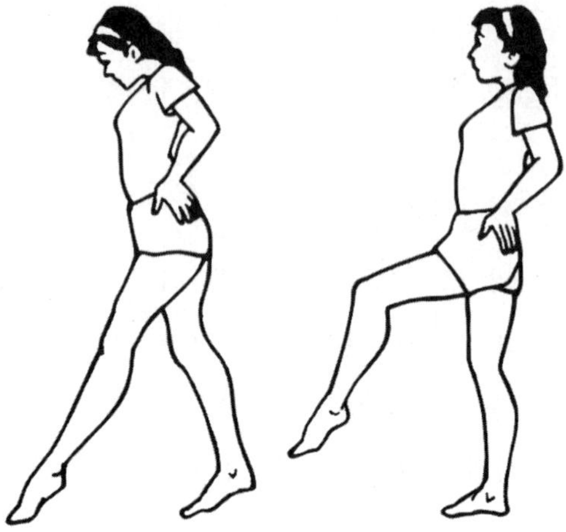

〔그림 35〕

뒤로 왕복시키는 행동을 세 번 되풀이한다. 다음은 발을 바꾸어서 한다. 이때 다리에 정신을 집중시킨다.

b. 그림 36과 같이 오른다리에 중심을 두고 왼다리를 앞으로 뻗어 왼발의 발목을 오른쪽으로부터, 또 왼쪽으로부터 각각 5회씩 회전한다. 같은 동작을 오른발로도 한다.

〔효능〕 전신에 생명력을 충만케 하여 자율신경을 강화 · 각성시키고, 발목 관절의 이상을 없애고 부드럽게 한다.

(28) 태양 예배 운동(太陽 禮拜 運動)

〔방법〕 a. 그림 37과 같이 똑바로 서서 가슴 앞에서 손을 합장하고 태양을 향한다. 합장한 채 손을 높이 머리 위에 올리면서 들이쉰다.

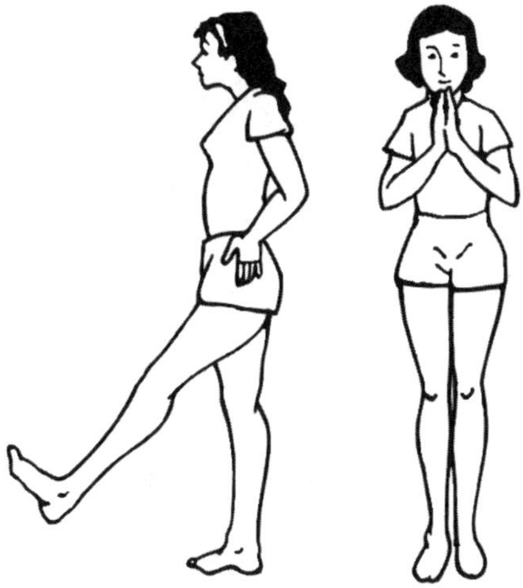

〔그림 36〕

〔그림 37〕

손을 다 올리고 나서 숨을 충분히 가슴에 채운 다음 숨을 닫고, 손바닥을 밖으로 향하게 벌리며 숨을 토하면서 팔을 옆으로 내려 넓적다리에 붙인다. 이렇게 세 번 반복한다.

b. 그림 38과 같이 발끝을 모으고 서서 가슴 앞에서 합장하고, 숨을 들이쉬면서 합장한 손을 머리 위에 높이 올리고, 손바닥을 벌려 앞을 향하게 하여 몸을 뒤로 젖히고 잠시 쉰 다음, 숨을 코로 내보내면서 천천히 상체를 앞으로 깊이 굽혀 머리가 다리에 닿도록 하여 두 손바닥을 땅에 댄다. 숨을 다 토하고 나면 조금 쉬었다가 몸을 일으킨다.

합장한 두 손을 올리는 동안은 앞을 보고 마음을 집중한다. 뒤로 젖힐 때는 손을 보고, 앞으로 굽힐 때는 머리가 완전히 다리에 닿도

〔그림 38〕

〔그림 39〕

록 굽히는 것이 좋다.

〔효능〕 척추를 비롯하여 모든 관절을 유연케 하고, 생기를 충만케 하므로 매일 아침 이 운동을 하면 하루의 활동에 활기를 주게 된다.

(29) 전신 생기 충실 운동

〔방법〕 온몸의 각 부위에 손을 대면서 주의를 집중하여 그곳을 긴장시킨다. 순서는 발바닥 · 종아리 같은 아래쪽부터 시작하여 점점 위쪽으로 옮겨 긴장하였다가 늦추면서 다음으로 옮긴다. (발바닥→종아리→넓적다리→엉덩이→아랫배→등→가슴→팔→목의 순서로.)

이렇게 되풀이하여 온몸의 각 부위에 주의와 힘을 집중시킬 수 있게 되면, 그림 39와 같이 손바닥을 앞으로 하여 주먹을 쥐고 팔을 올려 숨을 들이쉬면서 몸의 각 부위를 차례로 긴장시켜 간다. 이때 긴장된 부위는 이 운동이 끝날 때까지 풀지 않는다.

전신이 긴장된 후 숨을 천천히 토하면서 위로부터 차례로 긴장을 풀어 간다. 이와 같이 온몸의 긴장과 이완을 세 번 되풀이한다.

〔효능〕 전신에 힘이 가득 차고, 정신력으로 육체를 지배할 수 있는 힘을 얻게 된다.

3) 요가의 건강 운동과 신체 수정 운동

(1) 연화좌(蓮花坐: padmāsana)

5,6천 년 전부터 인도에서는 연화좌라는 좌법이 있어 정신 통일의 명상에 가장 좋은 자세로 받아들여졌다. 이 자세는 처음에는 어렵지만 차차 연습하면 쉬워진다. 이 자세에 익숙하게 되면 어느 때고 이 자세로 앉아야 편하다. 영웅좌 · 결가부좌라고도 한다.

〔방법〕 허리를 곧게 하고, 두 다리는 그림 40과 같이 한다. 중심을 아랫배로 떨어뜨리고, 두 손은 두 무릎에 자연스럽게 놓는다. 입은 가볍게 다물고, 위아래의 이는 살짝 붙이고, 혀끝은 윗니틀에 붙인다. 그리고 눈은 약 1미터 앞 아래쪽으로 떨어뜨린다.

〔그림 40〕

〔효능〕 우리의 정신을 안정시키고 척추를 곧게 하므로 내장 기관을 압

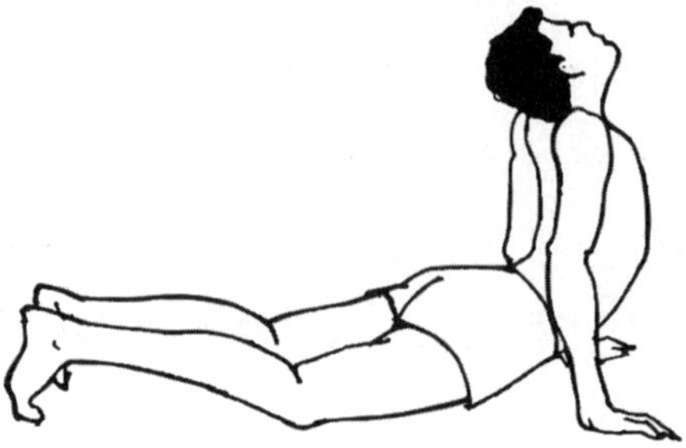

〔그림 41〕

박하지 않고, 척추를 통해서 여러 기관에 퍼져 있는 신경을 조정하여 각 기관의 기능을 조절한다. 침착한 성격을 가지게 되고, 외부로부터의 자극에 동요하지 않게 되며 또한 피로하지 않게 된다.

(2) 뱀〔蛇〕꼴(bhujañgāsana)

〔방법〕 그림 41과 같이 두 손을 가슴 양쪽에 두고, 두 다리는 붙인 채 엎드린다. 팔꿈치를 세우며 숨을 길게 들이쉬면서 상반신을 올려 두 팔로 바친 다음 등을 뒤로 젖혀 배꼽 아랫부분이 땅에서 떨어지지 않게 한다. 숨을 닫은 채 머리를 뒤로 하고 2,3초 있다가 숨을 토하면서 천천히 처음 위치로 돌아온다.

〔효능〕 신장선(腎臟腺)의 기능을 촉진시키고, 척추와 교감신경을 조정하며 복부 근육을 강하게 한다. 난소·자궁 질환을 가진 부인에게 더욱 좋은 운동이다.

〔주의〕 한 번 운동이 끝나면 잠시 쉬었다가 다시 2,3회 되풀이한다.

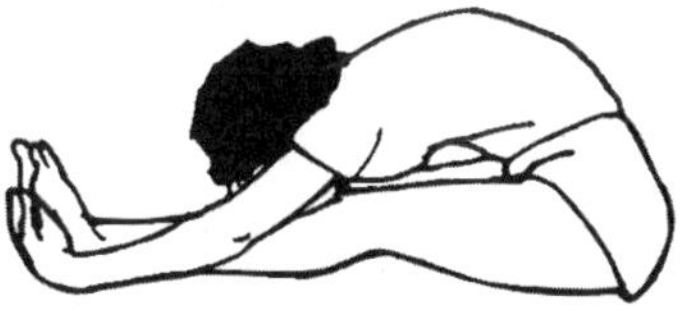

〔그림 42〕

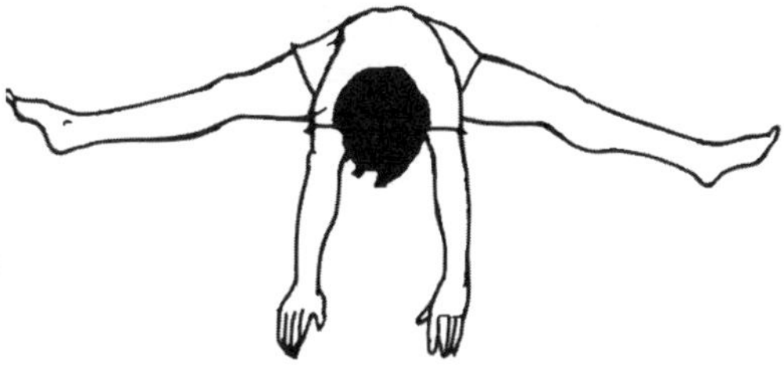

〔그림 43〕

(3) 등펴기(pachimottanāsana)

〔방법〕 a. 두 다리를 뻗고 누워 머리와 척추를 곧게 한 후 숨을 들이쉬었다가 닫고, 일어나 반듯이 앉은 다음 복부를 수축하여 숨을 토하면서 그림 42와 같이 손이 발바닥에 닿도록 굽히고 이마가 무릎에 닿게 한다. 한참 이 자세를 취하고 있다가 천천히 원위치로 돌아간다. 이렇게 3,4회 되풀이한다. 다음은 왼쪽과 오른쪽으로 각각 굽혔다가 그림 43과 같이 앞으로 굽히기도 한다.

b. 다시 몸을 뉘어 숨을 들이쉬었다가 천천히 윗몸을 일으키면서 숨을 내뿜고, 그러면서 상반신을 굽혀 손이 발꿈치에 닿도록 한다. 그림 44 · 45와 같다.

〔효능〕 변비 · 요통, 좌골 신경통(坐骨 神經痛)에 좋고, 장(腸)의 강화, 복부나 골반 근육을 활력 있게 하고 무릎의 힘줄을 펴준다. 또한 허벅 근육을 펴주므로 정력이 증진된다. 등 근육을 펴주고, 다리 근육을 부드럽게 하며, 지각 신경을 자극하고 갑상선의 기능을 증진 · 조절한다.

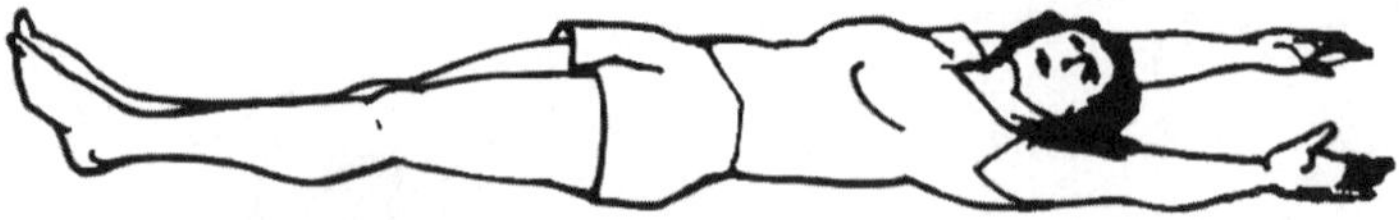

〔그림 44〕

〔그림 45〕

〔주의〕 처음에는 손이 발까지 안 닿거나 이마가 닿지 않더라도 계속 노력하면 누구나 할 수 있다.

b에서는 반동으로 일어나지 말고, 복근력으로 천천히 일어나야 한다. 상반신을 굽혔을 때 허리와 등이 둥글게 고양이 같은 모습이 되어야 한다.

〔그림 46〕

(4) 바람빼기(vātāsana)

〔방법〕 그림 46과 같이 다리를 뻗고 반듯이 눕는다. 숨을 깊이 들

이쉬면서 무릎을 굽혀 오른발을 들어올리며, 무릎을 두 손으로 잡아 숨을 닫고, 배 위에 끌어와 누르면서 힘을 준다.

다음에는 숨을 내쉬면서 다리를 뻗어 내리고 손을 풀어 내리면서 다리를 바닥에 내린다. 왼다리도 이와 같이 하고, 다음에는 두 다리를 동시에 한다. 이렇게 2,3회 되풀이한다.

〔효능〕 가스를 발산시키고, 변비나 배근통(背筋痛)에 좋다. 특히 창자 근육을 강화하며, 간장 · 지라의 이상을 조절한다.

(5) 거북꼴(kūrmāsana)

〔방법〕 그림 47과 같이 연화좌로 앉아 손을 등뒤에서 서로 잡는다. 숨을 깊이 들이쉬었다가 내뿜으면서 앞으로 굽혀 이마가 바닥에 닿도록 하고, 한참 있다가 천천히 처음 자세로 돌아온다. 이와 같은 방법으로 2,3회 되풀이한다.

〔그림 47〕

〔효능〕 변비에 좋고, 장의 꿈틀거림을 자극하며 결장(結腸)이나 골반을 조정한다. 복압력을 강화하고, 내장의 잘못된 위치를 교정한다.

〔주의〕 앞으로 굽힐 때 엉덩이가 바닥에 들리지 않도록 한다. 처음에 잘 안 되면 두 손을 무릎 밑에 놓아 다리를 받치면서 하거나 두 주먹을 아랫배의 양쪽에 대고 누르면서 한다.

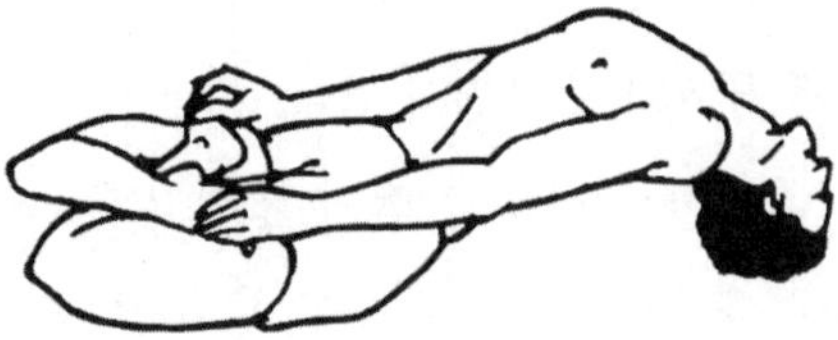

〔그림 48〕

(6) 물고기꼴(Matsyaāsana)

〔방법〕 연화좌로 앉아 뒤로 누워 그림 48처럼 등을 아치 모양으로 굽힌다. 두 손으로 발끝을 잡고 머리가 바닥에 닿게 하여 고개를 뒤로 젖힌다. 이때 눈을 감고 심호흡을 한다. 한동안 있다가 머리를 제자리로 가져오고, 다리를 뻗은 다음 몸을 풀어 늘어뜨리고서 쉰다. 이렇게 4,5회 한다.

〔효능〕 목을 펴주고, 등을 튼튼히 하며, 신경 계통을 강화시킨다. 천식 · 기관지염에 유익하고, 특히 뇌하수체 · 송과선 · 갑상선 · 신장선 등 여러 내분비선의 정상적인 기능을 촉진한다.

(7) 쟁기꼴(halāsana)

〔방법〕 반듯이 누워 숨을 들이쉬었다가 닫고, 하반신을 위로 올려 두 팔로 받친다. 숨을 토하였다가 들이쉬고 다시 천천히 내쉬면서 그림 49의 왼쪽 모습과 같이 두 다리를 머리 위쪽 바닥에 닿게 한다.

손은 허리에 대거나 뻗고, 눈은 감고 심호흡을 하여 될 수 있는 한 오랫동안 이 체위를 취한다. 숨을 내쉬면서 천천히 원위치로 돌아온다. 다리를 내릴 때 숨을 토했다가 바닥과 40° 정도 되는 곳에서 멈춰 다시 들이쉬어 닫고 바닥에 내렸을 때 내뿜고 쉰다. 오른쪽 그림과 같이 변형하기도 한다.

〔효능〕 갑상선 · 간장 · 지라에 좋은 효과가 있으며, 비대증 · 신경장애 · 소화 불량 · 변비에 좋다. 척추의 경화를 방지하고, 척추를 유연하게 해서 노화를 막는다.

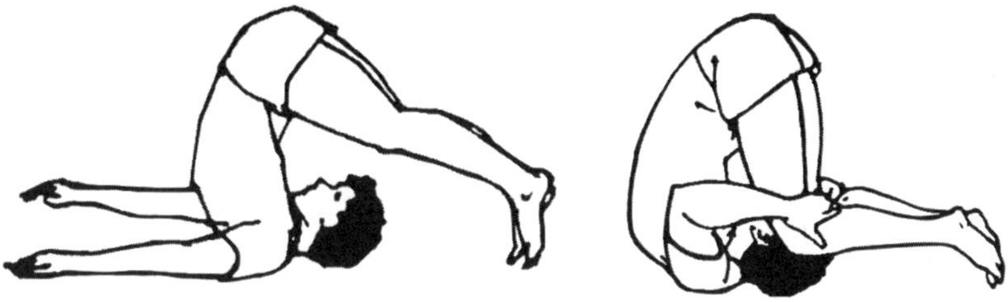

〔그림 49〕

(8) 활꼴(Dhanurāsana)

〔방법〕 그림 50과 같이 엎드리고 두 다리를 무릎에서 굽혀서 손으로 발목을 잡고 숨을 들이쉰 다음, 등을 아치 모양으로 위로 굽혀 두 다리를 올린 후 그대로 숨을 닫고 있다가 다리를 천천히 내리면서 숨

〔그림 50〕

을 내쉰다.

〔효능〕 신장선의 기능을 조절하고, 복부 지방을 없애며 소화를 돕는다. 또한 장의 꿈틀거림을 증가시키며, 척추와 골반 등 여러 기관을 강화한다. 가스를 발산시키고 변비를 없애 주기도 하며, 간장 활동을 좋게 한다.

〔주의〕 다리를 등 쪽으로 끌지 말고 위로 올린다. 만일 손이 발목에 닿지 않을 때에는 수건으로 걸어서 잡아도 좋다.

(9) 구름다리꼴(dvārāsana)

〔방법〕 a. 무릎을 세우고 반듯이 누워 손을 옆에 놓는다. 그림 51과 같이 눈을 감고 숨을 들이쉬면서 등과 엉덩이를 들어올린다. 될 수 있는 대로 오래 숨을 체내에 담아두고 몸을 아치형으로 만든다. 다음은 숨을 내쉬면서 몸을 내려놓는다. 이렇게 3,4회 되풀이한다.

〔그림 51〕

b. 그림 52처럼 손은 어깨 뒤에 놓고 무릎을 세운다. 숨을 들이쉬었다가 닫고 등과 엉덩이와 어깨를 들어올려 온몸으로 크게 아치형을 만든다. 이대로 오래 참고 있다가 어깨에서부터 내려와 몸을 펴고

〔그림 52〕

눕는다.

〔효능〕 척추에 좋은 자극을 주고, 천골 · 장골의 장애를 없앤다. 특히 비대증에 좋다.

(10) 갈고리꼴(ankśāsana)

〔방법〕 a. 그림 53과 같이 다리를 벌리고 서서 팔을 어깨와 수평이 되도록 양쪽으로 뻗는다. 깊이 숨을 들이쉬었다가 닫고, 상반신을 오른쪽으로 굽혀서 오른손으로 왼쪽 발가락을 잡도록 한다. 왼손은 수직으로 곧게 뻗고, 머리는 몸과 일직선상에 둔다. 이와 같이 4,5회 되풀이한다.

b. 그림 54와 같이 발을 넓게 벌리고 두 손을 뒤로 잡아 숨을 길게 들이마셨다가 뱉으면서 상반신을 굽혀서 이마가 오른쪽 다리 무릎에 닿도록 한다. 다음은 숨을 들이쉬면서 원위치로 갔다가 다시 반대쪽으로 되풀이한다.

〔효능〕 척추신경, 복부 기관의 조정, 장의 활동력을 촉진시켜서 변

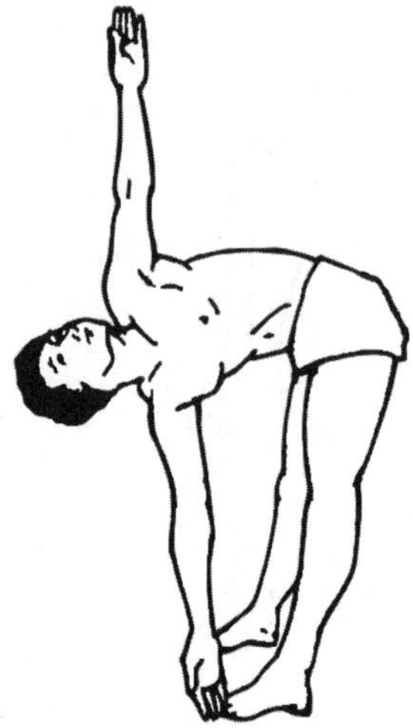

〔그림 53〕

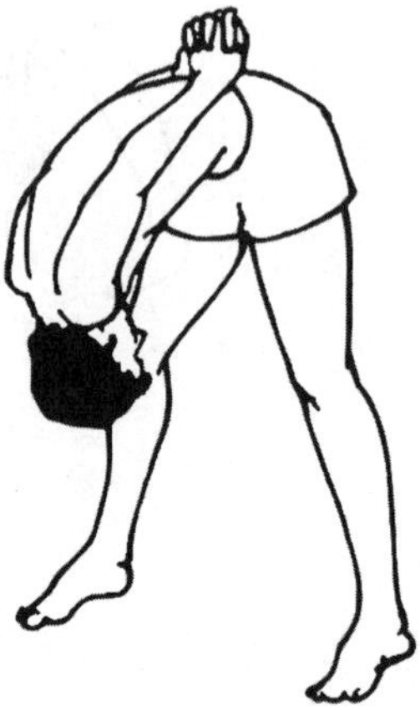

〔그림 54〕

비를 없앤다.

(11) 메뚜기꼴(salabhāsana)

〔방법〕 턱을 마룻바닥에 대고, 배를 깔고 엎드려 손은 두 넓적다리 곁에 주먹을 쥐어 놓고 발을 뻗는다. 숨을 깊게 쉬면서 오른발을 높이 들고 숨을 닫은 채 오래 들고 있다가 천천히 숨을 내쉬면서 내린다. 이와 같이 왼다리도 한다. 다음은 그림 55와 같이 두 다리를 동시에 들어올렸다가 내린다. 이때 전신의 중력이 턱과 가슴·주먹에 있어서 그것으로 버티게 된다. 한 번 하고 나면 잠시 쉰다. 이렇게 4,5회 되풀이한다.

〔효능〕 성(性) 기능을 촉진시킨다. 교감신경을 조정하고, 복부 근육

〔그림 55〕

을 강화하며 신장선의 기능을 돕는다.

(12) 길상좌(吉祥坐: bhadrāsana)

〔방법〕 그림 56과 같이 무릎을 꿇고 앉아 두 다리를 모으고, 두 손은 머리 뒤에서 깍지 낀다. 숨을 깊게 들이쉬었다가 토하면서 상반신을 오른쪽으로 누인다. 이렇게 좌우 몇 번 되풀이한다. 두 다리를 왼쪽으로 하면 상반신은 오른쪽으로 눕게 된다.

〔효능〕 이 운동은 늑골을 펴고, 간장과 지라에 좋은 자극을 준다.

(13) 몸틀기〔杖坐形, Ardha-masyendrāsana〕

〔방법〕 a. 그림 57과 같이 두 다리를 뻗고 앉는다. 오른쪽 다리를 무릎 위까지 끌어올려 오른쪽 발꿈치가 왼쪽 다리를 넘어 넓적다리 밑에 오게 한다. 왼손으로 오른쪽 발가락을 쥐고 오른손을 허리에 놓

〔그림 56〕

〔그림 57〕

고서 깊이 숨을 들이쉬었다가 내뱉으면서 천천히 머리 · 어깨 · 허리를 오른쪽으로 뒤튼다. 숨을 닫고 있다가 내쉬면서 처음 자세로 돌아간다. 이와 같이 반대쪽으로도 행한다.

b. 그림 58과 같이 왼쪽 발을 굽혀 오른쪽 엉덩이 밑에 들어가게 하고, 왼손은 오른쪽 무릎을 넘어서 오른발 끝을 쥔다. 그리고 숨을 깊이 들이쉬었다가 천천히 토하면서 상반신 전체를 오른쪽으로 뒤튼다. 다음은 손과 발의 위치를 반대로 바꾸어 왼쪽으로 뒤튼다.

〔효능〕 변비 · 비만증 · 소화 불량 · 천식에 좋고, 신장 · 간장 · 지라 · 신장선에 적당한 자극을 주는 효과가 있다.

(14) 금강꼴〔金剛體位: Suptāvajurāsana〕

〔방법〕 a. 무릎은 꿇고, 다리를 벌리고 꿇어앉아 엄지발가락을 서로 닿게 한 채 두 다리 사이에 엉덩이를 놓는다. 이 자세로 한참 동안

〔그림 58〕

〔그림 59〕

있다가 깊이 숨을 쉰다.

b. 위의 자세로 앉아 있는 것이 자유롭게 되면 팔꿈치를 짚고 그림 59와 같이 반듯이 눕는다. 팔은 목 밑에 놓거나 머리 위로 뻗어 눈을 감고 오래(몇 초에서 5분까지) 행하고, 원위치로 돌아간 다음 다리를 뻗는다.

〔효능〕 소화 불량과 가스의 발산, 좌골 신경통에 좋고, 복부 · 내장 · 골반 등의 여러 기관 및 성 기능을 강화한다.

〔그림 60〕

(15) 소얼굴꼴〔牛面體位: gomukhāsana〕

〔방법〕 그림 60과 같이 무릎을 꿇고 앉는다. 오른손을 머리 뒤 등에 대고, 왼손은 등 뒤 아래에서부터 올려 서로 손을 마주 잡는

다. 이때 눈을 감고, 깊은 호흡을 하며 다시 손을 바꾼다.

〔효능〕 등의 경직을 풀고, 척추를 곧게 한다.

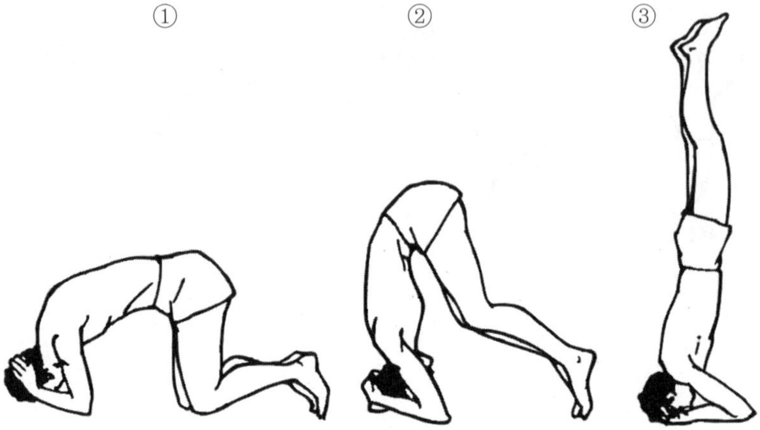

〔그림 61〕

(16) 물구나무서기〔頭立體位·逆立體位: sirshāsana, viparitaka-rani〕

〔방법〕 a. 그림 61과 같이 무릎은 꿇고, 두 손은 깍지를 끼며, 그 깍지 낀 곳 안에 머리를 놓는다(그림 ①). 숨을 들이쉬고 천천히 다리를 들어올려서 수직이 되도록 거꾸로 선다(그림 ② ③). 이 자세로 약 30초에서 5분 정도 있다가 천천히 내려온다. 내려올 때는 먼저 무릎을 굽혀서 한쪽 무릎을 먼저 내리고, 다른 무릎을 따라 내린다.

b. a의 자세에서 그림 62와 같이 다리를 꼬아 결가부좌를 한다.

〔효능〕 두통 · 신경통 · 불면증 · 변비 · 천식 · 인후통 · 간장 · 지라 · 눈 · 코의 장애, 정력 부족, 난소 · 자궁 질환 등에 효과가 있다.

그밖에 심장에도 좋고, 모든 신경 계통을 강화한다. 특히 혈액을 머리로 보내서 뇌하수체 · 송과선 · 갑상선과 부갑상선 및 그밖의 모든 생식선을 자극한다.

또한 활력의 부족과 피로를 없애고, 기억력이 줄어들지 않게 되므로 정신의 이완을 느끼는 사람들에게는 이 운동이 매우 좋다. 그래서 이 물구나무서기를 아사나의 왕이라고 한다.

〔주의〕 다리가 바닥과 수직을 이루었을 때 허리가 휘지 않아야 한다. 거꾸로 있을 때 몸에 힘이 들지 않고 휴식 상태같이 편해야 하며, 몸의 중력이 정수리에 떨어져야 한다.

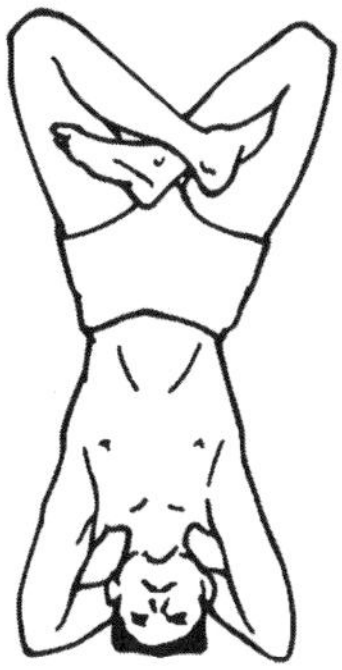

〔그림 62〕

(17) 어깨받이〔全身體位: Sarvāgāsana〕

〔방법〕 그림 63과 같이 반듯이 누워 하체를 들어올려 허리 밑에 손을 대고, 몸을 두 손으로 받쳐 다리를 곧게 뻗는다. 발가락을 모아 눈을 감고 깊은 호흡을 한다. 팔의 힘으로 버티면서 되도록 오래 이 자세를 유지한다. 그동안 깊은 호흡을 계속한다.

〔효능〕 생식선 · 갑상선의 기능을 촉진하고, 조로를 방지하며, 주름살을 없앤다.

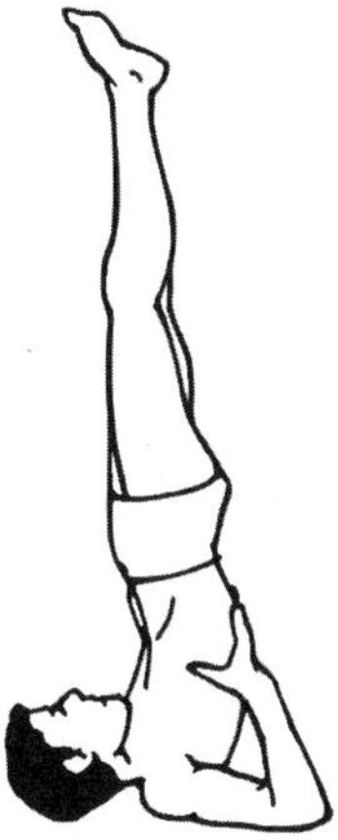

〔그림 63〕

(18) 공작꼴〔孔雀體位: Mayūrāsana〕

〔그림 64〕

〔방법〕 a. 방석 위에 무릎을 꿇고 앉는다. 두 팔목과 팔을 모아 그것으로 하복부를 받쳐 깊은 숨을 들이쉬면서, 그림 64와 같이 다리를 바닥에서부터 머리와 일직선이 되게 한다. 이 자세를 한참 동안 취하였다가 숨을 내쉬면서 발을 내린다.

〔그림 65〕

b. 그림 65와 같이 연화좌를 취한 다음 a와 같은 요령으로 행한다.

〔효능〕 전신에 기운을 충일케 한다. 소화 불량 · 변비는 물론 간장 · 위 · 신장 · 지라에 좋고, 내장의 기능을 조절한다.

(19) 복부 수축(腹部 收縮: Uddīyāna-Bandha, Nauli)

〔방법〕 a. 결가부좌로 바르게 앉아서 깊이 숨을 들이쉰 다음 다시 내뿜고, 새로 숨을 쉬지 않은 채 배에 힘을 주어서 배를 움츠린다. 이렇게 해서 배가 들어가도록 한다. 이때 무릎에 힘을 주어 내장을 위로 끌어올리면서 복근을 세운다. 숨을 참고 있는 동안 이 자세를 취한다.

이와 같은 운동을 3회에서 10회까지 계속해서 행한다.

〔그림 66〕

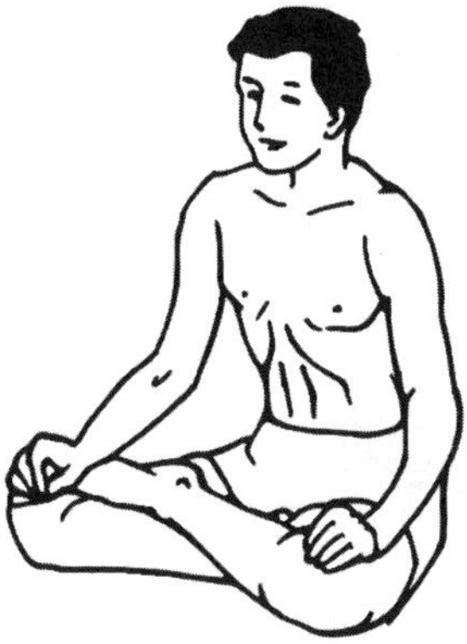

〔그림 67〕

b. 결가부좌를 한 그림 66에서 보는 바와 같이 배에 힘을 주어 양쪽 복근을 중심부로 모은다.

c. 그림 67과 같이 a와 b의 요령으로 복근을 양쪽으로 세운다.

〔효능〕 태양신경총의 신경을 조정하고, 신장선 · 생식선의 기능을 도와주며, 변비 · 소화 불량에도 좋다. 또한 가스의 발산을 적게 하고, 복부 지방을 빼며 위를 강화시켜 준다.

〔그림 68〕

(20) 독수리꼴(Garudāsana: 학다리꼴)

〔방법〕 a. 그림 68과 같이 오른다리를 왼다리에 건다. 이때 두 손을 꼬아 손바닥이 서로 붙게 한다. 그리고 손을 얼굴 정면에 눈높이로 올려 응시한다. 이것을 좌우 교대로 행한다.

b. 그림 69와 같이 왼발을 앞으로 들어 발가락을 왼손으로 잡고, 오른손은 등에 댄다. 오른쪽 다리로만 서서 몸이 흔들리지 않게 오래 서 있는다.

c. 그림 70과 같은 요령으로 한 발로 받치고 앉아 오래 있는다.

〔그림 69〕

〔그림 70〕

〔효능〕 온몸의 신경 계통을 조절하고, 자율신경을 발달시켜 외나무다리나 외줄을 탈 수도 있게 된다. 또한 들고 있는 다리의 반대쪽 내장의 각 기관을 자극하고, 동맥경화를 방지한다.

(21) 쥐어잡기(Dāranāsana)

〔방법〕 a. 그림 71과 같이 똑바로 서서 숨을 깊이 들이쉬며 주먹 쥔 두 손을 끌어올려 가슴을 편다. 눈은 한 점을 응시하며 깜빡여서는 안 된다.

b. 그림 72와 같은 자세로 숨을 내쉬는 동시에 '옴' 하는 소리를 내면서 상반신과 무릎은 동시에 굽힌다. 주먹 쥔 손은 위로 향하게 하고, 힘을 허리와 아랫배에 집중시킨다. 다음은 천천히 무릎을 펴며

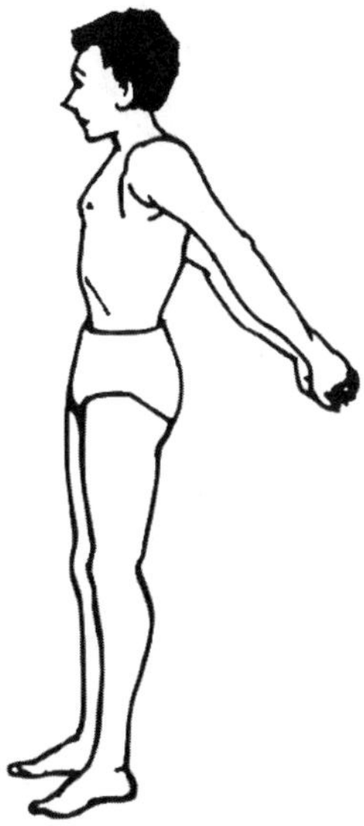

〔그림 71〕

〔그림 72〕

숨을 들이쉬면서 일어난다.

〔효능〕 온몸에 생기를 충만케 하며, 하복부에 혈액을 집중시키고, 자율신경을 강화한다.

(22) 사자꼴〔獅子體位: Simhāsana〕

〔방법〕 그림 73과 같이 무릎을 꿇고 앉아 손을 무릎 위에 놓는다. 손가락을 될 수 있는 대로 넓게 벌리고, 깊이 숨을 들이쉬었다가 토하면서 입을 크게 벌려 혀를 뺀다. 이때 손가락에 힘을 주고 눈을 크게 부릅떠서 전신을 긴장시킨다. 이렇게 해서 2,3분 유지한다.

〔효능〕 인후통에 좋다. 인후를 맛사지하여 환부에 혈액을 공급해 주고, 목 부분의 모든 근육을 강화한다.

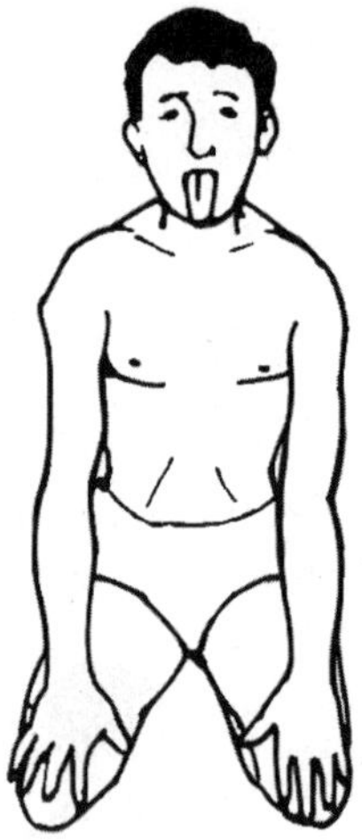

〔그림 73〕

(23) 신체 수정 운동 1

〔방법〕 그림 74와 같이 반듯이 누워 숨을 들이쉬면서 다리를 뻗으며 동시에 턱을 끌어당겨 숨을 닫고, 팔꿈치와 머리로 몸을 받쳐 가슴을 펴고 한참 동안 있다가 숨을 토한다. 반쯤 토한 다음 힘을 빼고 천천히 내쉰다.

〔효능〕 가슴과 목의 경화를 풀고, 척추를 교정하며, 뇌의 피로를 없앤다.

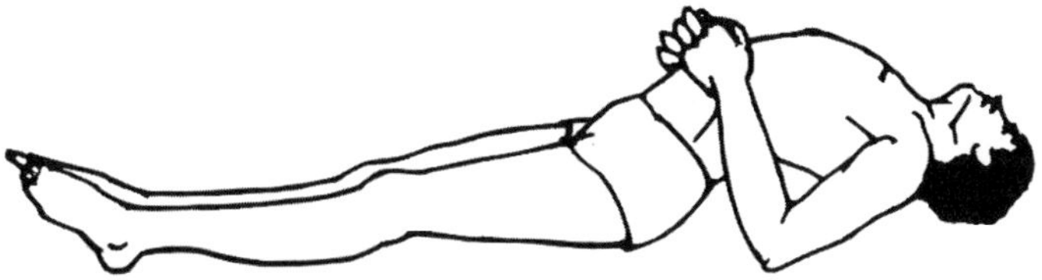

〔그림 74〕

(24) 신체 수정 운동 2

〔방법〕 그림 75와 같이 반듯이 누워 숨을 들이쉬면서 한쪽 다리를 굽혀 끌어올린다. 이때 힘이 요추〔腰椎: 척추를 구성하는 추골(椎骨) 가운데서 흉추(胸椎) 하부, 선추(仙椎) 상부에 있는 것이다〕 2번에 쓰이게 한다. 다시 힘을 빼고 숨을 내쉰다. 반대쪽 다리도 똑같이 한다.

〔효능〕 소화기 장애 · 변비 · 당뇨병 · 신장병에 좋다.

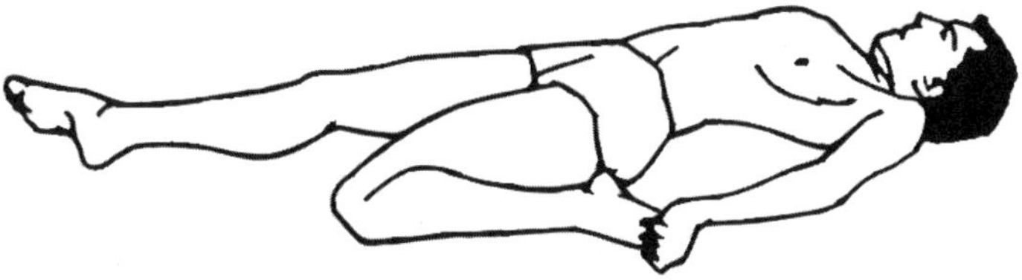

〔그림 75〕

(25) 신체 수정 운동 3

〔방법〕 그림 76과 같이 무릎을 굽히고 두 손을 깍지 끼어 무릎을 잡는다. 이렇게 하여 다리를 뻗었다 오므렸다 한다. 이렇게 4,5회 되풀이한 다음 천천히 숨을 내쉬면서 힘이 요추 4번에 쓰이게 한 다음

손을 다리에서 떼고 다리를 바닥에 내린다.

〔효능〕 요추 4번의 경화와 이완 등의 이상을 없애고, 천식 · 불면증 · 꿈이 많은 사람에게 좋다.

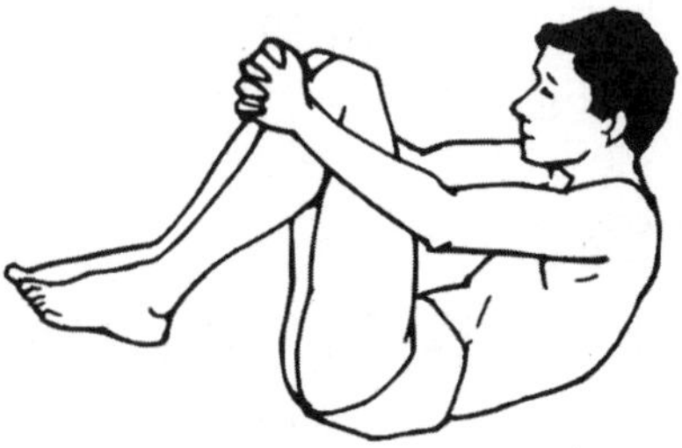

〔그림 76〕

(26) 신체 수정 운동 4

〔방법〕 a. 그림 77과 같이 반듯이 누워 다리를 벌린 다음 발목 안쪽에 힘을 주어 허리를 들면서 튼다. 그 다음 숨을 내쉬는데 완전히 내쉬기 전에 힘을 뺀다. 이것을 좌우로 행한다.

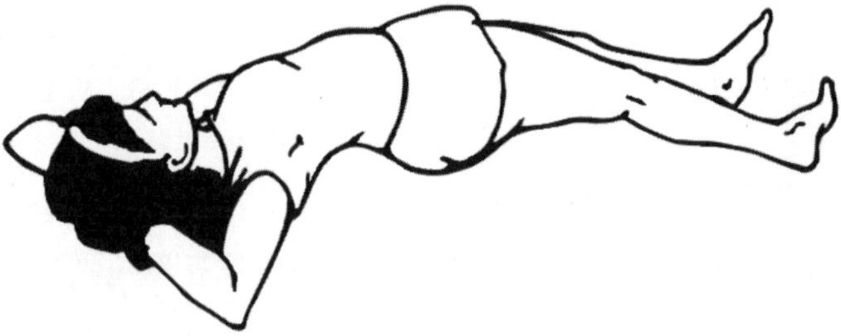

〔그림 77〕

b. 그림 78과 같이 엎드려 두 팔꿈치를 벌리는 동시에 발목도 안쪽으로 튼다. 목을 올려 뒤로 젖혀 힘이 허리에 집중되게 한 다음 급히 힘을 뺀다.

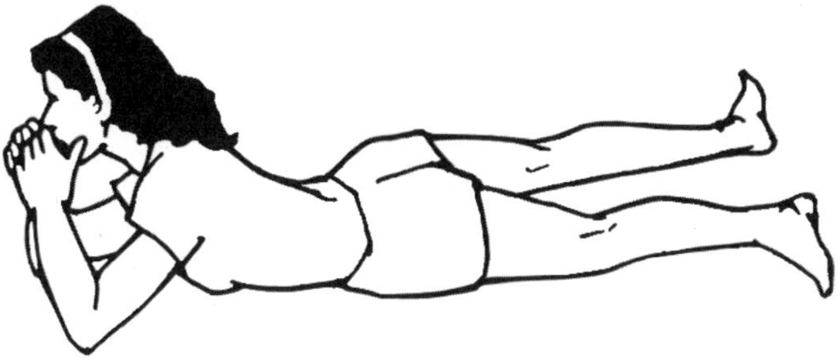

〔그림 78〕

c. 그림 79와 같이 반듯이 엎드려 두 다리를 벌리고, 한쪽 다리의 발목을 위쪽으로 틀면서 상반신을 들어 같은 방향으로 튼다. 이와 같은 방법으로 반대쪽의 발과 허리 및 상반신을 뒤틀었다가 숨을 내뱉

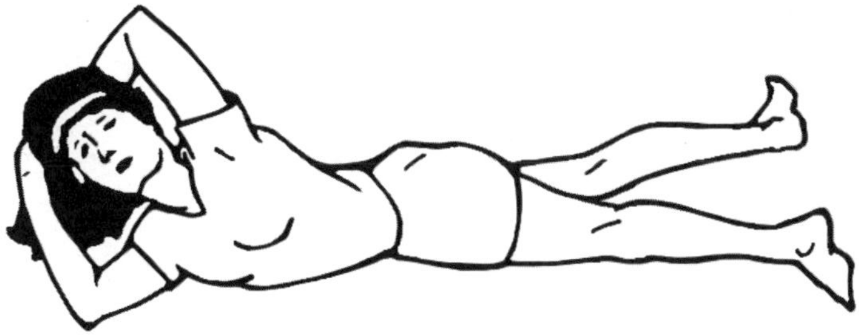

〔그림 79〕

으면서 몸의 긴장을 푼다.

〔효능〕 대장 · 비뇨기 · 생식기 등의 여러 질환에 좋다.

(27) 신체 수정 운동 5

〔방법〕 a. 그림 80과 같이 반듯이 누워 손 · 발을 합친 다음, 손은 가슴 앞에서 들고 두 발은 바닥에 붙인 채 허리를 든다. 이때 숨을 들이쉬면서 힘을 주고 내뱉으면서 힘을 뺀다.

b. 그림 81과 같이 엎드려 두 손으로 어깨 옆의 바닥을 짚고, 두 발바닥을 합쳐 숨을 들이쉬면서 상반신을 뒤로 젖힌다. 숨을 토하면서 원자세로 돌아와 완전히 토하기 직전에 힘을 뺀다.

〔효능〕 골반 신경총을 자극하여 대장 · 방광 · 생식기 · 직장의 장애를 없앤다. 반듯이 누워서 행하면 정력을 더하는 운동이 되고, 엎드려서 행하면 정력을 억제하는 운동이 된다.

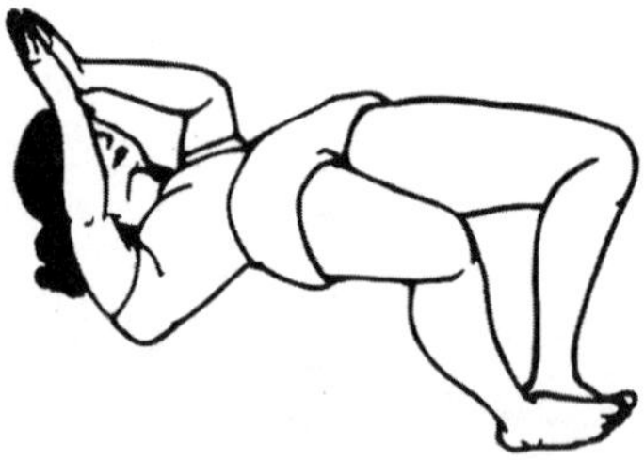

〔그림 80〕

〔그림 81〕

(28) 신체 수정 운동 6

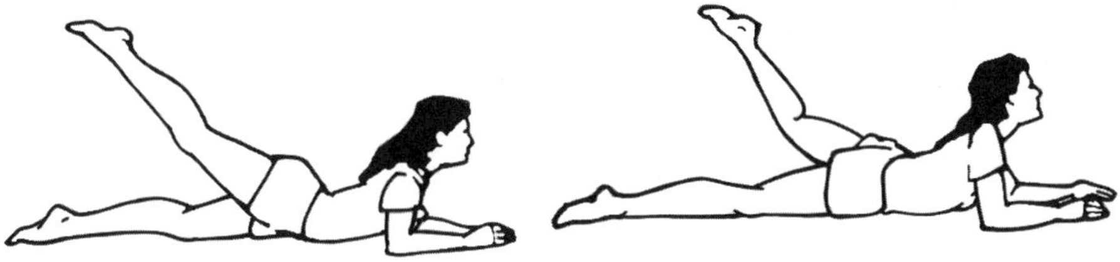

〔그림 82〕

〔방법〕 그림 82와 같이 엎드려 한쪽 다리를 들어서 왼쪽으로 가지고 간다. 힘이 쓰이는 각도에서 다리를 떨어뜨린다.

다음은 반대쪽 다리를 든다. 높이 들수록 자극이 아래쪽으로 옮아간다.

〔효능〕 어깨뼈가 고르지 않은 것을 조정하므로 난시 · 근시 · 원시 또는 귓병 · 축농증에 좋다. 흉추에 자극을 주기 때문에 내장의 질환을 예방하게 된다.

(29) 신체 수정 운동 7

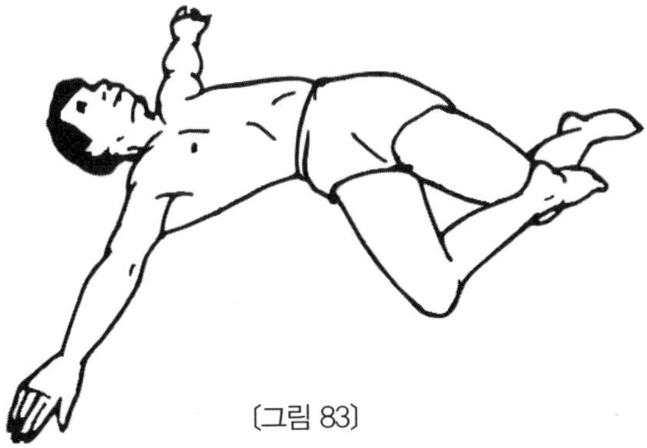

〔그림 83〕

〔방법〕 a. 그림 83과 같이 두 팔을 옆으로 뻗고 반듯이 눕는다.

두 무릎을 세워 왼쪽 무릎 위에 오른쪽 다리를 올려 놓고, 오른쪽으로 끌면서 왼쪽 무릎을 누인다. 이렇게 좌우 각각 3회씩 반복한다.

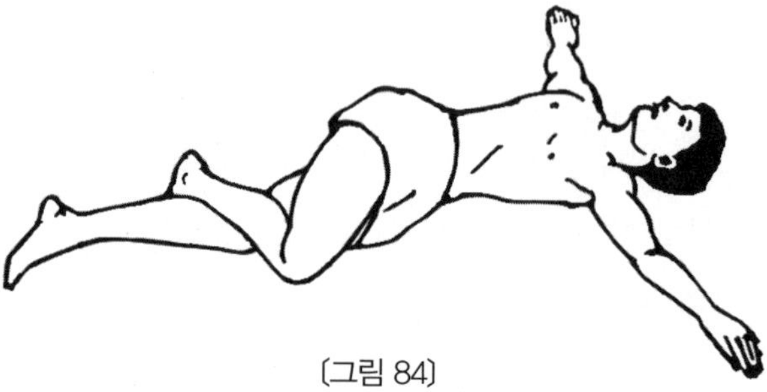

〔그림 84〕

b. 그림 84와 같이 오른쪽 다리를 왼쪽 무릎 위에 올려 놓고 몸을 들어올리면서 뒤튼다. 왼손은 위로 뻗어 머리 위로 가져온다. 이때 간장(肝臟)을 펴듯이 한다. 좌우 교대하여 되풀이한다.

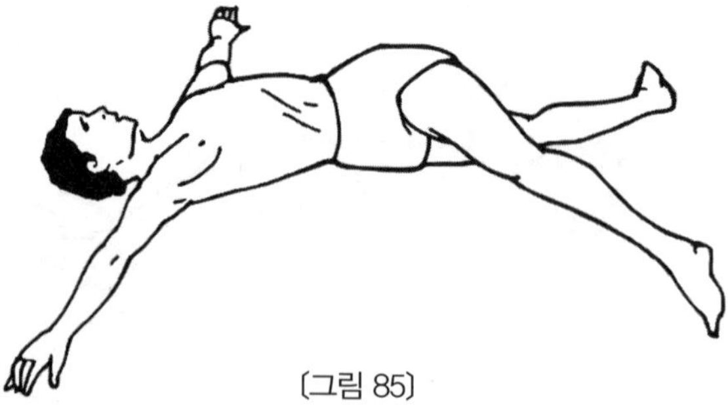

〔그림 85〕

c. 그림 85와 같이 반듯이 누워 왼발을 오른쪽으로 뻗고, 오른쪽

다리는 될 수 있는 대로 왼쪽으로 뻗는다. 이때 왼쪽 발목은 곧게 뻗고 오른쪽 발목은 올린다. 두 팔은 수평에서 약 10° 위에 둔다. 이 운동을 3회 한다.

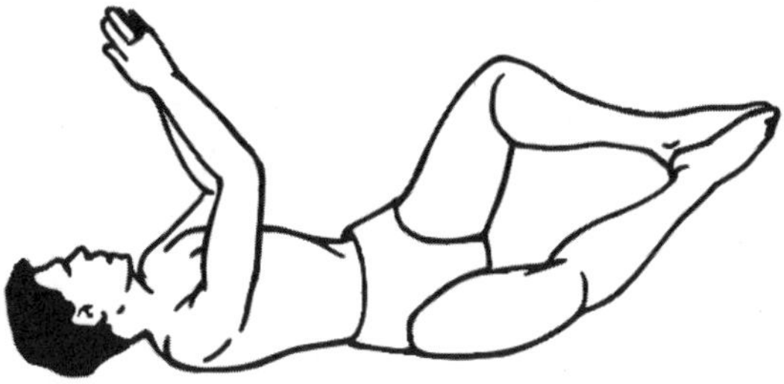

〔그림 86〕

d. 그림 86과 같이 손과 발을 합장하듯이 모으고 반듯이 눕는다. 다리가 오른쪽으로 각각 30°(오른다리), 45°(왼다리)가 되게 하고, 손은 대각선상에 두며 손과 다리를 뻗는다. 그리고 약 15초 동안 유지

〔그림 87〕

한다. 다음은 다리를 왼쪽으로 30°(왼다리), 45°(오른다리)로 하여 15초 동안 뻗었다 오므렸다 한다.

〔효능〕 췌장 · 간장 · 신장의 기능을 좋게 하므로 당뇨에 좋다.

(30) 신체 수정 운동 8

〔방법〕 a. 그림 87과 같이 두 팔을 수평으로 뻗고 반듯이 누운 다음, 한쪽 무릎을 굽혀서 뻗은 다리를 넘어 바닥에 댄다. 이것을 좌우 교대로 빠르게 행한다.

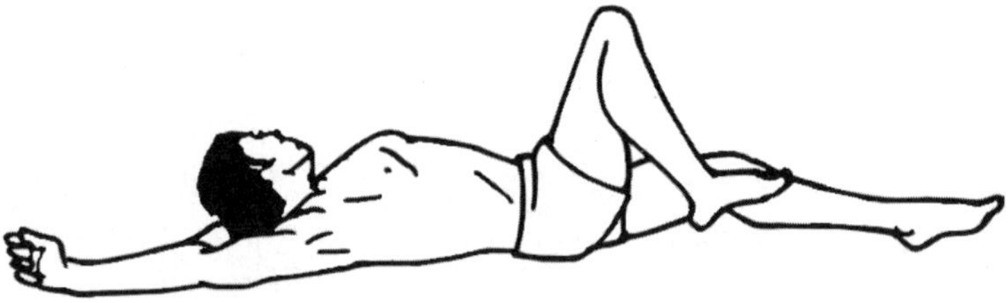

〔그림 88〕

b. 그림 88과 같이 오른손은 머리 위로, 왼쪽 다리는 아래로 힘껏 뻗는다. 힘을 주어 좌우 교대로 빠르게 뻗으며 전신을 편다.

〔효능〕 척추를 교정하고 내장에 활력을 주어 각 기관의 근육을 강화시키며, 혈관의 경화를 막는다.

(31) 신체 수정 운동 9

〔방법〕 a. 그림 89와 같이 반듯이 누워 숨을 쉬었다가 닫고, 발목에 힘을 주어 발끝을 안쪽으로 뉘어 바닥에 닿도록 하였다가 숨을 토

하기 직전에 힘을 뺀다. 이렇게 4,5회 되풀이한다.

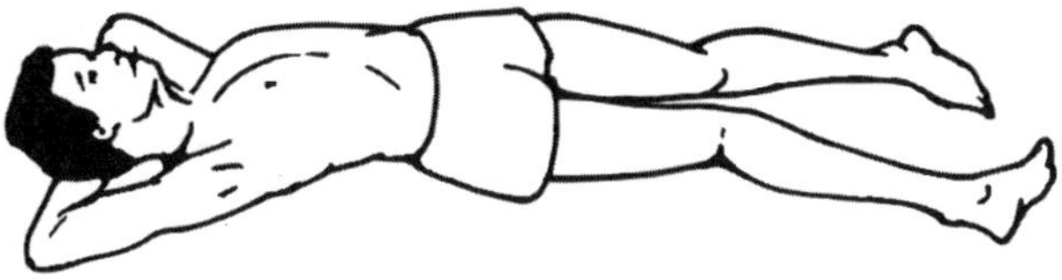

〔그림 89〕

b. 그림 90과 같이 발목을 바깥쪽으로 향하게 해서 힘을 주어 바닥에 닿게 하였다가 숨을 내쉬면서 다 내쉬기 직전에 뺀다.

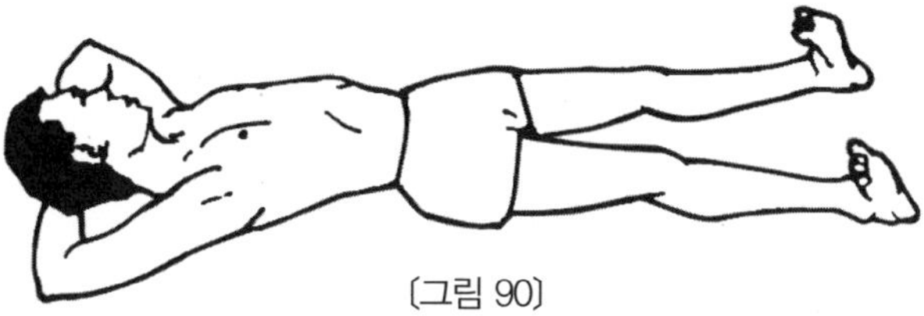

〔그림 90〕

c. 그림 91과 같이 두 발 사이에 엉덩이를 떨어뜨리고 앉아 그대로 두 발목을 잡고 눕는다. 그 다음 숨을 들이쉬었다가 다시 내뱉으면서 천천히 일어나 완전히 내쉬기 직전에 힘을 뺀다. 체중은 뒤에 걸려 있게 된다. 이렇게 3,4회 되풀이한다.

d. 그림 92와 같이 발을 뻗고 누워 숨을 내쉬면서 손목을 안쪽으로 뒤틀어 꺾고 상체를 일으켜 숨을 다 내쉬기 직전에 손에서 힘을 뺀다. 이렇게 몇 번 되풀이한다.

〔효능〕 비대증, 이완성 체질을 적당히 조절한다. 또한 내장의 하수,

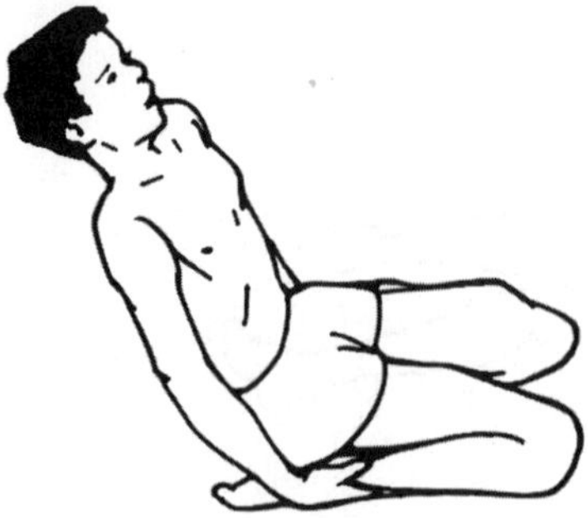

〔그림 91〕

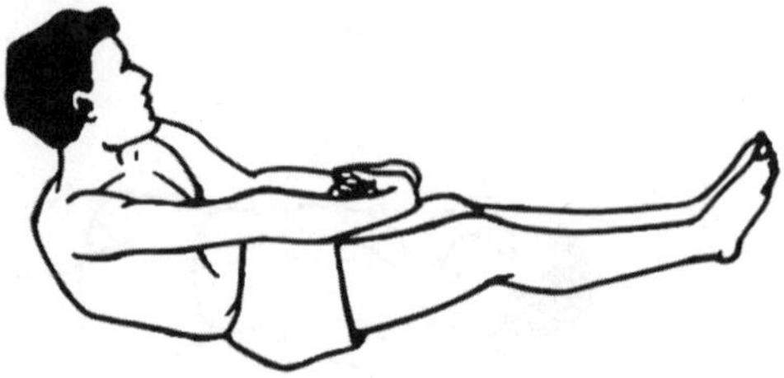

〔그림 92〕

복부 울혈에 좋고 복근력을 강화시키며, 마른 사람은 살찌게 하고 비대한 사람은 마르게 한다.

〔그림 93〕

〔그림 94〕

(32) 신체 수정 운동 10

〔방법〕 a. 그림 93과 같이 두 발끝을 모으고 선 다음 합장하고, 숨을 들이쉬면서 합장한 손을 머리 위로 높이 올린다.

b. 그림 94와 같이 숨을 내쉬면서 상체를 앞으로 굽혀 손바닥은 땅에 대고, 머리는 무릎에 댄다.

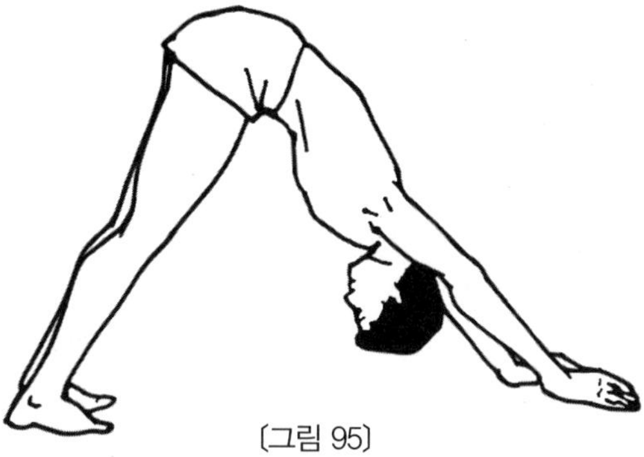

〔그림 95〕

c. 그림 95와 같이 두 손을 앞으로 내고, 팔다리를 곧게 뻗어 엉덩이를 높이 든다.

d. 그림 96과 같이 한쪽 다리는 무릎을 꺾어 앞으로 내고, 반대쪽 다리는 뒤로 곧게 뻗는다. 두 손으로 바닥을 짚은 채 상체를 일으켜 머리를 될 수 있는 대로 뒤로 젖힌다. 다음에는 다리를 모았다가 반대쪽 다리를 굽혀 위의 동작을 되풀이한다. 다시 뻗은 다리를 끌어다가 숨을 토하면서 다시 굽히고, 숨을 들이마시며 합장하면서 상체를 일으킨다. a · b · c · d를 연속으로, 한 운동처럼 3회 되풀이한다. 태양에 대해서 감사한 마음을 가지고 행한다.

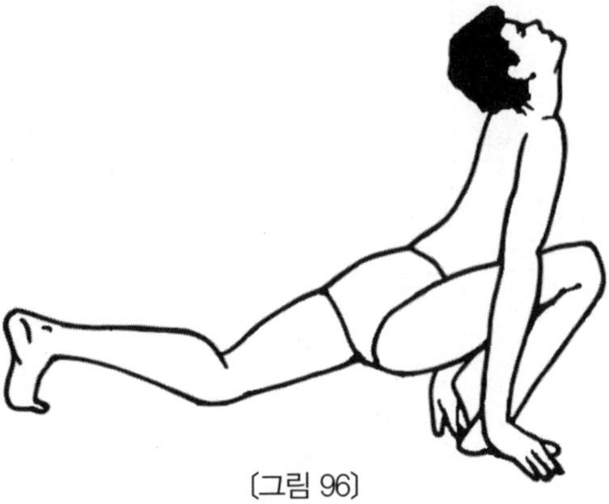

〔그림 96〕

〔효능〕 전신을 유연케 하고, 이상 상태에 있는 각 기관을 조정하며, 긴장을 풀고 위축된 피부를 펴주어 전신의 균형을 맞춘다. 이를 나마샤라람(namashalalam: 合掌禮拜) 운동이라고 한다.

(33) 강화 운동 1

〔방법〕 그림 97과 같이 두 팔을 펴서 바닥을 짚고, 머리를 아래로 한 채 두 발을 벽 위로 가져간다. 이 자세에서 팔굽혀펴기를 몇 번 되풀이한다. 이 운동은 강력한 팔힘이 필요하므로 처음에는 1회 내

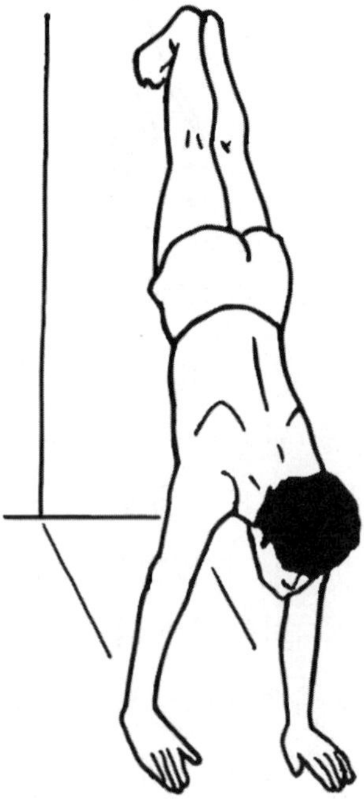

〔그림 97〕

지 2,3회 하고, 차차 팔힘이 증가함에 따라 여러 차례 계속하면 좋다.

〔효능〕 팔힘을 강화하고, 내장의 기능을 조절한다.

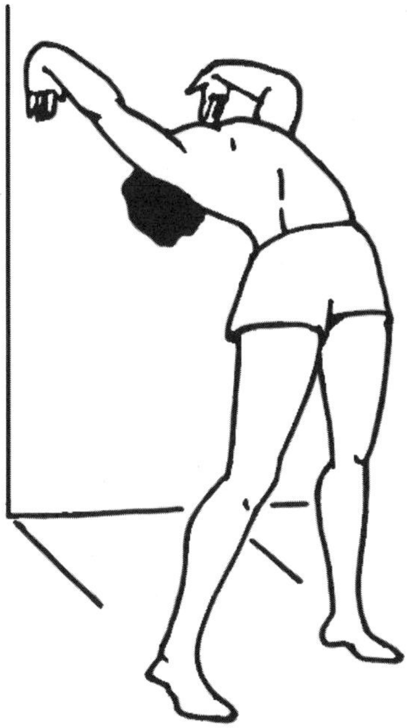

〔그림 98〕

(34) 강화 운동 2

〔방법〕 그림 98과 같이 벽을 등지고 서서 두 발을 어깨넓이로 벌린다. 두 팔을 어깨 위로 굽혀 뒤의 벽을 따라 내려가면서 차차 머리가 땅에 닿도록 한다. 이렇게 여러 차례 되풀이한다.

〔효능〕 등과 배 근육을 강화한다.

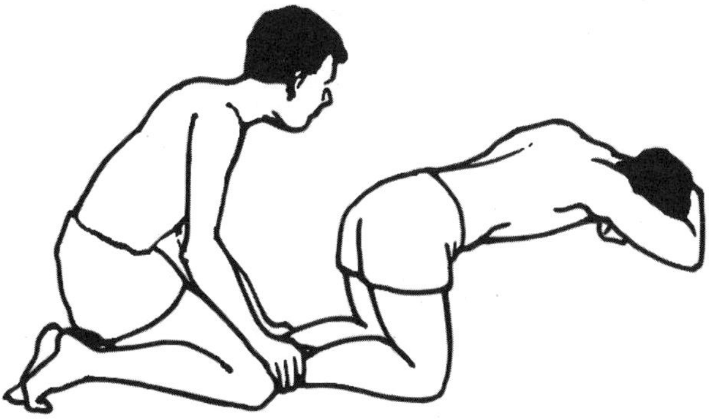

〔그림 99〕

(35) 강화 운동 3

〔방법〕 그림 99와 같이 무릎을 꿇고 뒤에서 발목을 잡게 하여 숨을 내쉬면서 절하듯이 앞으로 굽힌다. 이와 같이 상체를 올렸다 내렸다 한다.

〔효능〕 허리와 배 근육을 강화하고, 내장의 각 기관을 적당히 자극한다.

(36) 강화 운동 4

〔방법〕 a. 그림 100과 같이 의자 위에 배를 대고 손과 발을 앞뒤로 쭉 뻗어 몸이 저울대 모양의 균형 상태를 이루면 한참 동안 있는다.

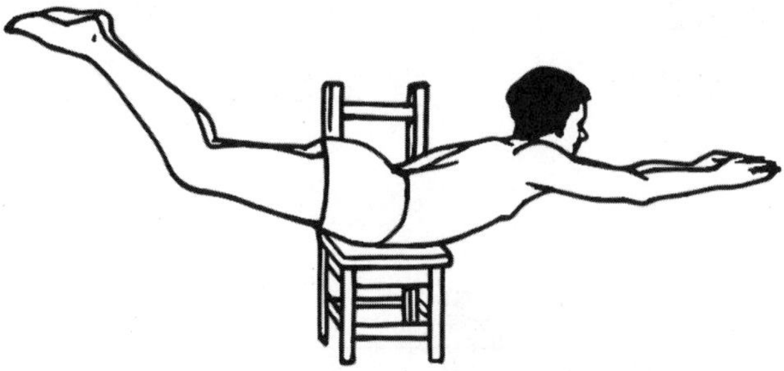

〔그림 100〕

b. 그림 101과 같이 발을 의자 위에 올려 놓고, 팔을 펴서 바닥을 짚고 엎드려 팔을 굽혔다가 펴는 운동을 되풀이한다.

c. 그림 102와 같이 몸을 옆으로 해서 발을 의자 위에 올려 놓고, 왼팔만으로 바닥을 짚어 버틴 상태에서 오랫동안 있는다. 이때 오른

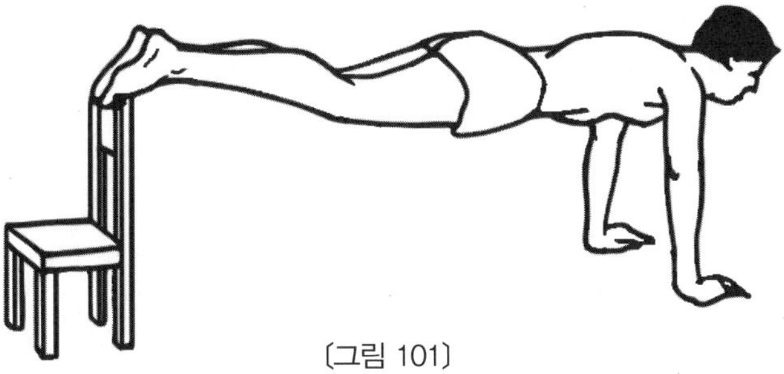

〔그림 101〕

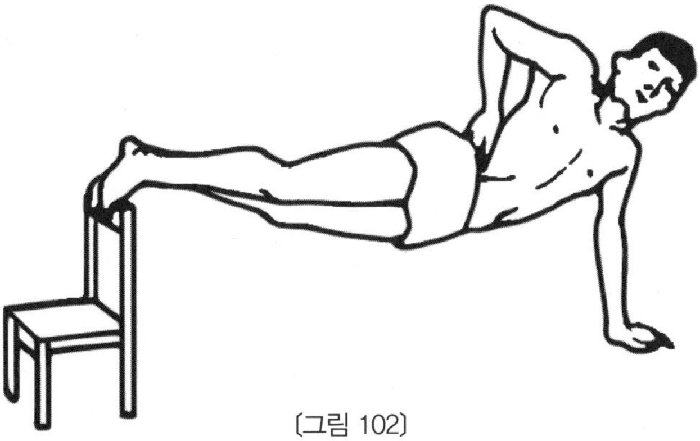

〔그림 102〕

〔그림 103〕

팔은 허리에 둔다. 다음은 오른 팔로 바닥을 짚고 같은 방법으로 한다. 힘이 생기게 되면 버틴 팔을 굽혔다가 펴는 운동을 겸한다.

d. 그림 103과 같이 반듯이 누워 머리 밑에 베개를 놓거나, 또는 그대로 누워 발을 30°쯤 올린 채 오랫동안 있는다.

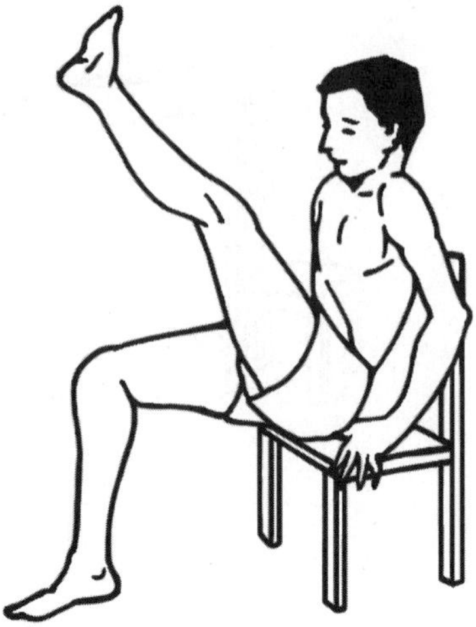

〔그림 104〕

e. 의자에 앉아서 그림 104와 같이 한쪽 다리를 높이 올렸다가 내리는 운동을 좌우 교대로 행한다. 호흡은 다리를 올릴 때 들이쉬고 내릴 때 내쉰다.

f. 그림 105와 같이 의자에 머리를 대고 허리를 들어올리면서 숨을 들이쉬고, 다시 내쉬면서 허리가 바닥과 평형이 되는 처음 자세로 돌아온다. 이와 같이 힘을 주어서 3회 행한다.

〔효능〕 a는 허리와 배의 근육을 강화하며, 내장의 기능도 강화한다. b는 가슴 · 등 · 손목을 강화하고, c는 옆구리의 근육과 팔목의 힘을 강화하며, d · e · f는 복근을 강화한다.

(37) 항문 수축 강화 운동

〔방법〕 a. 두 다리를 벌리고 서서 손을 넓적다리에 놓고 무릎을 약간 굽힌다. 이때 의식을 성기에 집중시키면서 아랫배에 힘을 내려보

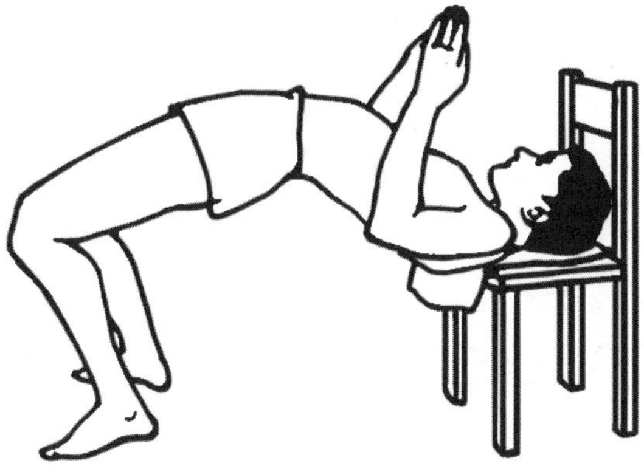

〔그림 105〕

낸다. 이때 항문을 오므렸다 풀어 주었다 한다.

b. 연화좌로 앉아서 숨을 토하면서 항문을 오므리고, 숨을 들이쉬면서 항문의 수축을 풀어 준다. 이와 같이 4,50회 한다.

〔효능〕 혈액을 국부와 항문으로 유입시켜 정력을 강화하고, 탈홍증 및 치질 치료에 유효하다. 항문 근육의 이완도 방지한다.

(38) 피로 회복 운동 1

〔방법〕 a. 그림 106과 같이 연화좌로 앉아 두 팔을 수평으로 올린 다음 숨을 들이쉬면서 위로 올린다. 숨을 멈추면서 주먹을 쥐고, 다시 어깨 높이로 내렸다가 숨을 토하면서 긴장을 푼다.

b. 그림 107과 같이 머리를 앞뒤로 힘을 주지 않고 굽힌다. 이것을 2,30회 행한다. 앞으로 굽힐 때에 숨을 내쉬고, 뒤로 젖힐 때에 숨을

〔그림 106〕

〔그림 107〕

들이마신다.

〔효능〕 피로를 풀어 준다.

(39) 피로 회복 운동 2

〔방법〕 그림 108과 같이 반듯이 누워 숨을 들이쉬었다가 닫고 주먹을 쥐고, 발끝에서부터 머리끝까지 힘을 주었다가 급속히 힘을 풀

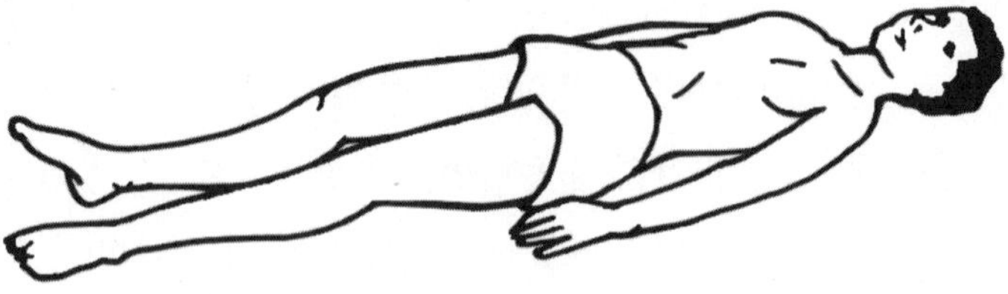

〔그림 108〕

면서 천천히 숨을 내쉰다. 이때 아무것도 생각지 말고 자기가 구름이 되어 하늘을 떠다닌다는 생각을 한다. 5분쯤 있다가 손을 머리 위로 올려 뻗고, 다시 발끝에서부터 온몸을 긴장하였다가 급히 숨을 내뱉는다. 이번에는 자신이 땅속 깊이 들어간다고 생각하면서 5분쯤 있는다. 다시 전신을 긴장하여 뻗은 후 조금 쉬었다가 천천히 몸을 일으킨다.

〔효능〕 모든 피로를 풀어 준다.

이 운동은 요가 운동이나, 다른 운동을 한 후 이 운동을 하면 그 피로와 긴장을 푸는 데 효과가 있다. 이를 송장체(Savāsana)라고 한다.

4) 유연 운동

(1) 유연 운동 1

〔방법〕 a. 그림 109와 같이 반듯이 누워 한쪽 다리를 목 뒤를 지나 반대쪽 어깨로 끌어올려 발목이 어깨에 걸리도록 한다.

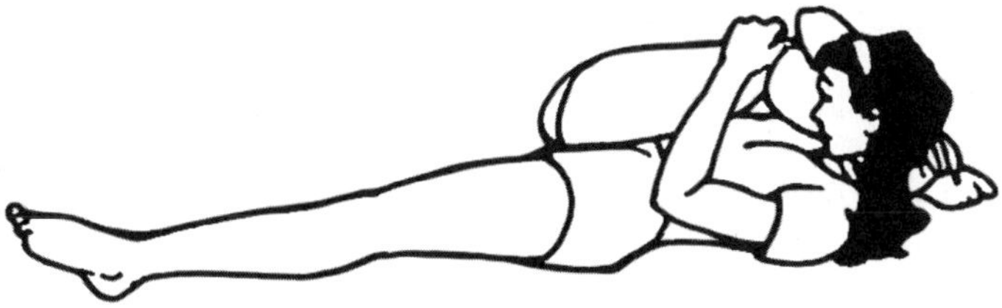

〔그림 109〕

b. 그림 110과 같이 왼쪽 다리를 오른쪽 어깨를 넘어 목에 걸고,

오른쪽 다리는 왼쪽 어깨를 넘어 두 발이 목 뒤에서 교차하게 하여 누워 있는다.

〔효능〕 대퇴부 근육 · 엉덩이 근육 · 넓적다리 근육을 유연케 하고, 시력과 정력을 회복한다.

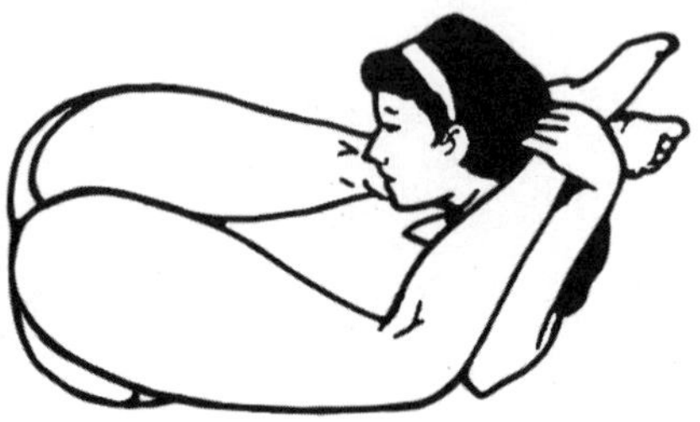

〔그림 110〕

(2) 유연 운동 2

〔방법〕 a. 손가락을 굽혔다가 펴면서 힘을 준다. 손목도 왼쪽에서 오른쪽으로, 오른쪽에서 왼쪽으로 돌린다.

b. 발목을 좌우로 돌리고, 다시 상하 운동을 한다. 그 다음 발가락에 힘을 주어 꼬부렸다가 편다.

〔효능〕 손과 발, 손가락 · 발가락의 관절을 유연케 하고 손발에 관련된 내장 기능을 조절한다.

(3) 유연 운동(고양이체) 3

〔방법〕 a. 그림 111과 같이 무릎을 꿇고 팔을 세운다. 천천히 숨을 들이쉬었다가 내쉬면서 머리를 팔 안쪽으로 밀어넣어 등을 둥글게

만든다. 숨을 토한 다음, 배를 움츠려 한참 있다가 배로 숨을 들이쉬면서 처음 자세로 돌아간다.

b. a와 같은 요령으로 숨을 토하면서 머리는 들고 등은 바닥을 향해 휘게 한다.

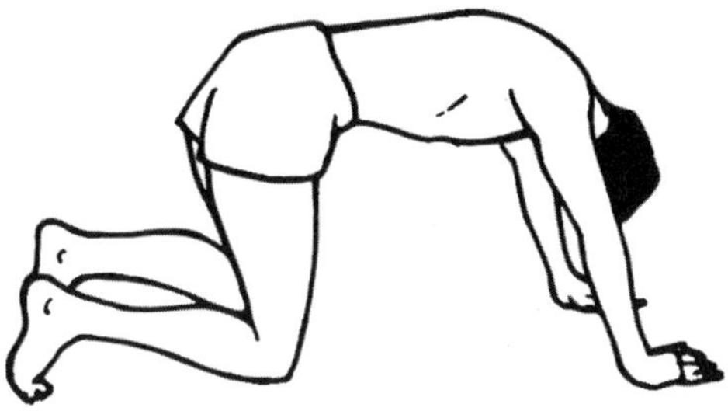

〔그림 111〕

c. 그림 111 같은 자세에서 숨을 내쉴 때에 팔꿈치를 굽혀서 그림 112와 같이 몸을 앞으로 숙여 가슴을 바닥에 댄다. 이때 엉덩이는 높이 올린다. 마치 고양이가 기지개를 켤 때와 같이 척추를 굽힌다.

〔주의〕 a와 b를 따로 약 10회 정도 행한 다음 두 운동을 연속으로

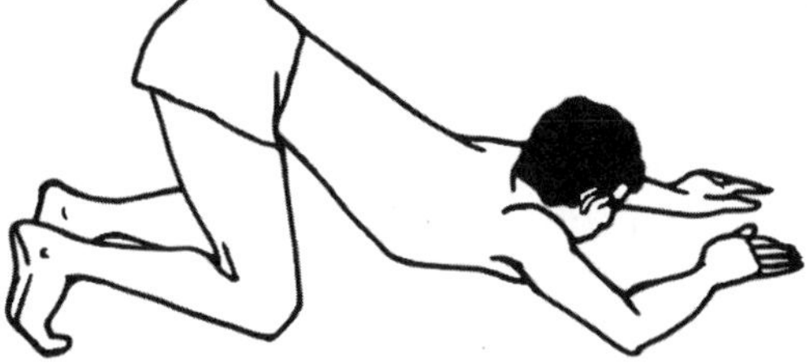

〔그림 112〕

행한다. 이때에는 a에서 숨을 들이쉬고, b에서 내쉬면서 상하로 파상적으로 행한다.

〔효능〕 신체의 유연성과 가동성(可動性)을 증진시키고 노화를 방지한다.

4. 조식법(Prāṇāyāma: 調息法)

요가의 호흡법은 생리적으로 산소 호흡량이 많을 뿐만 아니라 심리적인 작용까지도 겸하고 있다. 또한 독특한 호흡법인 쿰바카가 자율신경을 강화한다는 사실은 의학자들도 인증하고 있다. 여기서는 이러한 요가 호흡법이 우리 건강에 얼마나 큰 효과를 가져다 주는지를 설명하려 한다.

요가의 독특한 호흡법은 폐에 활력을 더해 줄 뿐 아니라 동맥경화나 고혈압을 예방·치료할 수 있고, 노이로제 같은 것들도 쉽게 치료할 수 있다. 요가의 깊은 호흡은 동맥 조직의 긴장을 경감시켜 전신의 생리 기능을 앙진시켜 준다. 고혈압 환자가 요가의 심호흡을 행하면 복압(腹壓)이 높아지며, 부교감신경의 기능이 촉진되므로 교감신경의 지속적인 긴장이 풀리게 된다. 요가의 호흡은 산소에 의한 생리적 효과 이외에도 육체적·정신적 긴장이 풀림으로써 마음이 안정되고, 혈관에 대한 저항이 적어짐으로써 자연히 혈압도 낮아진다.

체내의 과잉 당분이나 알콜 성분도 해소시키므로 당뇨병에도 놀라운 효과가 있다.

이러한 난치병들에는 운동법과 호흡법·명상법·식사법 등 요가의 합리적 섭양법이 무엇보다도 좋다는 사실을 여러 치례(治例)로써 입증할 수 있다. 요가의 호흡법은 요가 수행법의 8단계 가운데 제4의 수행법으로서 중요한 위치에 있다.

《요가수트라》의 방편품(方便品)에서는 신체적 수련으로 금계와 권계 및 좌법이 이루어지면 다음으로 닦아야 하는 것이 이 조식법이라고 하였다. 이는 호흡을 조절하는 것이다. 《마하바라타》에서는 이것을 신체적 수련의 대표로 보았다.

호흡의 조절은 오늘날 심리학자들의 연구에서도 인간 활력의 기초가 되며, 정신의 안정과 관계되는 것으로 알려졌다. 그러므로 심신을 조절하고 정신 집중을 주로 하는 요가에서 이 호흡의 조절을 중시하는 것은 당연한 일이다.

《요가수트라》의 제2실수품 49~51절에서는 이러한 상태에서 들어오는 숨과 나가는 숨과의 움직임을 막는 것이 조식(調息)이며, 밖으로 나가는 작용과 안으로 들어오는 작용, 그리고 닫는 작용이 시간과 장소·수(數)에 의해 조정되어 길고 가늘게 되어야 한다고 말한다. 제4가 외적 내적 대경(對境)을 초월하는 것이라고 한 바와 같이 호흡을 조절한다는 것은 숨을 마시는 것과 숨을 내뿜는 것, 그리고 숨을 막아서 오랫동안 가슴과 뱃속에 채워두는 것을 말한다. 들이마신 숨을 만상(滿相: Pūraka), 내뿜는 숨을 허상(虛相: Recaka), 막은 숨을 병상(甁相: Kumbhaka)이라고 한다.

그리하여 숨을 들이마시는 것과 내뿜는 것, 그리고 닫고 머무르게 하는 것을 행할 때에는 첫째로 숨이 어느곳으로 들어오며 나가서는 우주의 어느곳까지 도달하는지를 생각해야 하며, 둘째로 숨을 들이마심과 내뿜고 닫음을 일정한 시간에 맞게 하고, 셋째로 횟수를 일정하게 해야 한다.

그리고 이 호흡법을 행할 때는 길고 가늘게 해야 하며, 마음이 내외경(內外境)에 끌리지 않는 정신의 집중이 필요하다. 심신이 침잠(沈潛)하고 안정되었을 때 최후로 의식면(意識面)에 남아 있는 것은 이 호흡 작용뿐이다.

'호흡'에 마음이 끌릴 때는 오히려 호흡이 수행의 장애가 된다. 그러나 이것들을 잘 이용하면 수행의 수단이 된다. 중국 도교의 등선법(登仙法)도 이와 같은 호흡법이 위주가 된다.

실수품 제49~50절의 경문에서 보는 바와 같이 호흡 조정의 요점은 장소(deśa)와 시간(kāla)과 수(Saṁkhyā)이다. 장소란 범위를 말한다. 곧 호흡 작용이 신체와 외계에 미치는 범위이다. 시간은 지속하는 시간의 장단이다. 숨을 들이마시고 멈추고 내뿜는 길이는 예로부터 1:4:2, 1:2:2, 1:1:1 등을 들고 있는데, 이것을 전체적으로 길게 하여 호흡을 통제·조정하면 그 결과 가늘고 길게 호흡하게 되어 드디어 호흡하지 않는 것 같은 상태에까지 이른다.

그리하여 곧 호흡을 초월한 상태에 들어갈 수 있게 된다. 이것이 곧 외적 내적의 대경을 초월하는 것이다. 요기들이 오랜 시간 호흡을 중단하여 기적 같은 일을 하는 것은 이러한 경지에 도달했을 때 나타난다.

좌법과 조식을 실제로 수행하며 수련을 꾸준히 계속해 나가면 환경의 변화나 자극이 심신에 주는 영향을 초극할 수 있다. 그때 영성(靈性)의 빛이 밝게 나타난다. 그리하여 마음은 일단 높은 경지에 들어가게 된다. 실수품 제48절에서는 그 결과 대상을 초극한다고 하였고, 제52절에서는 그 결과 광휘를 가린 것이 멸진된다. 그리고 제53

절에서 마음〔意: manas〕은 응념에 적응하게 된다고 했는데, 이 모두가 요가 호흡을 설명한 것이다.

프라나야마법은 호흡을 조절함으로써 심신의 작용을 조절하는 방법이다. 특히 프라나라고 하는 우주의 생명력을 호흡을 통하여 자기 생명화하려는 방법이다.

이 프라나야마법은 아사나와 겸하여 수행함으로써 심신의 능력을 증진시킬 수 있다. 이때 체내에 있는 잠재력을 증강시켜 주어 영성을 계발하는 것이다.

(1) 사히타 쿰바카(Sahita-Kumbhaka: 완전 호흡)

이 호흡법은 폐장(肺臟)의 각 부분과 호흡에 관련된 전 근육을 활동시키는 자연 호흡법이다. 동물들의 호흡이 이 호흡에 속한다.

〔방법〕 a. 그림 113과 같이 똑바로 서거나 바르게 앉아 숨을 쉴 때 횡경막으로 배를 앞으로 내밀면서 숨을 들이마셔 하폐(下肺)에 채운다. 다음 갈비뼈를 조금 벌리면 하폐에서 중폐(中肺)로 들이마시게 된다. 이때는 가슴이 약간 앞으로 나간다. 그리고 다시 폐의 위쪽으로 숨을 마시면서 어깨를 조금 올려 폐의 최상부에까지 채운다.

〔그림 113〕

b. 다음은 숨을 닫고 공기를 일

부 내보내는 듯이, 하복부로 몰아넣는 것같이 생각하면서 의식을 하복부(단전)에 집중한다. 이때 어깨나 윗부분에는 힘이 쓰이지 않고, 아랫배와 허리 부분에만 힘이 들어가 있어야 한다. 혀는 윗니틀에 붙인다.

c. 숨을 뱉을 때에는 배를 움츠리면서 천천히 숨을 몰아낸다. 이때는 자연히 몸이 조금 앞으로 굽어진다. 80퍼센트쯤 숨을 뱉은 다음 몸을 일으키면 자연히 다시 숨이 들어온다. 숨을 들이마시고 닫고 내보내는 시간을 1:4:2의 비율로 한다.

〔효능〕 복압력을 증진시키고 자율신경을 강화하며, 폐를 비롯하여 모든 기관과 내분비선에까지 생기가 충만케 한다. 모든 호흡법의 기초가 된다.

(2) 정화(淨化) 호흡

① 닐가르바 사히타 쿰바카(Nirgarbha-Sahita-Kumbhaka)

〔방법〕 a. 완전 호흡을 하고 충식한다.

b. 윗니와 아랫니를 합쳐 혀를 윗니틀〔上齒根〕에 붙이고, 피리를 불듯이 숨을 이 사이로 조금씩 내보낸다. 처음은 짧게 하다가 차차 길게 한다.

〔효능〕 폐장과 혈액의 정화와 신경 · 호르몬선 등에 활력을 주며, 피로를 없앤다.

② 율동 호흡

〔방법〕 a. 온몸의 긴장을 풀고 자연스러운 자세로 정좌한다.

b. 맥박을 6회 셀 동안 숨을 들이마시고, 3회 동안 충식하였다가 6

회 동안에 숨을 내보낸다.

c. 다음 호흡과의 간격을 맥박 3회 동안으로 하여 휴식한다.

이와 같은 운동을 평소에 연습하여 호흡이 일정한 율동을 갖도록 한다.

〔효능〕 횡경막의 상하 운동을 규칙적으로 하게 됨으로써 소화력이 강화되며, 혈액을 정화하고 모든 기관의 기능이 촉진된다.

③ 정뇌(淨腦) 호흡

〔방법〕 a. 머리를 뒤로 젖히면서 코로 숨을 길게 들이쉰다.

b. 그 다음 머리를 앞으로 굽히면서 이 사이를 통하여 소리를 내면서 숨을 뱉는다.

c. 이상과 같이 10회를 율동적으로 행하되 감사의 뜻을 가지고 의식을 집중한다.

d. 다음에 또 10회를 행하고, 조금 쉰다.

〔효능〕 두뇌의 피로를 없애고, 뇌에 혈액을 유입시켜서 두통을 없앤다.

④ 적응력 강화 호흡

〔방법〕 a. 똑바로 서서 완전 호흡을 하고, 두 팔을 좌우로부터 위로 힘을 주어 천천히 올리고 머리 위에서 손바닥을 합친다.

b. 엄지손가락을 서로 끼고 손바닥을 밖으로 향하여 뒤튼다. 이때 전신을 충분히 긴장한 채 손을 충분히 높이 올린다.

c. 숨을 닫은 채 몇 초 동안 있다가 두 팔을 좌우로 벌려서 어깨와 45°를 이루는 곳까지 내려 다시 '후우' 하고 1/4을 내뱉고, 다시 두 팔을 어깨와 수평으로 내려 1/4을, 이어서 두 팔을 아래쪽으로 45°쯤

내려서 1/4을 내뱉고, 마지막으로 두 손을 완전히 내린 다음 남은 숨을 토한다. 숨을 뱉을 때는 배를 수축시키면서 행한다.

〔효능〕 이 호흡법은 고도의 적응력을 갖게 하여 감수성을 유지하게 하므로 생명 유지에 민감해질 수 있다.

⑤ 심신 통일 호흡

〔방법〕 a. 똑바로 선 채 다리를 어깨넓이만큼 벌리고 서서 주먹을 쥐고 두 팔을 뒤로 뻗는다.

b. 완전 호흡법으로 숨을 들이마셔 가슴속에 채워둔다.

c. 팔을 앞으로 뻗으면서 두 무릎을 벌린 채 굽힌다. 숨을 조금도 내보내지 말고 한 점을 응시하면서 두 팔을 다시 뒤로 뻗는다. 이렇게 3회쯤 반복한다.

d. 다음은 두 팔을 옆으로 내리면서 숨을 내뱉고, 손가락을 뻗는다. 이것을 여러 차례 행하여 몸의 중심이 하복부에 있으면서 심신이 통일되도록 노력하면 자연히 요가의 목적을 달성하게 된다.

⑥ 생명력 발동 호흡

〔방법〕 a. 똑바로 서서 완전 호흡법으로 숨을 들이쉬고 닫는다.

b. 숨을 닫은 채 두 팔과 손바닥을 앞에서 위로, 위에서 뒤로, 또 뒤에서 본래의 위치로 돌린다. 이렇게 3회 한다.

c. 좌우로 3회 크게 원을 그린 후 팔을 처음 자리로 가져온다. 가슴을 긴장한 채 입으로 숨을 뱉고 나서 다시 숨을 들이쉬면서 몸의 긴장을 푼다.

〔효능〕 온몸의 생명력을 발동시켜 준다.

⑦ 신경 각성 호흡

〔방법〕 a. 똑바로 서서 완전 호흡으로 숨을 마신 다음 가둔다.

b. 팔을 곧게 앞쪽으로 뻗은 다음 두 손을 어깨로 끌어당기면서 힘을 주어 주먹을 쥐고 어깨 위로 올린다. 다음 두 손이 어깨까지 오도록 굳게 쥔 후 긴장한 채 주먹을 천천히 펴고 팔을 내리면서 숨을 내뿜는다. 이 운동을 여러 차례 되풀이한다.

〔효능〕 신경을 각성시켜 영성을 계발한다.

⑧ 희망 달성 호흡

〔방법〕 a. 똑바로 앉아 두 팔을 앞으로 뻗어 체력을 완전히 빼고 숨을 뱉는다.

b. 숨을 마시면서 어떤 목적물을 쥐듯이 주먹을 쥐고, 그 목적물을 굳게 생각하면서 앞으로 끌어온다.

c. 눈을 감고 숨을 닫은 다음 그 생각한 목적물을 영상화(映像化)하여 응시한다. '나의 희망은 필연코 실현된다'고 자기 암시를 주면서 숨을 입으로부터 세게 내뱉는다.

d. 팔을 내리면서 천천히 온몸의 긴장을 풀고 명상으로 들어가 목적의 실현상(實現像)을 생각한다.

〔효능〕 생리적인 효과는 물론 심리적으로도 적극성을 띠게 된다. 어떤 높은 목적을 달성하고 말겠다는 의지가 생기고, 그것을 달성하는 길이 발견된다.

⑨ 심신 안정 호흡

〔방법〕 a. 두 다리를 조금 벌리고 서거나 똑바로 앉아 숨을 코로 들이쉬며 배에 숨을 가둔다.

b. 두 손을 허리에 대고 상체를 좌우전후로 움직이거나, 또는 뒤트

는 것을 각각 3회씩 한 다음 천천히 숨을 토한다.

〔효능〕 신체의 안정이 정신의 안정을 가져오므로 이렇게 해서 심신이 안정된다.

⑩ 이중(二重) 호흡

〔방법〕 a. 발을 어깨넓이로 벌리고 선다. 그림 114와 같이 두 팔을 수평으로 올리고 손바닥은 밖으로 향한다.

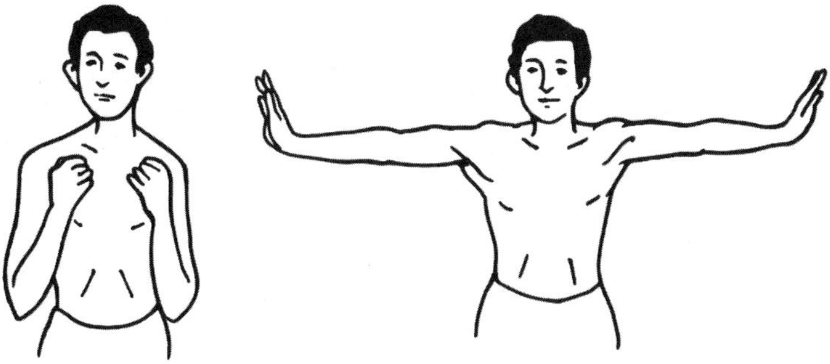

〔그림 114〕

b. 엄지손가락이 안으로 가게 주먹을 쥐고 힘껏 숨을 들이마시면서 주먹을 좌우로 뻗는다. 충분히 뻗은 다음 주먹을 가볍게 푸는 동시에 전신의 힘을 빼고, 허리를 조금 굽혀 입으로 숨을 내뱉으면서 무엇을 껴안듯이(왼쪽 그림) 팔을 앞으로 가져와 허리를 굽혀 숨을 계속 토하면서 손을 모아 합한다. 이때 몸의 긴장은 완전히 풀어진다.

c. 합장한 손을 떼어 주먹을 쥐면서 코로 숨을 들이마신다. 두 팔을 벌리고 조금 쉬었다가 다시 긴장을 하면서 팔을 좌우로 세게 뻗는다. 이때까지 숨을 충분히 들이마신다. 팔을 앞으로 가져오면서 숨을

토하여 두 손이 합쳐질 때까지 계속한다. a · b를 합하여 1회로 5~10번 한다.

〔효능〕 폐활량을 증가시키며, 생기를 충만케 한다.

⑪ 생명 충실 호흡

〔방법〕 a. 똑바로 서서 앞으로 팔을 내뻗고 숨을 깊게 들이쉰다. 그 숨을 아랫배에 담아두는 동안 팔을 옆으로 벌렸다가 다시 앞으로 하는 운동을 여러 차례 되풀이한다. 그리고는 팔을 내려 세게 입으로 숨을 내뱉는다.

b. 똑바로 선 채 팔을 앞으로 뻗고, 숨을 깊게 들이마신 다음 숨이 머무르는 동안 팔을 앞에서부터 뒤로, 뒤에서부터 앞으로 빙빙 돌려 팔을 내릴 때 세게 입으로 숨을 내뱉는다.

c. 똑바로 서서 두 손끝을 양어깨에 놓고 깊이 숨을 들이마셔 담아둔 동안 두 팔뚝을 가슴 앞에서 벌렸다가 오므렸다 한다. 이렇게 여러 차례 한 다음 숨을 세게 내뱉는다.

d. 똑바로 서서 팔을 앞으로 뻗을 때 코로 숨을 들이마시고, 팔을 다시 옆으로 벌릴 때 또 들이마시며, 팔을 위쪽으로 올릴 때 또 들이마셨다가 숨을 세게 내뱉으면서 팔을 내린다.

e. 똑바로 선 채 발꿈치를 들고 숨을 깊이 들이마신다. 그대로 선 채 2,3초간 숨을 닫고, 코로 숨을 토하면서 발꿈치를 내린다.

f. 똑바로 선 채 발꿈치를 들면서 숨을 들이마셨다가 숨을 뱉으면서 무릎을 굽히고 다시 일어나면서 숨을 들이마신다.

〔효능〕 숨을 닫은 채 오랫동안 참을 수 있게 되고, 폐활량을 증가시키며, 생기를 온몸에 채운다.

⑫ 카파라바찌(Kaparabachi)

〔방법〕 정좌하고 앉아 먼저 배를 오므려 숨을 충분히 토하고 나서, 코로 숨을 들이쉬면서 배를 내보냈다가 급히 배를 오므리며 코로 숨을 뱉는다. 이와 같이 급격히 숨을 들이쉬고 내뿜는 것을 리듬에 맞추어 행한다.

〔효능〕 신체 정화법의 하나로서 횡경막의 운동력을 강화하고 혈액을 정화시킨다. 또한 복압력을 길러 주며 복부 각 기관의 기능을 촉진시킨다.

⑬ 산스카라 쿰바카(Saṁskāra-Kumbhaka)

〔방법〕 똑바로 서거나 연화좌로 앉아 완전 호흡으로 쿰바카하여 다음과 같이 행한다.

a. 조금 몸을 뒤로 젖히고 두 손으로 가슴을 두드린다. 이것은 폐근의 잠재력을 증가시키기 위한 자극법이다.

b. 두 팔을 뒤로 끌어당겨 가슴을 편다. 이것은 늑골 신장(肋骨 伸張)으로서 잠재력을 강화한다.

c. 두 팔을 올려 앞으로부터 좌우로 벌리기를 여러 차례 되풀이한다. 이것은 흉곽을 확장하는 운동이다.

d. 상체를 앞뒤로 굽혀서 허리 부분의 잠재력을 강화한다.

(3) 사가르바 사히타 쿰바카(Sagarbha-Sahita-Kumbhaka)

〔방법〕 a. 바르게 앉아 눈을 감고 오른손 엄지손가락으로 오른쪽 콧구멍을 닫고서 왼쪽 콧구멍으로 숨을 들이쉰다.

b. 다음은 왼쪽 콧구멍을 오른쪽 검지와 새끼손가락으로 닫고 쿰

바카하여 참는다.

c. 오른손의 엄지손가락을 떼고 천천히 오른쪽 콧구멍으로부터 숨을 뱉는다.

d. 다음은 다시 오른쪽 콧구멍으로 숨을 들이마시고 두 콧구멍을 닫아 오래 숨을 멈추고 있다가 손가락을 떼고 숨을 토한다.

이렇게 좌우 교대를 1회로 하여 아침 저녁으로 10회씩 행한다. 이렇게 1주일 동안 하고 차차 횟수를 늘여 20회에서 50회까지 아침 저녁으로 되풀이한다.

흡식과 유식 및 토식을 1:4:2의 시간으로 하고, 숨을 흉복에 채워두며 일정한 수를 세는 동안 성스러운 말 '옴'을 마음속으로 부른다. 또한 숨을 들이쉴 때는 우주의 생명력인 프라나를 체내에 흡수한다고 생각하고, 숨을 토할 때에는 체내의 오물을 토한다고 생각한다.
도록 한다.

〔효능〕 몸이 건강해지고, 비만한 사람은 살이 적당히 빠지며 안광이 생긴다. 신경을 조절하므로 신경성 질환이 없어지고 자연적으로 영성이 계발된다.

(4) 수르야브헤다(Suryabheda)

〔방법〕 정좌하여 길게 숨을 들이마신다. 앞에서 말한 방법으로 왼쪽 콧구멍을 오른손 검지와 새끼손가락으로 닫고, 천천히 턱을 가슴으로 끌어 프라나를 나가지 못하게 닫는 쟈란다 반다(jalandha-bandha)를 행한다. 그리고 엄지손가락으로 오른쪽 콧구멍을 막고 될 수 있는 한 오래 숨을 닫는다. 다음은 엄지손가락을 떼고 숨을 뱉는

다. 이와 같은 연습을 계속 거듭하여 숨을 닫고 있는 시간을 길게 하도록 한다.

〔효능〕 영성이 계발되고 사고력이 증가하며, 소화기 및 순환기 계통의 질환과 류마티스 등의 신경 질환에 유효하다.

(5) 웃자이(Ujjāyī)

〔방법〕 정좌하고 코로 숨을 들이쉬어 입 안에 넣은 다음, 턱을 끌어당겨 자란다 반다법을 행하여 될 수 있는 대로 길게 쿰바카를 한 후에 입으로 서서히 숨을 토한다. 그 다음 입으로 숨을 마셔서 쿰바카한 후 다시 입으로 숨을 토하기도 한다.

〔효능〕 두뇌의 혈액 순환을 좋게 하여 위장의 활동을 돕고, 천식 · 폐병 등 기타 흉부 각 질환에 좋다. 점액질 질환과 신경성 질환 · 지라 비대증 질환에 걸리지 않고, 노쇠를 방지한다.

(6) 시트카리(Sitkari)

〔방법〕 혀끝을 말아 입천장에 그 끝을 댄다. 다음은 입을 약간 벌려 입으로 숨을 천천히 들이쉰다. 이때 개구리 우는 소리와 같은 소리를 낸다. 숨을 머금은 후 숨을 뱉을 때에는 코로 한다.

〔효능〕 이 호흡법은 기갈증을 없애고, 신경을 각성시켜 심신 통일에 효과적이다.

(7) 시이타리(Sītali)

〔방법〕 그림 115와 같이 혀를 관(管) 모양으로 말아 혀끝을 입술

사이로 조금 내밀고, 입으로 숨을 들이쉬어 위 속에 넣어 될 수 있는 대로 오래 숨을 쿰바카하였다가 콧구멍으로 천천히 숨을 토한다.

〔효능〕 혈액을 정화하고 기갈증을 없애 주며, 만성 소화 불량 · 폐결핵 등에 유효하다. 이 호흡법은 음식물과 공기의 결핍을 참을 수 있게 하며, 인공 동면(人工 冬眠)을 위한 호흡법의 일종이다.

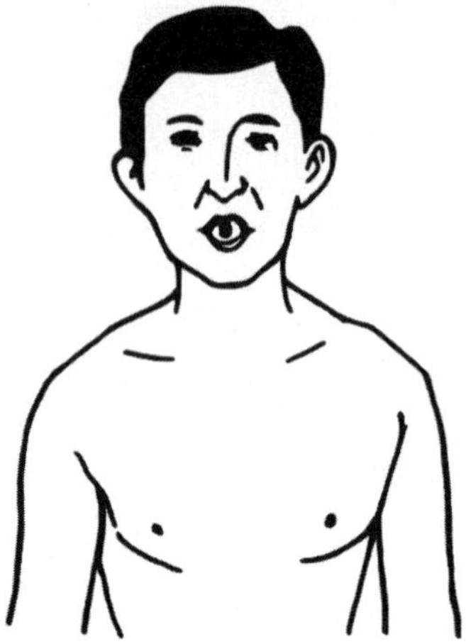

〔그림 115〕

(8) 바스트리카(Bhastrika)

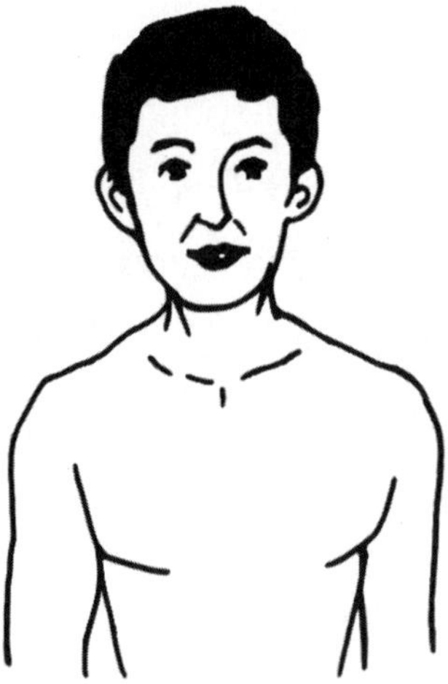

〔그림 116〕

〔방법〕 그림 116과 같이 윗니와 아랫니를 다물고 입을 벌려 숨을 들이쉬고 내쉼을 빠르게 한다. 들이쉴 때는 가슴을 내보내고, 뱉을 때는 오므린다. 20회를 한 주기로 하여 20회가 끝나면 깊이 들이쉬어 오랫동안 머금었다가 다음은 천천히 코로 내뱉는다. 초보자는 10회를 한 주기로 하여 점점 횟수를 늘인다. 연습이 쌓인 후에는 땀이 날 때까지 계속한다. 강력한 수

련 방법이므로 도중에 어지러우면 중지하고 보통 호흡을 행해야 한다. 각 주기의 끝에는 2,3분간 쉰다.

풀무질하듯이 두 콧구멍을 교대로 숨을 들이쉬고 내쉬는 방법도 있다. 20회쯤 한 다음 쿰바카하였다가 다시 두 콧구멍을 교대로 하여 숨을 쉬고 내보낸다.

〔효능〕 인후염에 좋고, 위장 기능을 도우며, 담을 없애고 흉부 질환 · 천식 · 폐병을 낫게 한다. 식욕을 증진시키고, 신경을 각성시킨다.

(9) 브라마리(Bhrāmāri)

〔방법〕 정좌하여 두 엄지손가락으로 두 귀를 막고, 코로 숨을 들이마셔 될 수 있는 대로 오래 숨을 닫았다가 코로 내뿜는다. 이 호흡법은 조용한 곳에서 행하는 것이 좋다.

〔효능〕 이 방법을 행하면 영성을 깨닫고 삼매에 도달하게 된다. 쿰바카하는 동안 귓속에서는 벌이 소리를 내며 나는 소리가 들린다. 이 소리를 들으면서 삼매에 도달한다.

(10) 무르짜(Mūrcchā)

〔방법〕 숨을 깊이 들이쉰 다음 숨을 닫고 마음을 미간에 두면 황홀한 경지에 있게 되어 법열을 느낀다.

〔효능〕 오감을 제(制)하고 내재력의 영성을 체득하게 된다. 이때에 참된 자아와 마음이 결합하여 법열에 이른다. 무르짜라는 말은 황홀을 의미한다.

(11) 프라비니(Plavini)

〔방법〕 입을 다물고 천천히 코로 숨을 들이마셨다가 다시 입으로 숨을 들이마셔 윗부분까지 생기를 채워 생기가 폐와 위에 충만케 한다. 쿰바카하였다가 전신의 긴장을 풀면서 코로 내뿜는다.

〔효능〕 물 위에 뜰 수 있고, 오랫동안 단식할 수 있다.

(12) 나디야 쿰바카(Nadhiya-Kumbhaka)

〔방법〕 입술을 조금 앞으로 내밀고, 공기를 입으로 천천히 들이마신다. 이때 공기가 목구멍 뒤로 넘어가게 한다. 다 들이마신 후에는 입을 벌려서 공기를 뱃속으로 삼켜 하복부에 채운다. 참을 수 있는 만큼 참고 있다가 입으로 숨을 토해 낸다.

〔효능〕 소화 불량과 신경 각성에 유효하다.

5. 무드라법과 반다법

무드라는 인간의 몸에 있는 아파나(apana)라고 하는 음성적인 힘을 각성시켜 주는 방법이다. 다시 말하면 부교감신경을 강화하는 것이다. 요가에는 아사나와 호흡법 외에 이 무드라(mudrā)법이 있고, 또 쿤다리니(Kuṇḍarinī)라는 생명력이 상승하는 양성적인 힘을 상승하지 못하도록 하는 반다(Bandha)법이 있다.

무드라라는 말은 도장〔印〕· 인계(印契)라는 말이다. 그러므로 요가의 체계 중에서도 비밀에 속하는 방법으로서 다른 행법과 더불어 몸과 마음을 성취시키는데, 특히 초능력을 얻기 위한 방법으로 비장된 것이다. 이 무드라 종류에는 스물한 가지가 있다. 마하 무드라(Mahā-Mudrā), 나보 무드라(Nobho-Mudrā), 우디야나(Uddiyāna), 쟈란다라(Jalandhara), 무라반다(Mūlabandha), 마하 반다(Mahā-bandha), 마하 베다(Mahāvedha), 케쨔리(Khecari), 비파리타카리(Viparitakarī), 요니(Yoni), 바쥬로니(Vajroṇī), 샤크티 쨔라니(Shakti-cālanī), 타다기(Tā-dāgī), 만두키(Māṇḍūki), 샴바비(Sāṁbhavī), 판챠다라나(Pañcadhā-raṇā), 아슈비니(Aśvinī), 파시니(Pāśinī), 카키(Kākī), 마탕기(Mātaṇgī), 부후쟝기니(Bhujaṇginī) 등이다. 이것들이 요기들에게 요가의 목적(초능력)을 달성케 하는 무드라이다.

(1) 카키 무드라(Kākī-Mudrā)

〔방법〕 혀를 말아올려 목의 뒤쪽으로 넣고, 입술은 조금 오므려서 마치 새 주둥이같이 만들어 천천히 호흡한다. 이렇게 하면 공기가 폐로만 들어가게 된다. 다음은 입을 벌려서 공기를 삼키는 동작을 하여 쿰바카한다. 이때 쿤다리니라는 상승하는 생명력이 모든 신경 속으로 들어간다고 의식하는 것이 중요한다. 숨을 토할 때는 코를 이용한다.

〔효능〕 소화 불량 · 복통 · 지라 장애 · 비대증 등의 모든 질병을 치료한다. 경전은 인간이 까마귀처럼 무병하게 된다고 설명하고 있다.

(2) 마하 무드라(Mahā-Mudrā)

〔방법〕 먼저 왼발 발꿈치로 항문을 누르고, 오른다리를 앞으로 뻗는다. 몸을 앞으로 굽혀 두 손으로 오른발 발가락을 잡는다. 그리하여 서서히 숨을 마시며 쿰바카한다. 이때 턱을 가슴으로 끌어당겨 쟈란다 반다를 해서 쿤다리니가 상승하는 것을 막는다. 이때 미간을 응시하고, 위장을 오므려 될 수 있는 대로 오래 참고 있다가 머리를 상체와 동시에 들어서 숨을 토한다. 이렇게 4회 내지 6회 되풀이한다. 다음은 발을 바꾸어 같은 방법으로 한다.

〔효능〕 폐질환과 비장 비대증 · 소화 불량 · 위 카타르 · 변비 · 열병 등에 효과가 있으며, 체내의 자연적인 치료 능력을 증진시킨다.

(3) 바쥬로니 무드라(Vajronī-Mudrā)

〔방법〕 연화좌로 앉아 두 손바닥으로 바닥을 짚고 몸을 끌어올려 엉덩이로 바닥을 1,20회 친다. 이때 항문을 오므려서 반다를 행한다.

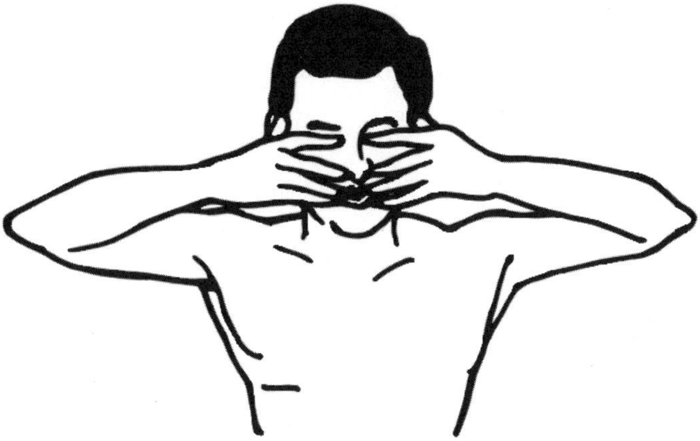

〔그림 117〕

〔효능〕 우주 생명력인 샤크티를 각성시키고, 불로장생하고 정액을 누설치 않는 초능력을 얻는다.

(4) 요니 무드라(Yoṇī-Mudrā)

〔방법〕 그림 117과 같이 두 엄지손가락으로 두 귀를, 두 검지손가락으로 두 눈을, 두 장지손가락으로 두 콧구멍을, 약지손가락으로는 윗입술을, 새끼손가락으로는 아랫입술을 닫는다. 그러고는 '옴'을 염송하여 온 신경에 의식을 집중하고, 푸라나야마를 행하여 아파나의 기운에 연결하고 여섯 챠크라를 차례로 생각한다.

〔효능〕 온 신경을 강화해 주고, 내재력을 각성시킨다. 요가의 높은 경지로 들어가게 되고, 모든 죄로부터 벗어난다고 한다.

(5) 샤크티 짜라니 무드라(Shakti-Cālanī-Mudrā)

〔방법〕 한쪽 발꿈치를 회음부에 붙이고, 다른 발의 복숭아뼈를 성기 밑에 놓고 똑바로 앉아서〔偉人坐〕 두 코로 푸라나를 들이쉬며 쿰바카한다. 아슈비니 무드라로 항문을 수축하고, 푸라나를 아파나의 기운에 연결한다. 이것을 아침 저녁으로 행한다.

〔효능〕 하복부 단전에 힘을 충일케 하고, 성신경을 강화하며, 항문괄약근을 발달시키고, 생명력을 위로 끌어올려 발동시킨다.

(6) 아슈비니 무드라(Aśvinī-Mudrā)

〔방법〕 항문을 오므렸다 늦췄다 하는 무우라 반다법과 같다.

(7) 부후쟝기니 무드라(Bhujaṇginī-Mudrā)

〔방법〕 얼굴이나 입을 조금 앞으로 내밀고 식도를 통해서 숨을 들이마신다.

〔효능〕 삶과 죽음을 떠나고, 소화 불량 등 복부의 병을 고친다.

(8) 아고짜리 무드라(Agochari-Mudrā)

〔방법〕 귓구멍에 무엇인가를 끼워 외계의 소리가 들리지 않게 하여 명상에 들어가는 훈련을 한다.

〔효능〕 영성이 계발되어 감각 기능이 높아진다.

(9) 샴바비 무드라(Sāṁbhavī-Mudrā)

〔방법〕 명상과 보조법(補助法)으로서, 두 눈썹 사이를 응시하여 미간에 의식을 집중한다. 또 다른 방법으로는 눈 · 귀 · 코 · 입 · 항문

을 모두 닫고 미간에 의식을 집중하는 방법도 있다.

〔효능〕 영안(靈眼)을 여는 것을 목적으로 하는 수행이므로 요가의 높은 경지인 삼매경에 들어가게 한다.

(10) 마하 반다(Mahā-bandha)

〔방법〕 왼쪽 발꿈치로 항문을 닫고, 그 발꿈치를 오른쪽 다리로 압박하여 서서히 숨을 깊게 들이쉬며 쿰바카하면서 반다 트라야를 행한다. 신비한 생명력이 전신에 통하고 있는 것을 생각하여 조식법을 10회 정도 되풀이한다. 다음은 좌우 교대로 행한다.

〔효능〕 노쇠를 방지하고, 신경을 각성시키며, 또한 모든 소원을 성취할 수 있다.

(11) 반다 트라야(Bandha-traya)

〔방법〕 숨을 쉬면서 항문을 오므려 무라 반다를 행하며, 쿰바카하는 동안 턱을 가슴에 붙여 쟈란다라 반다(Jalandhara-Bandha)를 행한다. 다음은 머리를 위로 들면서 숨을 토하고, 가슴 쪽으로 하복부를 끌어올리듯 위 부분을 움츠리는 웃쟈나 반다를 행한다. 이것을 1,20회 되풀이한다.

〔효능〕 하강하는 기운인 아파나를 위부(胃部)인 마니푸라 챠크라(Manipūla-chakra)까지 올려 영적인 힘을 나타내게 하고, 상승하는 기운인 프라나를 닫아서 아나하타 챠크라(Anahata-chakra, 심장)에 이르게 하여 영성의 빛을 발하게 한다. 이와 같이 상하의 기(氣)를 결합시키면 생명력이 빠르게 각성되고 충만해진다.

6. 제감(pratyāhāra: 制感)

요가 체계에서 제6단계 이상에 속하는 제감 · 정려 · 삼매를 내지칙(內支則) 또는 총제(總制)라고 하며, 마음의 수련을 말한다.

금계와 권계 · 좌법 · 조식 등으로 환경이나 신체가 조정되어 외적 수행이 다 되고 나면, 마음은 외계로부터의 감각적인 자극을 초월한다. 이렇게 되면 근본 마음과 상대 세계의 중간에 있는 감각 기능(根: indriya)은 상대 세계와의 결합에서 초탈하여 자신의 마음 모습 그대로 같이 되고, 그 결과 감각 기능은 온전한 통어(統御: vasyatā) 상태에 들어가는데, 이것이 제감이다. 이 통어는 수행의 결과 마음이 일정한 상태에 달하여 자기 스스로 감각의 영향을 받지 않게 되는 것을 말한다. 그러므로 통어가 곧 제감의 성격이 되는 것이다. 이렇게 하여 외계로부터의 자극에 의해서는 마음의 동요가 없게 되어 정의 작용(情意 作用)인 번뇌는 제어되고, 감각 기능을 일으키는 모든 근본 기능(諸根)——눈 · 귀 · 코 · 혀 · 살갗 · 손 · 발 · 배설기 · 생식기 · 심근(心根) · 의식 기관 등 11근(十一根)——은 움직이지 않는 고요한 상태에 들어간다.

실수품 제54절에서는 제감을, 그 객관 세계와의 결합을 벗어날 때에 감각 기능이 자신의 마음의 모습 그대로와 같이 되는 것이라고 하였고, 또한 제55절에서는 "그 결과 여러 감각 기능은 최고의 순종성을 가지게 된다"고 설명하고 있다.

이 제감을 요가 체계에서는 외지칙(外支則) 속에 넣고 있다. 그러나 이 제감은 실질적으로는 내심(內心)의 문제에 지나지 않는 것이다. 따라서 금계 · 권계를 환경 조건으로 보고, 운동법 · 조식을 신체 조건으로 보면, 제감 · 정려 · 삼매는 마음의 상태가 된다. 그러므로 제감은 라쟈 요가에 들어갈 성질의 것이나 수트라 체계에 따라서 하타 요가에 넣은 것이다.

다시 말하면 제감은 본능적인 신체 기능을 통어하는 것이다. 이러한 신체 기능의 통어는 먼저 말한 금계 · 권계 · 체위법 · 조식법에 의하여 환경과 신체의 모든 조건이 조정되면 이루어지게 되고, 그 결과 자연히 마음이 외계로부터의 감각적 자극을 초월하게 된다. 즉 마음이 동요되거나 산란해지지 않는 평온한 상태에 이르게 되는 것이다. 왜냐하면 앞에서도 말했듯이 금계나 권계가 정신의 불안이나 동요를 없애게 되고, 좌법(체위법)과 조식(호흡법)이 자율신경을 강화하여 몸과 마음의 안정을 기하게 되기 때문이다. 그러므로 결국은 이 제감도 내심의 문제가 되는 것이다. 제감법이란 금계와 권계 및 체위법과 조식법이 완전히 성취되도록 하는 것이므로 하타 요가 자체가 곧 제감법이라고 할 수 있을 것이다.

제4장

라자 요가

《요가수트라》의 제1장에서는 수행으로 실현될 목표의 형이상학적 원리가 설해져 있고, 제2장에서는 그것을 실현하는 수행법이, 제3장에서는 요가의 결과로 얻어지는 공덕(功德)이, 그리고 제4장에서는 마지막 목적인 자아의 절대적인 확립이 설해져 있다.

제3장과 제4장은 신통(神通)과 해탈이라는 요가의 목표도 말하고 있다. 이러한 네 항목의 체계 중에서 제1단계는 라쟈 요가이고, 제2단계는 하타 요가 곧 크리야 요가라고 한다. 좁은 의미로는 수행 방법과 규칙도 요가라고 하지만, 이상의 네 항목에 걸쳐서 연구하지 않으면 요가를 이해할 수가 없다.

요가의 형이상학적 원리는 가장 오래된 《우파니샤드》에서는 범아일여(梵我一如)를 실현시키는 것이었다. 그리고 또한 《카타카》(Kaṭhaka)에서는 심신이 상응된 적정태(寂靜態)를 인생의 최고귀취(最高歸趣: parāgati)로 삼고 있는데, 이는 감각의 제어를 통해서 오감이 안정되고 심신이 동요되지 않는 때를 말한다. 이 감각의 제어를 요가라고 하였다. 한편 《슈베타슈바타라 우파니샤드》에는 "……모든 감각을 마음속에 섭수했을 때 범선(梵船 · 法船: Oṁ)을 타고 포외(怖畏)의 흐름에서 초월할 수 있다. 호흡을 제(制)하고, 비식(鼻息)이 그윽하여 의마(意馬)를 조어(調御)하라……"고 하였다. 그렇게 하면 옴의 범선을 타고, 안온하고 두려움 없는 세계인 피안으로 간다고 하였다. 여기서는 요가의 공덕으로 육체에 나타나는 효과로서 경쾌(輕快) · 건강(健康) · 부동(不動) · 호모(好貌) · 쾌변(快辨) · 호향(好香) · 양변경소

(兩便輕少)를 들었다. 그러나 앞에서 말한 색(色) · 성(聲) · 향(香) · 미(味) · 촉(觸)의 오경(五境)에 대한 자제력을 얻어 신통을 얻는 부산물적인 효과 이외에 해탈이라는 최후의 목적을 달성하는 데에 요가의 목적이 있음을 말하고 있다. 또한 같은 책에 "요가에 의하여 섭심(攝心)한 자는 마치 등불을 비추는 것같이 자아의 본성으로써 범(梵)의 본성을 볼 때, 일체의 속성(屬性)을 초월한 불생상주(不生常住)하는 신을 인식하여 일체의 속박으로부터 자유롭게 된다……"라고도 하였다.

《마이트라야나 우파니샤드》(*Māitrayana-up*)에서는 "조식 · 제감 · 정려 · 응념 · 관혜(觀慧: tarka) · 삼매를 육분 요가(六分 瑜伽)라고 한다"고 하여, 정려로부터 관혜까지의 정신 상태에서 최고위인 삼매의 단계를 설명하고 있다. 다음 《마하바라타》(*Mahābhārata*)에서는 우파니샤드에서 보이는 요가와 《요가수트라》의 요가를 관련지은 사상이 엿보인다.

이 시대부터는 요가의 지위가 일반적으로 높이 평가되면서 요가의 초능력을 말하게 되어, 비슈누(Viśnu) 신이 요가를 행해서 세계를 창조했다고까지 말하고 있다. 이 《마하바라타》 요가의 원리는 상캬(Saṁkhya: 僧去耶 · 數論) 사상에 따라서 설해진 것이지만, 초기에는 몸과 마음을 분리하여 생각하면서 최종 목표로는 범(梵)이나 신을 내세우고 있다. 그러나 후기에 와서는 심신을 분리해 수양의 편의상 신을 내세우고 있기는 하지만, 상캬[數論]와 다른 점은 상캬는 무신론임에 비하여 요가는 상캬의 세계관을 이론적으로 설하지 않고 실천수행에만 활용하고 있다는 점이다. 《마하바라타》의 해탈법품에 "제근(諸根)을 의(意)에 섭(攝)하고, 의를 아만(我慢)에 섭하며, 아만을 각(覺)에 섭하고, 각을 자성에 섭한다. 그리하여 절대(絕對)·무구(無垢)·무한(無限)·무종(無終)·청정(淸淨)·부동(不動)의 신아(神我)를 염(念)하여 무분(無分)·불로(不老)·불사(不死)·상주(常住)·불괴(不壞)의 신(神)인 범(梵)을 염한다"고 말한 것은 이러한 원리를 보여주는 것이다. 해탈법품에서는 다시 계속해서 요가의 최고력(最高力)이 요가의 관법(觀法)에서 얻어지니 성인의 가르침에 의하면 관법에는 두 가지가 있다고 했는데, "하나는 마음의 전주(專住)요, 또 하나는 호흡의 조절이다. 후자를 유덕(有德: saguṇa)이라 하고, 전자를 무덕(無德: nirguṇa)이라 한다"고 하였다.

이와 같이 호흡의 조절은 유형적인 크리아 요가의 대표적인 것이요, 무형적인 마음의 전주는 정신적 수련의 대표이다. 여기에서는 요가의 수행자가 《마이트라야나 우파니샤드》와 같은 여러 구별을 세우지 않고, 오직 쟈나(Dhyāna: 禪那)의 수행으로써 열반에 든다고 하였으니 목표를 달성하는 방법을 여러 가지로 설명하고, 또한 격렬한 고행까지도 권장하고 있다. 그러나 《바가바드기타》(*Bhagavadgīta*: 薄伽梵歌)에서는 중용의 태도로서 요가 수련의 진수를 설명하고 있다. 때문에 《바가바드기타》를 요가 교서(敎書)라고도 하는 것이다. 특히 여기서는 행(行)·주(住)·좌(坐)·와(臥)가 곧 선(禪)이라는 활동선(活動禪: karma-yoga)을 발견할 수 있고, 관무량수경(觀無量壽經) 같은 믿음에 전심전념하는 신앙선(信仰禪: bhakti-yoga)도 볼 수 있다. 그리하여 모든 사색·수행·신앙 등이 최후에는 요가로 가지 않으면 안된다고 설명하고 있다.

파탄잘리의 《요가수트라》 삼매품에는 수행의 최후에 이르는 최고 이상으로서의 삼매를 닦는 방법으로 여러 가지 방식을 들고 있다. 먼저 삼매 장애의 원인이 되는 신병(身病: vyādhi) · 침둔(沈鈍: styāna) · 의혹(疑惑: saiṇsāya) · 방일(放逸: pranāda) · 태만(怠慢: ālasya) · 애착(愛着: avirati) · 망견(妄見: bhrātidarśana) · 부득지(不得地: alabdha-bhūmikatra) · 불확립(不確立: anavasthitatva) 및 이에 뒤따르는 고통(苦痛: duhkha) · 동란(動亂: daurmanasya) · 전율(戰慄: aṇgameja-yatva)과 불규칙한 입식출식(入息出息: śvāsa, praśvāṣa) 등 14종의 장애를 없애는 방법으로 25제(諦)를 관념(觀念)하거나, 자(慈: maitri) · 비(悲: karun) · 희(喜: mudit) · 사(捨: upeksaṇa)를 행하라고 하였다. 호흡을 조절하고 광명을 염하며, 신(信: sraddha) · 근(勤: vīrya) · 염(念: smṛti) · 정(定: semādhi) · 혜(慧: prajñā)의 수행을 권하고 있는 것이다.

이러한 여러 가지 방법으로 수행을 하면 심(心) 기능이 점차로 조절되고, 주관 세계와 객관 세계 · 인식 작용 셋이 하나가 된다. 이러한 삼자일여(三者一如)의 경지를 유종 삼매(有種 三昧: Sabīja·Samādhi)라고 하였다. 그러나 이 경지도 아직 유심(有心) · 유종(有種)의 차원에 머물러 있으므로 여전히 여러 가지 심념(心念)이 있는 단계요, 이 심념의 결과가 마음에 업(業: Saṁskāra)을 훈습(薰習)하므로 유종 삼매라고 한다.

이러한 유심정(有心定)에는 마음의 상태에 따라서 유심 삼매(有尋 三昧: vitarka-s.) · 유사 삼매(有伺 三昧: vicāra-s.) · 환희 삼매(歡喜 三昧: ānanda-s.) · 자존 삼매(自存 三昧: asmitā-s.) · 무심 등지(無尋 等至:

nirvitarka-s.) · 무사 등지(無伺 等至: nirvicāra-s.)의 여섯 단계를 거치게 된다. 이것은 전생(前生)에서부터의 억념(憶念 · 本能)까지도 이탈하여, 오직 대상(對象)만이 빛나는 단계인 무심 등지와 무사 등지에 이르러서 무심무종(無心無種)의 삼매가 완성되어 요가 행자의 목적이 달성된다는 것이다.

다음 제2방편품(方便品)에서는 그 수행위(修行位)에서 우파니샤드의 6지(六支)인 제감 · 정려 · 조식 · 응념 · 관혜 · 등지를 다시 정리하여 관혜를 빼고, 금계 · 권계 · 좌법 · 조식 · 제감 등 다섯 가지로서 노력 요가인 신체 수련을 하도록 하며, 다시 정신 수련법으로서 응념 · 정려 · 등지의 세 가지를 더하여 여덟 가지〔八支〕로써 수행한다. 그런데 위의 세 가지는 라자 요가에 속하는 것으로 요가행의 근간이 되는 수행법이다. 이 세 가지에 의해서 철학적인 원리가 자기 것으로 체득되며, 불가사의한 신통이 얻어지고 궁극적인 해탈도 여기에서 성취된다. 그러므로 이것을 총제(總制: sanyama)라 하여 라자 요가, 즉 왕 요가〔王 瑜伽〕라고 하는 것이다.

1. 응념(dhāranā: 凝念)

《요가수트라》의 제6지칙으로 되어 있는 응념은, 그 자재품(自在品) 제1에서 "응념은 마음[心: citta]이 어느 장소에 결부되는 것(deśa-bandha)"이라고 하였다.

요가에서는 마음을 어느 한 장소에 결속시킴으로써 마음의 작용을 제어한다. 우리의 의식 작용이 나타나는 사유, 곧 관념이나 표상 등을 일정한 곳에 집중시키는 것이니, 이 의식의 집중이 오래 지속될 때에 자연히 관념이나 표상 등이 없어지고 보다 깊은 체험의 경지로 진전하게 된다.

흔히 요가에서는 미간이나 코끝 · 뒷머리 · 심장 · 배꼽 등에 의식을 집중하는데 어디든지 일정한 곳이면 좋다. 신체의 어느 부분이거나 외계의 어떤 대상이거나 또는 마음속에 어떤 표상을 가지고 그것을 잊지 않는 수행을 한다. 가령 외계의 대상으로서는 꽃을 화병에 꽂아 놓고, 그 생김새며 빛깔 등을 응시하여 눈을 감고도 그 특징이나 표상이 머리에 떠오르도록 한다. 될 수 있는 대로 아름다운 것이 좋다. 그뿐 아니라 거리를 걸을 때나 차를 탔을 때 눈에 띄게 아름다운 것을 보고 거기에 정신을 집중하면서 그 표상을 머리에 넣어두는 연습을 한다. 또는 어두운 방에 촛불을 켜서 눈앞 1미터쯤 되는 곳의 눈높이 정도에 놓고 그 불을 응시한다.

또는 어떤 열매를 책상 위에 놓고, 그것이 싹이 나서 차차 자라나는 모습을 상상하기도 한다.

이와 같이 어떤 것이든 외계의 대상을 보고 거기에 의식을 집중하는 수련이 되면, 사물의 판단력이 생기고 정신이 안정된다. 그리하여 외계로부터의 자극을 초월할 수 있게 된다. 그러나 그 대상을 선택할 때에는 되도록 아름다운 것을 택하는 게 좋다.

점차로 이같은 훈련을 한 다음에는 순전히 추상적인 관념을 명상한다. 그 관념은 수행자의 심영(心映)에 큰 영향력이 있으므로, 어떤 인격적인 대상일 때에는 성스럽고 거룩한 대상으로서 사랑과 자비의 상징인 부처나 신 또는 진선미를 갖춘 진실한 대상을 생각한다. 요가의 전통적인 방법으로서는 '옴'이라는 성스러운 글자를 응시하면서 의식을 집중한다. 약 4센티미터가 되는 크기의 'oṁ'자를 녹색으로 써서 붙여 놓고, "오오ㅁ, 오오ㅁ, 오오ㅁ" 하여 그 소리가 두뇌에 반응(反應)이 갈 정도로 소리 높여 부른다.

이것이 숙달되면 소리는 내지 말고 머릿속으로만 'oṁ'을 생각한다. 이 '옴'은 인도인들이 수천 년을 두고 신비한 힘을 가진 것으로 믿고 상념의 대상으로 삼고 있는 것이며, 우주의 근본 진리가 생성·변화하는 것을 표상한다. 초심자는 그러한 뜻보다는 이 '옴'이 자기의 소원을 이룩해 주는 신령한 힘이 있다는 신념을 가지고 열심으로 의식을 집중하면 된다. 이와 같은 고도의 의식 집중을 지속하면 우리의 표상이나 관념이 중단되게 된다. 이렇게 해서 점차로 그 표상이나 관념이 전면적으로 고요하게 가라앉아 순수한 상태로 들어간다. 이것이 바로 마음이 하나의 대상에만 집중되는 쟈나(dhyāna)라는 것이다.

2. 정려(dhyāna: 靜慮·禪)

《요가수트라》 자재품 제2절에서 "정려는 일정한 장소에 의식 작용이 한결같이 집중된 상태(ekatanatā)"라고 한 것과 같이, 어떤 억념하고 있는 대상과 결부된 의식 작용이 한결같은 흐름이 되어 한 표상만이 마음을 점유하여 계속되는 것이다. 이를 '같은 것의 흐름(Sadṛśaḥ pravāhaḥ)'이라고도 한다.

그러나 이러한 의식 집중의 상태가 고도의 상태에 이르는 정려라고 하더라도 당사자의 마음속에 아직도 자기가 그 대상을 의식하고 있다는 자각은 남는다. 곧 주관과 객관의 대립적인 의식이 완전히 끊어지지는 않은 것이다. 이러한 판별(判別)이 남아 있는 한 마음의 집중을 위한 노력의 의식이 아직도 있는데 이러한 의식은 자의식을 남게 한다. 그러나 이러한 의식도 경지의 진전에 따라서 미약하게 되고, 드디어는 그것마저 완전히 소멸되게 된다. 그리하여 그 대상만이 의식 전체를 점령한다. 이때는 의식이 대상으로 되어 버린다. 여기에서는 대상과 자아의 구별이 없고, 대상이 곧 자아요, 자아가 곧 대상이 되는 경지가 된다. 이것이 다음에 말할 제8의 삼매이다.

자재품 제2절에서 말한 의식 작용이 한 점에 집중된 상태가 이 정려의 상태이므로 이때에는 마음속에 두 가지 표상이 동시에 나타날 수 없다. 심중의 표상은 오직 하나뿐이고, 그 하나만이 마음을 점유하고 있다. 즉 마음속에 한 가지 표상의 의식 작용의 흐름만이 연속적으로 존속하는 것이다.

이러한 정려의 상태에 들어가려면 의식을 집중하는 노력이 필요하다. 그러나 이러한 노력이 마음속에 남아 있으므로 자신이 그 대상을 의식하고 있다는 자각이 남아 있게 된다. 즉 주관과 객관의 대립을 의식하는 자의식이 완전히 없어지지 않은 것이다.

〔그림 118〕

그러나 삼매의 경지에서는 대상만이 빛나는 순수한 상태로서 있는 그대로의 모습으로 나타난다. 여기서는 주관적인 감정이나 관념 때문에 그릇됨이 없다. 이때의 마음은 순일무구(純一無垢)하여 대상은 특이한 빛을 발하며 절묘한 환희로 넘치게 된다.

이런 체험은 일상으로 경험하는 세계와는 다른 것으로서 고차원적인 새로운 세계이다. 이 세계에 나타나는 사물은 지금까지의 것과 다름 없으나 그러면서도 지금까지와는 다른 의미를 지닌 것이 된다. 이러한 체험의 바탕이 되는 것이 바로 빛나는 예지(叡智: prajñā)이다.

3. 삼매(Samādhi: 三昧)

삼매란 일반적인 신비주의 사상에서는 주객이 융합된 상태인데, 이 상태에서 파악된 대상은 참된 그대로의 모습으로서 주관적인 감정이나 관념으로 왜곡되지 않고 새로운 가치를 지닌 것으로 인식된다. 이러한 체험을 얻으면 새로운 세계가 열린다. 일상으로 경험하는 세계와는 다른 고차원적인 세계이다.

일체의 사물의 모습은 변함 없이 그대로이면서 전혀 다른 의의를 지니게 된다. 《요가수트라》 자재품 제3절에 "삼매는 한결같은 상태에 있어서 그 대상만이 빛나고 자기 자신은 없어진 것같이 되는 것"이라 하였고, 제5절에 "그것들을 수득함으로써 예지는 빛난다(āloka)"고 한 것과 같이 이러한 삼매는 빛나는 예지이다. 푸루샤(Puruṣa, 觀照者 · 眞我)가 나타나는 것은 이 상태에서이다. 이 상태에서는 모든 일상적인 마음의 작용이 지멸당한다. 그러면 마음의 작용과 같이 움직이고 있던 진아는 본래의 성질에 확주(確住)하게 된다. 그러나 아직 요가 궁극의 이상이 실현된 것은 아니다. 아직도 진아는 독존(獨存: kaivalya)에 도달하지 못했다. 오직 진아를 별견(瞥見)하였다고 직관하는 것이다. 진아의 실체를 맛보았다는 감명만을 얻는다. 지금까지는 지식으로 이해하는 데 그쳤던 진아가 직접적으로 실감되는 것이다. 여기에서 비로소 현상계와 진아가 여실히 인식되고, 현실

계(現實界)와 절대계(絕對界)를 식별하는 식별지(viveka-khyāti)가 비로소 나타난다. 자재품 제3절의 경문과 같이 대상만이 빛나고, 자기 자신은 공허와 같이 된 한 상태에 있을 때에 참된 자아가 드러나는 것이다.

그런데 그 대상인 현상계의 사상(事象)은 어떤 것이나 진아와는 관계가 없다. 여기서 요가 체계가 이원론적임을 알 수 있다. 삼매품 제54절에 "그리하여 유미(幽微)한 대경(對境: sūksma-viṣayatve)이라는 것은 무상(無相: aliṇga)에 그친다" 라고 하였다. 이 무상은 푸라크리티라고 하는 근본 원질(原質)이다. 그러므로 대상은 근본 원질에 그치고 진아에는 미치지 못하는 것이며, 요가 수행으로 진아가 분리되어 유리 상태에 있게 된 것이 독존이라는 것이다. 이 독존이 요가의 최고 이상이다. 이러한 의식 집중의 삼매에는 단계가 있어 먼저 삼매에서 생겨난 잠재력이 다른 잠재력을 억제하여 일체가 제어된 후 비로소 무종 삼매로 들어간다.

여기서 일체의 현상적인 것은 근본 원질로 환멸(還滅)되고 진아만이 독존한다. 요가의 여덟 단계는 이러한 참된 자아의 독존을 실현하는 삼매로서 최종 수행으로 삼는다.

제5장

분파된 요가

1. 지냐나 요가

지냐나 요가는 앞에서 말한 바와 같이 이성적인 인간형에 속하는 생활 원리로서, 우파니샤드 · 불교 · 자이나교 등의 교설(教說)도 이에 속한다고 할 수 있다. 그러므로 이를 지(知)의 요가라고 한다. 이 원리에 의하면 영원하고 절대적인 자유는 신앙이나 행위로서보다는 오직 지혜(jñāna, 앎 · 깨달음)에 의해서만 얻어진다. 곧 지혜를 해탈에의 최고 유일의 수단으로 본다. 이러한 입장에 서 있는 종교 사상은 드디어는 모든 사회적 관계로부터 절연하게 된다. 그리하여 오직 정좌(正坐) · 관상(觀想)의 수행을 정진하게 된다. 지냐나 요가가 요구하는 생활 원리가 바로 이것이다.

여기서의 지혜는 우리가 흔히 말하는 이론적인 지식을 말하는 것이 아니다. 근대 과학적인 지식이든지 그리스 시대 이래의 철학적 사상이든지간에 모든 지식은 요가와 같은 신비 사상에서 볼 때에는 지혜가 아닌 무지(無知: a-vidya)이다. 요가의 참된 지혜는 깊은 명상에 의하여 주관 속에서 세계의 근본적인 절대자를 포함하는 직관적인 지혜를 말하는 것이다. 그것은 깨달음(覺: illumination) 또는 계시(啓示: revelation)를 얻는 '지혜'이다.

지냐나 요가는 철학적으로 상캬와 결합되어 직관적인 지혜를 추구하는 것이므로 《바가바드기타》에 나오는 카르마[行]와 같은 행동주의적인 것과는 대비를 이룬다. 지냐나 요가에서는 항상 연구하고 지혜를 닦음으로써 요가의 목적을 달성하려 한다. 그리하여 우리의 생활에서 나타나는 여러 관념을 부정하고, 그러면서 자기의 관념에서 긍정하게 되는 본질적인 것이 무엇인가를 끝까지 생각한다. 흔히 우리들이 참된 자기라는 것을 찾으려면, 가지고 있는 이 몸과 전전부지(轉轉不止)하는 이 마음에서 떠나서 찾아야 한다. 우리는 이 몸과 마음이 우리의 근본이 된다고 생각하지만 그렇지 않다.

우리들은 걸어다니고 잠자며 움직이고 생각하는 것이 우리들의 마음이나 육체라고 생각한다. 그러나 우리는 자신을 표현하는 데 이 신체와 정신이 분리되어 있을 경우와 일체가 되어 있을 경우가 있음을 알 수 있다. 몸이 아플 때의 이 몸은 마음과 분리되어 있으나, 넘어졌을 때에는 몸과 마음이 분리되지 않고 하나로 되어 있는 것이다. 다시 말하면 심신이 주객으로 나눠져 있을 때와 주객으로 나누어지지 못할 때가 있다. 내 손, 내 발, 내 얼굴…… 이와 같이 말할 때에도 나는 주이고, 손 · 발 · 얼굴은 객이다. 누가 어깨를 탁 쳤을 때에 내가 맞았다고 하지만 엄격히 말하면 맞은 것은 어깨에 지나지 않고, 나는 맞은 것이 아니다. 또 꿈에 미국이나 영국에 갔다고 할 때에는 내 몸이 그곳에 간 것이 아니고, 내 본마음도 그곳에 간 것이 아니다. 그러므로 나의 이 몸이나 마음은 참된 나(我)도 근본적인 나도 아니다.

참되고 근본적인 나를 파악하기 위해서는 먼저 우리의 이 몸이 내가 아니라고 생각해야 된다고 요가는 가르친다. 흔히 우리들은 "나는 젊었다" "나는 늙었다" "나는 남자다" "나는 여자다" 또는 "나는 착하다" "나는 유쾌하다"라고 말하는데, 이는 몸이 젊었거나 늙었거나 또는 남자거나 여자라는 것이요, 또한 마음이 그렇게 느끼고 있을 뿐이지 이 몸 속에 있는 근본 생명의 작용에는 그러한 구별이 없다. 요컨대 우리의 몸이나 마음만이 내가 아니라는 것이다.

참된 나는 그러한 구별에 있는 것이 아니므로 모든 지식과 학문도 '나'라고 하는 바와는 다른 것이다. 이와 같이 몸도 마음도 내가 아니라면 과연 나란 무엇인가? 이렇게 깊이깊이 파고 들어가서 나라고 하던 모든 것을 부정하면 결국 그 부정 후에는 긍정에 이르게 된다. 이것이 지냐나 요가이다.

이상과 같이 지냐나 요가는 참된 자기를 찾으려고 노력한다. 심신의 어느 편이고 한쪽만은 자기가 아니므로 이것에서 일어나는 것을 부정하여 심신에 구애를 받지 않는 자유로운 상태에 이르러서 절대적인 평화에 안주하게 된다. 이러한 경지가 해탈이다.

2. 카르마 요가

카르마 요가란 행(行)의 요가이다. 이것 역시 요가가 지향하는 해탈의 방법으로 제시된 구극적(究極的)인 생활 원리 가운데 하나이다. 인간은 그 성격이 형성됨에 따라서 이성형 · 의지형 · 감정형의 세 가지 유형으로 나누어진다. 이 카르마 요가는 의지적, 곧 행동적 성격을 가진 인간형에 속한다고 할 수 있다.

여기서는 사회적 의무 또는 도덕적 규제를 받고 윤리의 적극적인 실천이 요구된다. 그러나 이것 역시 본래가 해탈을 이루는 길이므로 단순한 행동의 긍정에만 그치는 것이 아니며, 그 행동은 행동의 결과에 관심을 두지 않는 종교적으로 정화된 행동이라야 하고, 인간의 욕망이 완전히 없어지는 것을 조건으로 한다. 이는 칸트 도덕철학의 동기론과 비교할 때 다른 점이 있다. 칸트도 인간의 도덕적인 행위의 성립 조건으로서 그 동기로부터 나오는 행위의 결과에 대한 무관심을 요구하여, 오직 도덕법에 대한 외경의 감정만을 동기로 삼을 것을 요구했다. 그러나 칸트의 윤리관은 의무에 대한 사회적인 해명이 부족하고 형식주의적인 추상론에 떨어졌다고 하겠다. 그러나 카르마 요가는 구체적인 의무는 항상 행위 당사자가 처해 있는 사회적 위치에 따라서 그 사회가 요구하는 행위라고 본다. 이를 《바가바드기타》에서는 신의 입을 빌려 설명하고 있다. 이렇게 살고 있는 현실 사회가 요구하는 의무를 '각자의 의무(sva-dharma)'라 불러 이것을 수행하는 데 일체의 공리적(功利的)인 상량(商量)을 떠나 헌신적으로 수행함으로써 해탈, 곧 구제의 길이 열린다고 한다.

이러한 입장을 가지는 사람은 관상주의(觀想主義)나 둔세주의(遁世主義)를 비판하고, 각자의 의무 수행을 기쁘게 생각하는 것을 해탈의 성취로 생각한다. 그리하여 카르마 요가는 사회의 의무를 수행하면서 그 행위에 끌리지 않고 궁극적인 목적을 달성하는 길을 취한다. 그들은 무한한 사회 봉사를 즐기고, 이것이 곧 종교적으로 정화되어 깊어질 것을 요구한다.

3. 만트라 요가

요기들은 음성의 진동이 인간 육체에 강력한 효과를 미치고 있음을 발견하여 음성에 의한 특별한 요가로서 만트라 요가라고 하는 것을 고안하였다. 만트라(mantra)라는 말은 진언(眞言)·주문, 또는 성전(聖典)의 문구라는 뜻이다. 그리하여 요기들은 'oṁ'이라는 성스러운 말을 왼다.

옴은 옛부터 인도에서는 성스러운 뜻과 신비한 힘을 가진 말이었다. 이는 음파 진동을 이용한 과학으로서 어느 일정한 음향이나 기도의 반복이 인간을 신과 결합시킬 수 있는 상태로 이끌어 간다는 것이다. 음향의 진동이 우리 신체의 건강을 좌우한다고 하면 쉽게 믿어지지 않으나 요기들은 이것을 믿는다.

특히 어느 일정한 모음의 음향이 우리 몸 안의 어떤 샘을 진동시켜 그로 인해 체내의 모든 부위를 움직일 수 있다고 한다. 즐겁게 노래 부를 수 있는 사람을 행복하며 건강하다고 할 수 있다면, 그것은 우리의 음성이 인간의 몸에 좋은 효과를 미치기 때문이 아닐까.

유명한 성악가 카루소는 어떤 강한 음조를 계속 내서 유리컵을 깨뜨렸다고 하고, 또한 윈나 시(市)의 라제리오 교수는 음성에 의한 치료로 건강을 회복시키고 있다고 한다. 모든 모음을 힘껏 발성토록 하는 것이 그 치료법의 일부라고 한다. 그는 자신이 청년 시절에 병상에 눕게 되자 그러한 모음의 발성을 되풀이함으로써 건강하게 되었다고 한다. 그는 진동이 육체에 미치는 치료 효과만을 활용하고 있으나, 요가는 진동이 정신에 미치는 효과까지 생각하고 있다.

이와 같이 만트라 요가는 모음 조직으로 된 특별한 소리를 영창하여 우리 몸 전체의 신경이나 샘 혹은 뇌수에 진동 효과를 내도록 한 것이다.

모음의 발성은 자음의 발성보다 부드러운 감정을 내서 사람의 마음을 안정시켜 준다. 또한 깊은 호흡으로 힘껏 힘을 주어 발성하면 새로운 에너지가 솟아난다. 한 가지 그 방법을 소개하면 우선 숨을 깊이 들이쉬어 토하지 말고 한참 유식(留息)하였다가 웃을 때와 같이 넓게 벌린 채 강한 힘으로 이-이-이-이-이-이-이 하고 발성한다. 노래 부르는 듯이 하는 것이 아니고 먼 곳에 있는 사람을 부르는 것 같은 마음으로 발성하는 것이다. 이렇게 서너 번 되풀이한다. 그러면 머릿속으로 확실한 진동의 효과를 느낄 수 있을 것이다. 여러 가지 모음이 해부학적으로 여러 부위에 영향을 끼쳤기 때문이다.

- 이-이-는 머릿속에서 진동하여 뇌하수체와 송과선, 뇌수의 두개골 속에 있는 모든 부분에 힘이 미친다.
- 에-에-는 인후 · 기관 · 갑상선 · 부갑상선에 영향을 준다.
- 아-아-는 폐의 윗부분에 영향을 미친다.
- 요-요-는 중흉부(中胸部)에 영향을 미친다.
- 오-오-는 폐의 아랫부분, 심장 · 간장 · 위에 영향을 미친다.
- 외-외-는 간장 · 횡경막 · 위에 영향을 미친다.

- 위–위–는 신장(腎臟)에 영향을 미친다.
- 오–오–는 직장 · 생식선에 영향을 미친다.
- mmmmmmm-Po-mmmmmmm은 심장에 진동을 보낸다.

이것을 1일 1회씩 행하고 심장이 약한 사람은 낮은 소리로 한다. 짧게 mmm-Po-mmm와 그것보다 길게 파–아아아 에에에에에에를 모두 한숨으로 낸다.

또한 다음과 같은 연습을 해도 좋다. 숨을 들이쉬고 그 숨을 몸속에 담아둔다. 그리고 마음을 모음에 집중하여 '옴'을 심안(心眼)으로 본다. 그 다음 모음을 발성하여 숨을 내보내면서 마음을 '옴'에 집중시킨다. 또한 ㅍ오오오오오, ㅎ오오오오오와 같이 하는데 기식음(氣息音)의 'ㅎ'으로 바뀜에 주의하고 셋이나 네 개의 모음은 섞어서 내지 않는 것이 좋다. 이렇게 매일 계속하여 사흘 후에 하나씩 음성을 증가한다. 옛부터 영창은 모든 종교 의식의 중요한 부분이었다. 거기에는 여러 이유가 있는데, 인도에서 영창되는 만트라의 진동은 인간에게서 망각되어 버린 자연의 음향에 화합하는 것이라고 생각했기 때문이다. 그리고 그것이 인간의 몸에 미치는 힘은 우리들의 내부에 있는 에너지와 관련되어 어느 모음의 발성에 의하여 나타난다고 하였다.

4. 바크티 요가

바크티 요가는 신에 대한 절대적인 귀의(歸依)로서 모든 인간적인 것을 버리고, 일체의 행위를 신을 위하여 또는 신으로서 행하는 요가이다. 여기에서는 신에 대한 전인격적인 사랑이 그의 본질이다. 신을 사랑하고 신에게 자기의 모든 인격과 생명을 바치는 것을 중심 과제로 하고 있다. 그러므로 자연히 자기를 잊고 한없는 사랑과 봉사의 길을 통하여 이상에 도달하려고 한다. 이는 불교의 관무량수경(觀無量壽經)류와 같이 한결같은 신앙에 전념하는 것이다. 요가경의 철학체계는 상캬와 같이 자성과 진아의 결합에서 오는 고통의 근원을 단절하여 진아의 독존을 목적으로 하는 것이다. 즉 요가의 수행은 마음의 작용을 억제하여 그 결박에서 벗어나려고 한다. 그러나 요가에서는 신을 내세움이 상캬와 다르다. 《요가수트라》의 삼매품 제23~29절에서는 최고신에의 귀입(歸入)으로 삼매에 도달할 수 있다고 하였고, 그것을 상징하는 말 'oṁ'을 구송(口誦)하여 그 의의를 수습하라고 하였다.

그러나 이 염신(念神)은 유신주의(有神主義)적인 신이 아니고 수행상 필요로 세운 신이다. 이러한 신을 일념으로 생각하여 그를 통하여 감정을 순화함으로써 목적을 달성하게 되는 것이다.

제6장

요가의 식사법과 단식법

1. 바른 식생활

올바른 호흡이 건강의 필수 조건인 것같이 바른 식생활 또한 가장 중요한 건강의 조건 가운데 하나이다. 그러나 일상 생활 속에서 무엇을 어떻게 먹어야 하는지를 진지하게 생각해서 실천하는 사람은 많지 않을 것이다. 근래에 와서 식생활 개선을 부르짖는 사람들이 많아지고 있으나 사람들은 여전히 관습적인 식생활을 그대로 지켜오고 있다. 우리는 호흡과 마찬가지로 식생활에 좀더 주의를 기울여야만 하겠다. 식품화학이나 식이위생에 대한 지식을 가져야 하고 그것을 활용해야 한다.

우리 나라 사람들이 좋아하는 음식물이 너무 짜고 맵다는 것은 누구나 아는 사실이고, 그것이 몸을 얼마나 해치는지도 잘 알고 있다. 하지만 이를 고치려 하지는 않는다. 그래서 얼마나 많은 위장병과 변비 · 궤양 등을 앓고 있는가? 또한 반찬뿐 아니라 백미를 주식으로 하는 우리들이 주로 그로 인해서 얼마나 건강을 해치고 있는지에 대해서는 더욱 모르고 있다.

음식물이 몸의 작용에 얼마나 큰 영향을 미치는지는, 벌이나 가축들에게 어떤 종류의 음식물을 먹이느냐에 따라서 자웅의 성이 결정되는 것 같다는 학설이 있다는 사실만 가지고도 증명될 것이다. 미국의 G. M. 크라일 박사는 "동물의 죽음은 산(酸)의 과잉에서 온다"고 말하기도 하였다. 이러한 지식을 가지고 있으면서도 비위생적인 음식물을 취해 몸에 산의 과잉을 자초하고 있다. 우리도 귀중하고 정밀한 우리의 몸을 지나치게 학대하면서 건강만을 바라고 있는 것은 아닐까?

요리법이 발달한 오늘날이지만 그 맛을 위주로 해서는 안 되고, 영양이나 활력을 위주로 해야 한다. 같은 야채라 해도 화학 비료로 재배한 것과 유기질 토양에서 키운 것과는 그 영양과 활력에서 서로 다르다. 이것은 외국에서 고려 인삼이라 해서 팔고 있는 외국산 인삼이 한국산 인삼보다 그 가치가 떨어진다는 사실만으로도 알 수 있다. 과일도 껍질을 벗기지 않은 채 그대로 씻어서 먹어야 비타민 C를 버리지 않고 먹을 수 있는데 사람들은 보통 껍질을 두껍게 벗겨 버리고 먹는다. 독한 비소로 소독하기 때문에 벗겨 버리는 것이 안전하기는 하지만 이러한 것이 모두 불완전한 식이법임에는 틀림없다.

제2차 세계대전 때 미국 군대에서 조사한 통계에 의하면, 38퍼센트의 사람들이 육체적으로나 정신적으로 부적격이고 11퍼센트만이 적성 테스트에 합격했다고 한다. 과학이 발달하고 생활이 풍부한 미국에서 그러한 결과가 나온 이유는 무엇일까? 식이요법 전문가들의 연구가 그에 대한 해답을 주었는데, 요가 수행자들은 이미 이 해답을 실행하고 있었다.

무엇보다도 먹는 양을 적게 해야 한다. 양분은 먹는 음식의 양보다는 흡수되는 질에서 결정된다. 많이 먹는다고 해서 그것이 다 흡수되는 것이 아니고, 남는 것은 폐기물로서 몸에 남아 불필요한 부담만 준다. 그러므로 요가에서는 위가 확장된 것을 수축시키는 운동을 하기도 한다. 그리하여 흡수력을 강화시킨다. 식사 때 여러 가지 반찬을 만들어 늘어놓는 것보다는 활력 있는 음식을 합리적으로 취해야 한다. 활력 있는 음식을 취하려면 될 수 있는 대로 날것으로 먹고, 만일 익히더라도 영양소가 파괴되지 않도록 해야 한다. 우리가 무엇을 먹어야 하느냐와 동시에 어떻게 먹어야 하느냐도 중요하다.

그렇다면 무엇을 어떻게 먹어야 할까.

첫째, 살아 있는 것을 완전히 섭취해야 한다. 통조림이나 말린 것, 익힌 것들은 완전한 영양 음식물이 못 된다. 현미 · 콩 · 팥 · 감자 등 그대로 영양소가 저장되어 있는 것이 완전한 것이다. 인간이 가공한 것은 모두가 불완전한 음식물인 셈이다. 천연 식물 속에는 유기물도 무기물도 완전한 상태로 들어 있기 때문에 완전한 식품이다.

둘째, 한국 사람에게 적당한 음식은 곡물과 야채이다. 무기물에는 칼로리가 없다. 칼슘 · 마그네슘 · 칼륨 · 옥도 · 철 등은 열이 나지 않는다. 열이 나는 것은 지방과 탄수화물이다. 한대 지방의 에스키모인들은 탄수화물을 섭취할 수 없으므로 지방으로 칼로리를 취하지만, 아열대 지방 사람들은 탄수화물을 과잉 섭취하는 일이 적다. 칼로리에 대한 학설에 의하면 지방은 칼로리가 높아서 좋다고들 하지만 온대나 열대 지방 사람들에게는 부적당하다고 한다. 하얗게 벗겨진 백미를 먹고, 단백질이 많은 고기나 생선만 먹으면 무기물이 부족해진다. 그러므로 현미를 먹고 야채도 적당히 익혀 먹으면 필요한 성분이 충분히 취해지고, 인체 조직이 튼튼해져서 노화된 혈관도 강하게 수축되고 병도 없어지며 오래 산다고 한다. 무기물이 부족하면 여러 가지 장애가 일어나지만, 무기물 그대로는 오히려 해로우므로 날음식에 포함되어 있는 무기 성분이라야 한다. 자연 식물 가운데는 필요한 무기물이 해롭지 않게 유기화되어 있는 것이 있다.

삼투성 체질, 다시 말해 물렁살이 찌고 종기가 많이 나는 체질은 완전한 영양을 취해서 체질을 개선하면 점점 저항력이 강해지고, 피로가 적어지며 병에도 걸리지 않는다. 무기물이 부족하면 알칼리가 부족해지고 산성 체질이 되어 건강하지 못하게 된다. 아이들에게 고기나 지방이나 설탕도 지나치게 많이 먹이면 산성 체질이 되어 뼈가 불완전하게 자란다.

비타민은 현미나 야채 속에 많이 있다. 그러므로 빈혈에는 야채를 많이 먹어야 하고, 엽록소를 먹으면 혈액이 늘고 뼈와 이가 튼튼해진다. 임산부는 육식을 삼가고 완전식을 하면 튼튼한 아기를 낳는다. 《마하바라타》의 해탈품에도 요가 행자의 음식물로 곡물 · 유과자(油菓子) · 맥분, 그리고 우유 등을 권하고 육류는 금지하고 있다.

셋째, 적당히 씹어먹어야 한다. 잘 씹어서 침을 충분히 섞는 것이 중요하다. 한국 사람들은 흔히 국이나 물에 말아 먹는데 그러면 충분히 씹히지 않는다. 특히 전분(澱粉)은 침에 의하여 포도당(글루코오스)과 호정(덱스트린)으로 바뀌어야 한다. 그렇지 않으면 전분이 위 속에서 여러 시간 걸려서 발효해야 하므로 위에 부담이 커진다. 우유도 한꺼번에 먹지 말고 조금씩 입 안에 넣어두었다가 삼켜야 한다. 그러나 이상과 같은 바른 음식물과 식사법만으로는 부족하다. 음식물이 소화되려면 충분한 산소가 필요하다. 그러므로 요가는 깊은 호흡을 하라고 말하고 있다. 근래의 식이요법이나 영양학자들의 학설을 이미 수천 년 전에 요기들이 알고 실행해 왔던 것이다.

요가를 통한 건강 증진만을 목적으로 하는 사람인 경우에는 요가 특유의 식이요법을 꼭 지킬 필요는 없고, 합리적인 식생활을 하기만 하면 된다. 그러나 요가 훈련을 본격적으로 받으려면 요기들의 엄격한 규칙을 지켜야 한다.

- 모든 자극성 음식을 먹지 않는다.
- 태양광선으로 키운 야채만을 먹는다.
- 곡물을 벗겨내지 않는다.
- 가공물이 아닌 날것을 먹는다.
- 아침에 일어났을 때와 밤에 자기 전에 한 컵의 물을 마시고, 아침 식사는 가볍게 한다.
- 저녁은 해가 지기 전에 먹고, 그후에는 물이나 과즙 외에는 아무것도 먹지 않는다.
- 천천히 잘 씹어먹는다.
- 너무 차거나 뜨거운 음식은 먹지 않는다.

2. 단식법

식사법 못지않게 중요한 것이 식사를 끊는 단식법이다. 단식은 어떤 정치적 투쟁에서 무저항주의를 표시하는 것으로 죽음을 각오하고 무언의 항변을 보이는 방법도 되겠지만 그 이상으로 우리의 육체와 정신에 큰 영향을 준다. 즉 육체와 정신의 장해를 없앤다. 그러므로 요기들만이 단식을 행하거나 권하는 것이 아니고, 모든 종교가 단식을 통해서 정신과 육체를 정화하고 있다. 예수는 광야에서 40일 단식을 하였고, 불타와 마호메트도, 그리고 그밖의 모든 예언자나 수도자들도 단식을 행하였다. 그들은 단식을 통해서 인간의 정신이 강화되며 영성이 계발되고 생명력이 강화된다는 사실을 이미 알고서 우리에게 권하고 있는 것이다. 옛날 그리스 사람들은 정치적인 중요한 사건을 해결하기 위해서는 단식 도장에서 단식한 후에 결정을 내렸다고 한다. 인도의 성자 간디 옹은 단식으로 유명한 정치인이었고, 지난날 월남의 불교도들도 정치적인 투쟁에서 단식을 행하였다. 우리 나라의 정치인들이 때때로 단식 투쟁을 하는 것도 무저항적인 정치 투쟁의 효과를 얻으려는 것 같으나, 이는 본래 단식의 목적과는 거리가 멀다고 하겠다. 간디의 너무 빈번한 단식이 대중의 관심에서 멀어진 일이 있긴 하지만 그의 맑은 정신과 육체적 인내에는 누구나 경복(敬服)치 아니할 수 없었다. 그는 최후까지 그러한 놀라운 정신과 육체의 힘을 가지고 있었는데, 그가 요가를 즐겨 행한 것은 세상 사람이 두루 알고 있는 사실이다.

단식은 이와 같은 정신력의 강화에만 활용되는 것이 아니고 예로부터 병을 치료하는 요법으로도 활용되어 왔으며, 건강을 회복하는 수단이 되기도 한다. 본능적인 감각이 예민한 동물들은 병에 걸렸을 때 본능적으로 단식을 하여 자연 치료력을 강화하는 데 반하여 인간은 그렇지 못하다. 우리는 병이 났을 때 단식하는 것은 합리적이고도 과학적인 치료법이 됨을 알아야 한다. 특히 열병에 걸렸을 때 식사를 하는 것은 어리석은 일이다. 왜냐하면 열병에 걸렸을 때에는 소화를 맡은 모든 샘들이 보통 때와 같은 분비를 하지 못해서 음식물이 몸 안에 독소를 발하기 때문이다.

몸이 아프거나 화가 나거나 증오심 등으로 감정이 고조되어 있을 때에도 무엇을 먹어서는 안 된다. 만일 정신병원에서 단식이나 내부 청소, 깊은 호흡 등을 권장한다면 어떨까? 아마 경이적인 효과를 얻을 수 있을 것이다. 그래서 자연요법이나 식이요법 전문가들은 단식을 많이 권하고 있다.

단식의 효능에 대하여 다들 잘 알고 있는 바와 같이 숙변(宿便)을 배제하면 질환의 회복과 체질의 개조를 기할 수 있고, 질병에 걸리지 않는 체질을 만들 수 있으며 다음과 같은 여러 질환도 고칠 수 있다. 위병과 직장 궤양 · 간장 비대 · 관절염 · 당뇨병 · 늑간 신경통(肋骨 神經痛) · 천식 · 수종증(水腫症) · 신경쇠약증 · 전신 마비 · 간질 가리에스 · 늑막염 · 복막염 및 각종 전염병과 중이염 · 피부병 · 적면(赤面) · 고혈압 · 저혈압 · 뇌일혈 · 유행성 감기 · 불면증 · 부인병 · 척수로(脊髓癆) · 요산 과다증(尿酸 過多症) 등 많은 질환에 좋은 효과를 가져온다. 뿐만 아니라 단식은 몸의 불결한 독소를 제거하고, 총괄적인 대청소를 하여 미용에도 좋으며, 회춘케 한다.

단식을 위한 준비로

1) 기생충을 없애고, 가벼운 식사를 하며 음주나 담배를 점차로 금한다.

2) 환경을 정리하여 주위에는 자극을 적게 하는 우호적인 사람들만 머물게 한다.

3) 신선한 공기를 호흡하고, 너무 덥거나 춥지 않게 한다.

4) 매일 아침 관장(灌腸)한다. 몸이 독소를 배출하기 때문에 쓴 타액이 나오거나 혀에 혓바늘이 돋기도 한다. 그렇더라도 제거하지 말고, 이는 칫솔을 쓰지 말고 양치질만 한다.

5) 매일 5,6회씩 한두 잔의 물만 조금씩 마신다.

6) 단식중에도 평상시와 같이 가벼운 운동을 해도 좋다. 처음 사흘 동안은 몸이 조금 떨리고 공복감을 느끼나 그후에는 없어지고, 현기증이 나거나 구토 · 두통이 있어도 걱정할 필요가 없다. 그것은 건강을 회복하는 한 증상이다.

일단 단식이 끝나면 그후에 식사를 하는 방법이 단식보다 더 중요하다. 미음부터 시작하여 사흘 동안 조금씩 먹고, 그 다음에 죽을 먹으면서 1주일 후부터 보통식으로 차차 옮아가되 적은 양에서부터 시작하여 점차 늘려 간다. 병을 떼기 위해서 하는 단식은 혀가 완전히 깨끗하게 되고 침이 다시 달콤한 맛을 가질 때까지 계속한다. 단식 방법도 점차 발달하고 있으므로 새로운 지식을 도입하는 것도 좋다.

단식 도중에 피부의 땀구멍으로부터 체내의 독이 발산되어 나쁜 체취가 날 때가 있는데, 그것은 체내에 많은 독소를 가지고 있었기 때문이다. 처음의 사흘 동안이 가장 고비가 되는데, 이를 이겨내기 위해서는 결심을 굳게 해야 한다. 기도 생활을 하거나 명상을 계속하면 쉽게 넘길 수 있다. 단식은 인간의 신체를 근본적으로 개조한다. 특히 중년 이후에는 단식할 필요가 있다.

제7장

요가를 수련하면 어떻게 되나?

혼백론 · 상

산책의 힘

제1장 형용사는 진실이 아니다!

- 가장 진실된 원시언어
- 형용사는 편견이다!
- 누가 '아름답다' 말하는가?
- 문명은 학습이다!
- 형용사를 붙들지만 마라!
- 가동사(假動詞), 가명사(假名詞)

Tip. 지혜는 발끝에서 나온다!

제2장 직립보행, 인간 뇌를 키우다!

- 인류 진화의 비결은 직립보행!
- 엄지손가락의 진화
- 입(口)의 퇴화
- 발가락의 비밀
- 발가락과 두뇌
- 인간은 궁극적으로 무엇을 '생각'하는가?

Tip. 귀보다 눈을 믿어라!

제3장 혼(魂)이냐, 백(魄)이냐?

- 난 아직 귀신을 보지 못했다!
- 혼백(魂魄)이란 무엇인가?
- 혼(魂)이란 무엇인가?
- 백(魄)이란 무엇인가?
- '나'의 주인은 누구인가?
- '마음'이란 무엇인가?
- 혼백을 가르면 '마음'이 보인다!
- 인간은 그동안 왜 백(魄)을 놓쳤을까?
- 넋과 얼
- 물질 세계와 정신 세계

Tip. 정(精), 기(氣), 신(神)

제4장 발가락으로 사유한다?

- 걷는 것이 최고의 수행법
- 예술가들은 왜 산보를 즐기는가?
- 사유냐? 고민이냐?
- 산책(散策)과 사유(思惟)
- 합리적 판단과 결정을 위한 걸음

Tip. 창조적 발상은 어디서 나오는가?

제5장 사색산책, 어떻게 하나?

- 타인을 의식하지 않기!

기만 하면 그 빛을 녹색이라고 인식하든 않든 간에 그 빛이 직접 자율 신경의 흥분 중추를 자극하고, 그 자극이 다시 뇌하수체 호르몬의 분비를 촉진하여 피부의 색소 회복의 배열을 변경하기 때문에 빛깔이 변한다고 한다. 그러므로 요컨대 동물은 눈으로 물건을 인식하든 않든 간에 눈을 통해서 빛이 들어오면, 다른 신경로의 자극으로 그 빛이 직접 흥분 중추를 자극하여 마음의 동요를 일으킨다. 그러므로 마음의 동요를 막는 데는 눈을 감는 것이 좋다.

인간의 내장 기능은 자율신경의 작용을 받고, 자율신경은 척추를 통하여 내장으로 뻗어 있으므로 척추에 이상이 있으면 내장에도 이상이 일어난다. 척추는 목에서부터 꼬리뼈에 이르기까지 34개의 뼈마디가 접속되어서, 그 하나하나로부터 내장과 기타 기관으로 신경이 나가 서로 결부되어 있으므로 척추의 고장은 거의 전신에 영향을 준다. 그런데 인간은 척추에 고장이 일어나기 쉽게 되어 있고, 그 때문에 병을 많이 가지고 있다.

인간이 인간의 형태를 갖추기까지는 수백만 년의 역사를 거쳤다고 하니 인류가 본래 네발 동물로부터 진화했다고 한다면 수백만 년간은 네발로 기거나 혹은 서서 다녔을 것이다. 이것은 오늘날 발굴된 유인 화석으로도 증명된다. 그런데 인간이 완전히 일어서서 보행하게 된 후부터 골격의 주요 부분인 등뼈를 세우게 되었고, 이 등뼈는 기둥같이 버티고 있어 역학적으로 무리가 생겨 고장이 일어나기 쉽게 되었다. 우리 인간은 위에 무거운 두뇌를 떠받치면서 서서 보행하거나 활동한다. 그런데 척추는 포물선형이고, 요추는 쌍곡선형, 천골(薦骨)과 미저골(尾骶骨)은 포물선형이어서 두뇌에 직접적으로 충동을 주는 자극은 피하도록 되어 있다. 그러나 이 때문에 역학적인 영향으로 고장을 일으키게도 되어 있어 뒤틀리거나 틍그러져서 그곳으로부터 나오는 신경에 압박과 장애를 준다. 그래서 인간은 여러 가지 병이 나고 고장이 많다.

등뼈 중에서 가장 역학적 영향을 받기 쉬운 곳은 경골(頸骨) 1번과 4번이다. 1번 경추골이 틍그러지면 눈 · 얼굴 · 목 · 폐장 · 횡경막 · 위 · 신장 · 부신 · 심장 · 내장 · 대소장(大小腸) 등에 고장을 일으킨다. 4번 경추골이 틍그러지면 눈 · 얼굴 · 목 · 폐 · 횡경막 · 간장 · 심장 · 지라 · 부신 · 코 · 인후 등에 이상이 일어난다. 그래서 동양의 침구(鍼灸)는 이 경골 1번과 4번 사이를 침이나 뜸으로 자극하여 병을 고치고 있다.

다음으로 흉추는 2번과 5번, 10번이 틍그러지기 쉽다. 2번이 틍그러지면 폐와 늑막을 해치기 쉽고, 5번이 틍그러지면 인후 · 눈 · 위 · 갑상선 등에 병이 생기고, 10번에 이상이 생기면 눈 · 심장 · 대소장 · 코 등에 병이 난다. 요추는 2번과 5번이 고장나기 쉬운데, 2번의 이상은 방광염 · 맹장염 · 생식기의 기능 장애를 일으키기 쉽고, 5번의 이상은 항문병에 걸리기 쉽다. 이외에도 직업 관계 · 외상 등 여러 가지 원인으로 등뼈가 틍그러질 수 있다.

이와 같이 많은 병들이 척골의 고장에서 일어난다. 척추의 고장이 여러 종류의 병의 원인이 된다는 것은 기원전 420년경에 에스큐라피아스족에 의하여 발견되었고, 3천 년 전 이집트에서는 척추 이상을 고쳐서 병을 치료한 사실이 있다고 한다.

역사를 통해서 볼 때 사람들은 항상 불안정한 생활 속에서 기거가

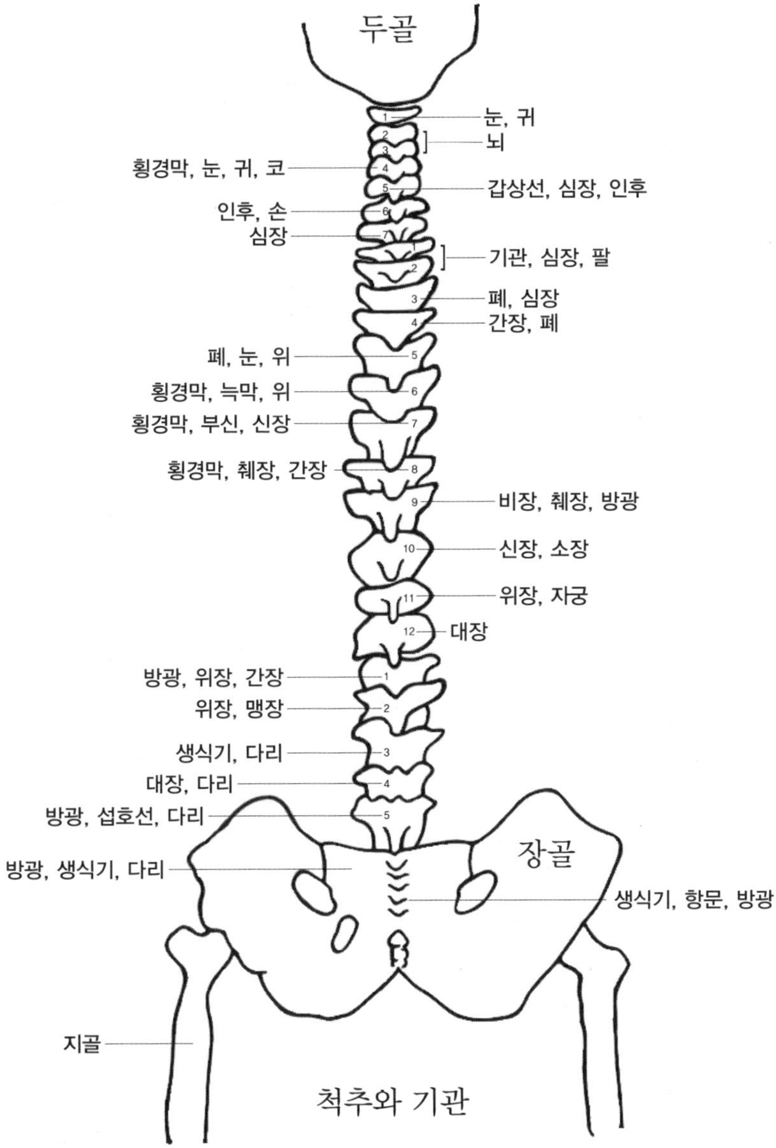
두골
눈, 귀
뇌
횡경막, 눈, 귀, 코
갑상선, 심장, 인후
인후, 손
심장
기관, 심장, 팔
폐, 심장
간장, 폐
폐, 눈, 위
횡경막, 늑막, 위
횡경막, 부신, 신장
횡경막, 췌장, 간장
비장, 췌장, 방광
신장, 소장
위장, 자궁
대장
방광, 위장, 간장
위장, 맹장
생식기, 다리
대장, 다리
방광, 섭호선, 다리
장골
방광, 생식기, 다리
생식기, 항문, 방광
지골
척추와 기관

〔그림 119〕

바르지 않고 거주가 일정치 못해서 많은 병을 얻게 되었다고 할 수 있다. 그러나 척추를 바로잡을 필요가 있음을 깨달은 고대 인도의 문명인들은 좌법과 운동법을 정하여 수련하였고, 그것이 오늘날까지 요가와 맥을 잇대어 전해져 오고 있다. 이 요가의 좌법이나 운동법은 척추의 교정과 운동으로 여러 가지 병을 고칠 수 있음을 실제로 보여준다. 요가 행법에서는 연화좌가 기본 자세인데, 이것이 안 되는 사람은 신체에 고장이 있음은 물론 노화된 증거로 보아야 한다. 바른 자세를 연습하여 척추를 바르게 하면 병에 걸리지 않게 될 것이다. 척추와 각 기관과의 관계는 그림 119와 같다.

2) 휴식

어떤 일에 흥분되어 있거나 신경이 긴장하여 있을 때에는 몸은 피로할 대로 피로하면서도 잠이 오지 않는다. 그럴 때에 자기 자신을 컨트롤하는 훈련을 한 사람이면 뜻대로 휴식을 취할 수가 있다. 자기가 마음대로 휴식을 취할 수 있다면 얼마나 좋은 일인가. 우리가 자고 싶으면 곧 잘 수 있고 피로할 때 곧 피로를 풀 수 있다면 이보다 유쾌한 일이 어디 있겠는가. 이 문제를 요가에서는 과학적 방법으로 해결하고 있다. 복잡한 현대의 생활 속에서 지나친 긴장은 심한 피로를 가져다 준다. 그러나 피로를 느끼지 않는 방법이 요가에 있다. 세상에는 고뇌에 시달려 살고 있는 사람이 수없이 많다. 참고 산다는 것도 장한 일이지만 고통이 고통으로 느껴지지 않는 길이 있다. 우리가 무엇을 생각지 않으려 애쓸 때에 더욱 그것이 생각나고, 자려고 할 때에는 더욱더 잠이 안 오는 경우를 경험했을 것이다. 그런 일은 흔히 있는 일이지만 그것이 얼마나 우리의 생명력을 감퇴시키는지를 알아야 한다. 또한 흥분이나 고민을 없애기 위해서 담배를 피우고 술을 마신다. 그러나 그것은 잠깐 동안의 기분전환은 될 수 있을지언정 근본적인 해결 방법은 안 된다. 우리의 생활이 근본부터 잘못되어 있다는 사실을 우리는 알아야만 할 것이다.

피로가 축적되면 병이 생긴다. 몸의 병이 마음의 불안에서 일어나는 경우가 많음은 현대 의학에서도 인정하는 바이고, 신경성 질환이 얼마나 많은가를 생각해 보아도 알 수 있다. 그러므로 질병의 치료는 대응 요법 같은 부분적인 치료로만은 불가능하고, 마음까지 동시에 치료해야만 한다. 미국의 F. 루이스 박사는 그의 저술에서 말하기를 "우리들 마음도 같이 치료하지 않는 한 몸의 충분한 치료를 할 수 없음을 알았다"고 하였다. 최근에야 미국에서는 정신과 육체의 쌍관요법을 제창하는 의사가 많이 나왔으나 동양에서는 수천 년 전부터 종합적인 치료법을 쓰고 있었다. 요가가 마음과 몸을 관련시켜서 호흡과 의식의 집중과 운동을 겸하고 있는 것은 이러한 원리를 살리고 있는 것이다.

위궤양이나 관절염 등도 마음과 큰 관계가 있다. 대도시에 사는 사람들이 농촌에 사는 사람들보다 정신적이나 육체적으로 많은 장애를 가지고 있다. 도시인은 빨리 늙고 병이 많으며 신경이 약하고 생활에 지쳐 죽음의 공포에 싸여 있다. 큰 거리에 밀려다니는 사람들만 보아도 그들의 대부분은 흥분해 있고, 얼굴을 찡그리고 걱정과 공포와 좌절감에 싸여 있다. 건망증이 있어 무엇을 어디에 두었는지 모를 때가 많고, 인생엔 즐거움보다 괴로움이 많다. 이러한 괴로움으로 이어지는 생활에서 몸의 건강을 바라기는 어렵다. 이와 같은 현대인의 생활에서는 충분한 휴식이 취해져야 한다. 그러므로 휴식을 취하는 기술을 배워야 한다. 먼저 마음의 긴장을 푸는 방법을 배워야 하고, 몸의 피로를 푸는 방법도 배워야 한다.

요가 훈련에서는 휴식을 크게 평가한다. 마음을 평정하지 않고 근육이 경화되어 있는 사람은 정신의 건전을 기할 수 없기 때문이다. 그리하여 요기들은 특수한 육체 훈련과 정신 훈련을 하는 방법을 안출하게 되었던 것이다. 이러한 훈련을 하면 고조되는 감정을 제어할 수 있을 뿐더러 경화된 근육이나 신경을 풀어서 안식감을 줄 수 있다. 몸을 푹 쉬고 있을 때에는 생명 에너지의 헛된 소비가 생기지 않는다.

시카고의 E. 야콥슨 박사는 몸의 휴식 정도를 측정하는 기계를 발명하여 많은 사람이 충분히 휴식하는 법을 모르고 있다는 점을 증명하였다. 동물들의 습성을 관찰하여 보자. 고양이나 범을 볼 때 그들이 어떻게 등을 구부리고 또 몸을 뻗어 하품을 하는가. 그들은 그렇게 해서 몸을 푸는 운동을 하는 것이다. 그러므로 피로하여 휴식이 필요할 때에는 고양이 모양으로 쉬어야 한다. 몸을 탁 풀어 죽은 것같이 완전히 긴장을 풀어 버려야 한다. 그리고 딱딱한 방바닥이 푹신한 침대보다 신경을 잘 풀어 주어 몸에 좋다.

근대 서양풍에 도취되어 한국 가정에서도 침대를 사용하는 사람이 많아졌는데, 그보다는 단단한 방바닥에 얇은 요를 깔고 누워 자는 것이 몸에 더 좋다는 사실을 알아야 한다. 왜냐하면 평상(平床)은 중력에 대하여 가장 안정된 평면이므로 전신이 안정할 수 있는 것은 물론, 서서 생활하는 것으로 인한 척추의 부정왜곡(不整歪曲)이 교정되어 바른 자세를 유지할 수 있기 때문이다.

요가식 휴식법에는 여러 가지가 있는데, 두뇌를 많이 쓰는 사람은 물구나무서기를 하면 매우 좋다. 짧은 시간이라도 쉬겠다고 생각할 때에는 구두나 옷을 벗고 허리띠나 넥타이도 풀고 방바닥에 길게 누워 팔과 다리를 쭉 뻗고 마치 기지개를 켜듯이 하여 보라. 다음은 무릎 · 배 · 가슴 · 손끝 · 얼굴 · 머리끝, 이렇게 의식하면서 온몸을 쉬게 한다. 그리고 자기의 몸이 요 속에 파묻혀 들어가 있다고 상상한다. 2,3분 이런 상태로 있은 다음 자기가 구름이 되었다고 상상하여 가볍게 저 하늘을 이리저리 떠다닌다고 생각한다. 이 방법은 송장체라는 것인데, 이렇게 하면 모든 긴박감이나 걱정 · 번민이 없어지고 생기가 나며 피로가 회복될 것이다. 이와 같은 휴식법을 알고 있는 사람은 사업의 성공과 건강 및 장수의 비결을 아는 사람이다.

3) 놀라운 정력(완전한 성생활)

요가에 관심을 가지고 있는 사람들 중에는 요가가 성(性)에 대해 독특한 견해와 수련법을 가지고 있는 것으로 여기거나, 또한 반대로 성에 대해서는 금욕주의를 취하여 등한시하고 있다고 생각하는 사람들이 있다. 그러나 요가는 인도 밀교의 일파처럼 성만을 위주로 하거나 반대로 억제함을 위주로 하는 것이 아니고, 오히려 이 문제에 대해서는 과학적 · 합리적인 견해를 가지고 있다. 요기들은 성적 정력이 우리의 체내의 잠재력으로서의 에너지와 밀접한 관계가 있음을 알고 그것을 쿤다리니(Kundarīni)라고 부른다. 몸 속에 있는 이 성 에너지가 요가 운동에 의하여 환기되면 비상한 힘을 발하게 된다.

성의 지나친 억압은 정신적 장애의 원인이 되어 극단의 잔학성을 발하게 되거나 정신 이상을 일으키기도 한다는 사실은 잘 알려져 있다. 성적인 충동을 만족시키기 위하여 얼마나 많은 잔학한 범죄가 행해지고 있는가를 살펴보면 알 수 있는 일이다. 그러므로 요가는 독신 생활을 권하지는 않는다. 오히려 결혼 생활을 하고 있는 사람들에게 여러 가지 성에 대한 지식을 주고 있다. 성을 성스러운 것으로 보고 이성을 사랑하는 기술에 대한 교육을 받는다. 독신 생활을 하면서 스승으로부터 일정한 기간 동안 이러한 교육을 받는다. 그 훈련이 완성되고 나면 결혼하여 재가(在家)의 요기로서 그들의 성적 에너지를 합리적인 방향으로 사용한다. 그들이 금욕 생활을 하든 안하든 간에 이 성적 에너지는 고상한 영적 생활에 사용된다.

요기들은 여러 가지 방법으로 이 성적 에너지를 보다 높고 고상한 방면으로 승화시켜 사용함으로써 성적 충동을 이상적(異常的)으로 억압할 필요가 없도록 한다. 이러한 방법 가운데 가장 용이하고 안전한 방법은 먼저 2,3분 동안 완전히 휴식하는 자세를 취하고, 다시 정좌하여 깊은 리듬 호흡을 5,6회 하는 것이다. 그리고 눈을 감고 위대한 생명력이 우리 몸의 안팎에 작용하고 있다고 생각한다. 그리하여 마음을 이 위대한 생명력에 집중시켜 성에 관한 모든 생각을 버리고, 다시 심호흡을 계속하여 숨을 들이마실 때에 성 에너지를 하부로부터 끌어올린다고 생각한다. 그리고 숨을 내뿜으면서 그 성 에너지를 복부 윗부분의 등 쪽에 있는 태양신경총이나 복강신경총으로 또는 뇌수로 보낸다. 이러한 연습을 2,3분간 한다. 이같이 강한 의식으로 호흡을 통하여 성 에너지를 태양신경총으로 올려보냄으로써 그것을 완전히 체내에 보존하여 우리의 활력으로 변화시킬 수 있다.

또한 잠자리에 들기 전에 목욕을 하면 성충동으로부터 오는 육체의 긴박에서 떠날 수 있게 된다. 요기는 정력을 잘 사용하는 데에서 그치는 것이 아니고 정력을 정상적으로 발달시키려고 한다. 요가 특유의 휴식법과 체위법으로 이것을 이룩한다. 사람이 정력을 보존하는 것은 우리의 영력(靈力)을 높이는 데 중요하다고 요기들은 생각한다. 정력을 쓰기 위해서 증진시키는 것이 아니다. 요가는 자연히 감퇴되는 정력을 회복시키면서 자신 있는 생활을 건설할 수 있는 힘을 유지시켜 준다. 그러면 이러한 큰 효과를 가져다 주는 요가 체위법으로는 어떠한 것들이 있을까?

대표적으로 손꼽히는 좋은 운동은 물구나무서기 체위법이다. 이 체위는 생식선의 하나인 뇌하수체를 자극하여 성선(性腺)의 기능을 정상화한다. 이밖에도 물구나무서기는 갑상선에도 작용한다. 갑상선도 또한 성의 기능과 밀접한 관계가 있다. 그러므로 뇌하수체나 갑상선에 영향을 주는 모든 체위법은 모두 성선과 관계된다고 할 수 있다. 특히 물구나무서기는 이들 양쪽 선에 적당한 영향을 주기 때문에 가장 좋은 운동법이다.

이 운동과 더불어 아슈비니 무드라(asvini-mudra)라는 특수한 운동을 하면 더욱 효과가 있다. 이 무드라는 항문을 수축하면서 숨을 토하고 한참 동안 숨을 멈추었다가 천천히 숨을 들이마시면서 항문 근육을 늦추는 운동이다. 이 운동을 급속히 연속하면 수축과 이완이 성기를 자극하여 국부에 혈액이 흘러 들어가게 된다.

이러한 운동들은 요기들에 의하여 수세기에 걸쳐서 남성의 매력적인 활력의 회복과 그 승화에 유효한 것으로 알려져 왔다. 이뿐 아니라 다른 많은 체위법들도 우리의 모든 내분비선에 좋은 영향을 주어 젊음을 유지하게 된다. 인도 민족이 그들의 성전《카마수트라》에서 성생활의 모든 것을 가르치면서 성을 도덕적 · 종교적 차원으로 승화시키고 있듯이, 그들에게는 성을 통한 사랑의 표현이 신성한 제식이기도 하다.《카마수트라》에서 볼 수 있듯이 그들이 성을 거룩한 종교적인 뜻으로까지 승화시켰을 때, 성의 속성은 고양되어 절대적인 행복감을 가지게 된다. 그렇게 인도 민족에게는 성이 수치라거나 죄악이라거나 부자연한 것으로 인식되지 않았다. 그들에게 성은 신의 뜻을 나타내는 샤크티(Śakti)로 보여진다. 그러므로 힌두교 사원에서는 성기가 숭배되고 있다. 그들의 성전《카마수트라》는 바로 건전한 성교육의 근본 교과서이다. 그러므로 요가에서 심신을 수련하는 방법으로 성을 높이 고양하는 것은 신기한 일이 아니다. 왜냐하면 요가는 인간의 사랑이나 성에 대한 영적 체험을 가지고 있기 때문이다.

4) 소원 성취

염력(念力)이란 말이 있다. 생각하는 힘이 자신과 타인에 미치는 힘이 있다는 것이다. 물리적으로 어떻게 힘이 미치는가의 문제는 심령학자와 심리학자들이 여러 가지로 실험하고 연구하고 있지만 요가에서는 우리의 마음이 우리 자신을 원하는 바대로 만들고, 또 남도 그렇게 좌우할 수 있다고 말하고 있다. 불교 경전 가운데에도 이러한 힘에 대한 귀중한 교훈이 남아 있다. 우리가 수행한다는 것은 자신이 어떤 이상태(理想態)가 되도록 하려는 것이다. 인도어로 바바야티(bhābayati), 곧 '되어지게 한다'라고 한다. 내가 수도를 한다는 것은 내가 그렇게 되어지는 것이다. 마음에 나쁜 생각을 늘 가지고 있으면 자기 자신이 꼭 그렇게 되고 만다. '되어진다'는 것은 자기 자신이 구체적으로 그렇게 되는 것이다. 우리가 마음을 깨끗이 하여 이상을 향하여 염원하는 생활을 하면 자기 자신이 그러한 세계로 높아진다. 불교에서 아미타불을 염하거나 관세음보살을 염하는 것도 이러한 뜻에서이다. 서양에도 이러한 사상이 없는 것은 아니다. 심리학자 쿠우에가 말한 자기 암시가 곧 이것이다. 병도 "내가 병이 아닐까?" 하고 생각하면 어쩐지 몸이 거북하여 병이 되고 만다. 이런 예는 사회의 다른 모든 일에서도 잘 볼 수 있다.

우리 사회가 잘되고 못되는 것은 우리의 마음가짐, 즉 염력에 달려 있다. 세계 평화도 우리가 평화를 염원하는 데서 이루어질 것이다. 요가에서는 본래 인간을 신이라고 믿는다. 그리고 신이 될 수 있다고 믿고, 되려고 염한다. 그러므로 요가 궁극의 목적인 독존위(獨存位)의 달성은 자신이 염원한 바, 곧 신이 되는 것이다. 인간은 인간 자신이 생각한 대로 되어지고 있다고 한다. 한 예를 들면 우리가 먹는 음식이 우리의 건강을 좌우할 뿐만 아니라 성격까지도 결정한다고 하면 믿지 않는 사람이 많겠지만, 동물성 음식물을 주로 먹는 사람의 성격은 거칠어지고 식물성 음식을 주로 먹는 사람은 순해진다고 한다. 사실 요가에서는 식물성 음식물을 주로 섭취해야 하는 이유로 여러 가지를 들고 있는데, 그 가운데 하나가 성격 형성과 관계가 있다. 동물성이건 식물성이건 그 성분은 둘째로 치더라도, 남의 살을 먹고 좋아하거나 그 살을 먹기를 원하는 그러한 염력이 그 사람을 거칠게 만든다고 보는 것이다. 우리의 염력이 일정한 방향으로 계속되어질 때 그것이 우리의 행동이나 성격을 결정한다.

우리의 건강이나 병은 모두 자기 자신에게 그 원인이 있다. 사업의 성공이나 실패 · 행복 · 불행 등 모두가 우리들의 마음이 생각하는 바에 따라서 그대로 된다. 사물에 대한 적극적인 사고나 소극적인 사고의 힘이 그 결과를 이미 내포하고 있는 것이다. 마음의 힘은 그 자체로서는 적극적이거나 소극적인 것이 아니다. 그것은 오직 상응되는 것으로서 우리의 마음을 어떻게 통제하느냐 하는 문제, 곧 마음을 조절하는 일은 어려운 일이 아니다. 어려운 수련을 쌓지 않아도 어떠한 방향으로든지 사용할 수가 있다. 재미있는 이야기가 하나 있다. 미국에 요가 도장을 가지고 있는 인드라 데비 부인의 어떤 친구는 항상 날씬하게 되기를 바라는 염력에 사로잡혀 있었다. 그녀는 그 염원을 항상 입버릇처럼 외고 있었는데, 끝내는 그것이 고정관념이 되어 버려서 그 관념을 돌릴 수가 없게 되었다. 그리하여 드디어 몸은 말랐으나 그의 남편은 전쟁에 나가 죽고 또 자신도 병이 들어 버렸다고 한다. 이 이야기는 정신 통일이 모든 것을 달성하게 하지만 그 바탕에 욕심이 있으면 인생을 파괴하기도 한다는 예이다. 그러므로 요가 수련에서는 항상 명상이 동시에 병행되고 있다. 오히려 명상을 가장 중요시한다. 처음 명상을 배울 때에 사랑 · 선 · 관용(寬容) 등과 같은 추상적인 관념이나 어떤 아름다운 상념을 가지고 마음을 평정케 하는 것은 이런 까닭에서이다.

가장 고요한 적정 그대로의 심정에서만 사물은 바르게 반영되고 그러한 마음만이 참된 인간의 본성을 드러낸다. 이렇게 되어 그 사람은 참된 삶을 살게 된다. 명상의 목적은 이와 같은 진리를 깨닫고 그 진리와 융합하려는 염원을 달성하려는 데 있다.

5) 젊어지는 방법

우리 인간이 죽을 때까지 젊음을 유지할 수 있다면 얼마나 좋을까. 생물은 영생할 수 없다. 그러나 죽을 때 죽더라도, 죽을 때까지 건강할 수 있다면 그것은 다행한 일이 아닐 수 없다. 살아 있는 동안 몸과 마음이 젊음을 유지하고 싶다는 것은 인류 공통의 소원임에 틀림없다. 이 소원을 이룰 수 있는 비결을 얻기 위해서 과학자 · 승려 · 의사들이 몇 세기를 두고 애를 써왔다. 그러나 지금까지 그 비결은 알려지지 않았고, 단지 의치 · 염발(染髮) · 화장술 따위의 청춘을 환상케 하는 기계적인 수단만이 늘어나고 있다. 이 문제가 근본적으로 해결될 날이 올지 안 올지는 모르겠지만 인류가 꼭 이루려고 하는 과제이다.

요기들은 젊은 정력과 힘찬 청춘을 유지하여 장수를 즐기는 데 어느 정도 성과를 거두어 왔다. 그러나 현재의 우리들이 인도 요기들의 그 성과를 기대하기는 곤란하다. 왜냐하면 그들은 생애의 대부분을 요가 훈련에 바쳤으며, 또한 그들의 환경이나 생활 상태는 오늘날의 우리와는 사뭇 다르기 때문이다. 그러나 우리들이 노력하여 찾기를 애쓰면 그 비결을 터득하여 놀라운 성과를 얻게 될 것이다. 사람은 누구나 이것을 원하면서도 노력하지 않기 때문에 이룩하지 못할 뿐이다.

사람들은 약방에 가서 돈을 주고 좋은 약을 가져다가 먹어서 쉽게 건강과 젊음을 얻으려고 한다. 그러나 그 소원을 이루려면 스스로가 피나는 노력을 해야만 한다. 청춘을 잃은 사람이 청춘을 얼마나 그리워하고 희구하는가를 생각할 때 우리는 청춘을 사려 없이 낭비해서는 안 되며, 일단 청춘을 잃은 사람도 다시 찾도록 노력함으로써 충실하고 행복한 인생을 다할 수 있도록 해야 한다. 그런데 요가는 인간의 몸과 마음을 건강하게 만드는 더할나위없는 비결을 가지고 그것이 가능하다는 것을 알려준다. 이미 말한 것처럼 모든 인간의 육체적 · 정신적 성장과 발전을 위한 운동법과 식이법 · 명상법 등을 갖춘 요가는 온 인류를 매혹시키고 있다.

6) 내분비선의 기능 촉진

내분비선은 내분비 계통이라고 하는 뇌하수체나 송과선 · 갑상선 · 부갑상선 · 흉선 · 부신 · 생식선 등과 같이 신체의 일정한 부분에서 나오는 호르몬을 혈액 속에 유출시켜 인간의 성격은 물론 건강까지 좌우하고 있는 것이다. 이들 내분비선은 서로 긴밀한 관련을 가지며, 우리가 상상하는 것 이상으로 몸이나 성격에 크게 영향을 미치고 있다. 구체적으로 말하면 다음과 같다.

뇌하수체는 다른 모든 선을 조절하면서 체내에서 민활히 활동하여 신체의 여러 기관의 기능을 유지 · 발달시킨다. 그뿐 아니라 지방의 퇴적을 방지하고 원만한 성격과 아름다운 감정을 가지게 한다. 미국의 호스킨스 박사는 그의 저서에서 아이들의 불량성 · 반항 · 도벽 · 거짓말 · 방랑성 등은 많은 경우에 뇌하수체의 기능 장애에서 온다는 점을 실험적으로 확인하고 있다.

송과선은 우리의 몸을 조화시켜 준다. 이 선에 이상이 생기면 성선에 영향을 주어 모든 계통의 조숙을 초래한다.

갑상선은 우리 몸의 내부 활동에 대한 책임을 지고, 수분 또는 골격의 정체(停滯)나 경화를 방지한다. 또한 성기의 적당한 발달도 갑상선이 하는 일이다.

부갑상선은 몸의 안정을 맡는다. 칼슘이나 인의 작용을 조화시키고 신진대사의 균형을 유지한다.

흉선은 우리를 청년기까지 성장 · 발달시킨다.

신장선은 부신이라고도 하는데, 내적 에너지를 증진시켜 우리의 정력 · 용기 · 열정 등을 유지한다.

생식선은 우리의 성격을 형성하고 애정을 가지게 한다.

요가 운동은 이러한 내분비선 기능에 이상이 생겨서 성격이 비정상적으로 되거나 건강을 해쳐 병이 생기더라도 그것을 정상으로 회복시킨다. 요가 운동의 깊은 호흡에 의하여 생명력이 강화되고, 그 독특한 운동에 의해서 내분비선의 분비액이 왕성히 배출되므로 모든 선이나 기관의 기능이 강화되기 때문이다.

요기들은 이미 옛날에 운동과 그외의 여러 가지 방법으로 이것을 증진시킬 수 있음을 알았다. 이것은 고대 중국인들이 침이나 뜸으로 신체의 어느 부분을 자극하여 생명력을 원활히 활동케 한 것과 비슷하다. 오늘날 우리 몸에 있는 경락(經絡)이라는 것은 신경선이나 내분비선이 아닌 생명력이 흐르는 전류의 선이라는 것을 실험에 의해 알게 되었는데, 이를 인도인들은 수천 년 전에 이미 발견했던 것이다. 그러므로 하타 요가의 제1단계인 아사나는 생명의 기능을 취급하여 내분비선에 큰 효과를 주도록 조직되어 있다.

미국에서 있었던 예로 16세 된 소녀가 8세 때에 늑막염을 앓고서 육체와 정신 발달이 뒤떨어지게 되었다. 게다가 정신박약아였기 때문에 아무 일도 할 수 없었고, 집에다 불을 지른 일까지 있었다. 그러한 소녀가 3개월 동안 요가를 연습한 끝에 다른 소녀들과 같이 유쾌한 성격을 가지게 되었고, 더 계속한 끝에 드디어는 정상인과 똑같이 되어 미용사의 조수로 일하게 되었다고 한다.

또한 상하이와 같이 기후가 좋지 않은 지방에 사는 부인들은 생리기일의 불규칙과 갱년기 장애로 고민하다가 요가 수련으로 극복한 예가 많다. 뿐만 아니라 뉴욕의 한 유명한 의사는 그에게 온 환자에게 요가를 수행케 하여 오랫동안 앓던 뇌하수체와 담낭 장해를 기적같이 치료한 일도 있다. 현재 필자에게 요가를 지도받은 52세의 모 회사 사장 H씨도 당뇨병으로 인한 성적 장해를 고민하던 중이었으나, 수련 후 불과 1개월 후에 희소식을 전할 수 있게 되었다. 이와 같은 예는 요가가 특히 내분비선에 좋은 영향을 주고 있음을 잘 나타낸다. 또한 필자도 학구 생활에 열중하면서 정력이 왕성하고 병이라는 것을 모르니 '24시간 웃으며 뛰는 사람'이라는 별명을 듣고 있는 것은 요가의 덕이 아닐 수 없다.

7) 아름다운 여성미와 건강한 남성미

요가는 육체적인 건강만이 아니고 정신적인 아름다움까지도 추구하여 젊음을 유지할 수 있게 해준다. 요가 행법의 8단계 가운데 금계 · 권계 · 제감 · 응념 · 정려 · 삼매는 정신적인 미를, 운동법인 아사나와 호흡법인 프라나야마는 정신과 육체의 미를 추구하는 수행이다. 사람들은 누가 "당신은 아름답다"라고 찬사를 보내 줄 때에라도 자기의 모든 면이 아름다워야 비로소 참된 만족을 느낄 것이다. 자기의 모든 면이란 건강과 원만한 인격과 아름다운 정신이다. 우리가 거울 앞에 서서 자신의 모습을 바라볼 때 정말로 아름답다고 긍정할 만하다면, 그것은 우리의 옷이나 장식물로 된 외모가 아니라 그런 것을 벗어 던졌을 때 드러나는 우리의 몸맵시가 첫째로 아름다워야 할 것이다. 피부색이 좋지 않거나, 허리가 너무 굵거나 또는 너무 말랐거나 나이에 비해서 주름살이 많거나 하면 정말로 아름답다고 할 수는 없다. 미용은 여자에게만 필요한 것이 아니라 남자에게도 필요하다. 육체의 아름다움은 바삐 돌아가는 일상 생활 속에서 하루 5분 내지 10분씩 하는 짧은 요가 운동으로도 충분히 얻을 수 있을 것이다. 요가는 쉽고 완전한 미용법이 되기 때문이다. 좀 더 운동하고, 적게 먹고, 덜 마시고 담배를 적게 피워야 한다. 그렇게 한다면 건강이나 기질이나 체격이 지금보다 훨씬 아름다워질 것이다. "왜 비대한가" "왜 수척한가"에 대한 대답은 스스로가 가장 잘 알고 있을 것이다.

자신의 몸을 살펴본 다음에는 다시 자신의 마음속에 긴박 · 공포 · 초조 · 좌절감 · 억압감 등이 스스로를 어떻게 끌고 왔나를 살펴보라.

오늘날의 정신의학이 마음의 억압이나 불쾌감이 얼마나 많은 질환을 가져오고 있나를 말하는 것을 듣기 전에, 자신이 먼저 그 대답을 알 수 있을 것이다. 결장염 · 감기 · 맹장염 · 담석증 · 심장 장해 · 난소 장해도 마음의 여러 가지 불안에서 온다는 것을 정신의학은 말하고 있다. 육체의 건강에는 마음의 평화가 중요하다. 긴장을 풀어 주는 것은 여성미나 남성미를 가지는 지름길이 된다. 고요한 시간에 잠시라도 명상을 하는 습관을 붙이고, 아침 저녁의 짧은 시간이나마 요가 운동 한두 가지를 하는 습관은 우리의 육체를 아름답게 가꿔 줄 것이며, 요가의 깊고 조용한 호흡은 우리에게 빛나는 정신의 건강을 선물할 것이다.

8) 체질 개선

요가의 공덕에 대하여 《슈베타슈바타라 우파니샤드》에서는 제1단계의 효험으로서 명랑 · 건강 · 침착 · 안색 청명 · 음성 명징(明澄) · 체향 방순(體香 芳醇) · 양변 경소(兩便 輕少)를 들고 있는데, 이는 결국 요가가 체질 개선의 효험이 있음을 말하는 것이다.

신체적인 능력으로서 나타나는 건강은 요가가 현대인에게 주목을 받게 된 공덕이다. 불교의 선이 정신적으로나 육체적으로 주는 효능이 큰 것과 마찬가지로 요가의 운동법이나 조식법 · 명상법은 생리적으로 놀라운 효과를 가져온다는 사실이 증명되었다. 건강과 정신의 안정은 부산물적인 것이지만 결코 등한시할 수는 없다. 요가가 우리의 체질을 개선하여 병이 나지 않도록 하는 것은 요가가 생명력을 왕성히 하고, 병에 대한 자연 치유력을 증가 혹은 복원시켜 주기 때문이다.

중국의 기공요법(氣功療法)에서 정좌(靜坐)를 주로 하여 호흡을 조절하는 방법은 요가와 같다. 내장의 각 질환이 대뇌로부터의 자제력에 영향을 받는다면 선이나 요가 수행이 병의 치료에 이용되는 이유가 밝혀질 것이다. 특히 노이로제 같은 신경성 질환에는 요가에 의한 체질 개선과 기질 개선이 많은 효과를 가져다 줄 수 있다. 요가에서는 "나의 생명력을 강화하면 반드시 병은 낫는다"는 신념을 가지라고 한다. 이 신념은 이른바 자기 암시의 효과가 있는 것이다.

선에는 이런 요가보다 한층 높은 긴장이 있다. 심의식(心意識)에 최소한의 긴장이 있으면서 전체로서는 이완된 상태가 보이는데, 이런 상태가 되면 자연 치유력을 증가시키게 된다. 그리하여 일상 생활이 요가적으로 합리화되면 체질이 개선되어 일체의 병을 미연에 예방하게 된다.

9) 병의 예방과 치료

요가가 병에 대한 치유력을 가졌다고 하면 의아심을 가질지도 모른다. 그러나 요가가 처치할 수 있는 병의 이름을 모두 들 수는 없지만, 많은 사람들이 가지고 있는 병일수록 요가는 간단히 처치하고 있다. 여기에 그 몇 가지만 추려서 설명하겠다.

위장병

요가는 앉는 자세로부터 호흡에 이르기까지 위장의 기능을 정상화한다. 척추가 곧고 호흡이 고르면 횡경막의 상하 운동이 규칙적으로 행해져서 위장의 작용이 왕성해진다. 요가의 운동법에는 척추를 곧게 하는 운동이 많고, 좌법에서도 위 확장을 없애는 웃쟈나 반다, 위하수에 좋은 물구나무서기, 카파라치 호흡법 등은 위나 장의 고장을 없앨 수가 있다. 요가의 모든 운동이 서로 관련되어 있으므로 어떤 운동이고 위장에 좋은 영향을 준다.

요가의 식사법은 산의 과다를 막고, 위장의 흡수력이 왕성해지게 하므로 음식물을 많이 섭취할 필요가 없고, 단식과 내장 청소까지 겸행하면 장 안의 노폐물을 제거하여 언제나 생기가 충만한 생활을 하게 된다. 위장이 나쁘다고 하더라도 단지 위장에만 고장이 있는 것은 아니다. 모든 장기(臟器)와 정신 작용은 서로 긴밀히 관련되어 있으므로 국부적인 대증요법으로는 치료하기 어렵고, 종합적으로 치료하는 요가라야 근본적으로 치료할 수 있다.

변비

미국의 W. A. 라인이라는 유명한 외과 의사는 모든 만성병의 90퍼센트가 변비에서 온다고 하였다. 필자의 도장에 나왔던 연습생의 3분의 1은 변비증이 있었다. 또 우리들의 가족 중에도 변비에 걸려 있으면서도 느끼지 못하는 사람이 대단히 많다. 우리의 결장(結腸)은 하수도와 같아서 불필요한 물질이 속히 빠져나가지 않으면 유독한 독소가 체내에 가득 차게 된다. 이 독소는 장벽(腸壁)과 혈관에 흡수된다.

이러한 변비증이 일어나는 원인은 무엇일까. 전문가의 말에 의하면 대변 욕구에 곧 응하지 않는 습관과 호흡의 불완전, 운동 부족, 공포나 긴박감에서 온다고 한다. 또한 약물의 과잉 사용에도 기인한다고 하며, 심리적 원인에서 기인하는 경우도 많다고 한다.

어떤 사람은 타인과 공동으로 사용하는 변소를 사용한 때부터 변비가 생겼다고 한다. 변비는 별로 신경을 쓰지 않고 그대로 지내는 수가 많다. 그러나 변비는 건강을 해치고 혈액에 독을 품는 병이므로 이를 치료 · 예방해야 된다고 요기들은 생각하였다. 그들은 변비가 사고(思考)의 높은 단계에 들어가는 데에도 큰 장애가 됨을 알았다. 그리하여 그들은 결장을 청소하기 위해서 매주 1회 관장을 규칙적으로 행하도록 가르치고, 매일 일정한 시간에 통변할 것을 권하고 있다.

통변은 매일 2회가 가장 좋다고 한다. 요가에서는 바스티(Bhasti)라는 방법을 써서 항문으로부터 대장으로 물을 빨아올렸다가 내보낸다. 또한 요기들은 복부의 활동을 활발히 하는 운동도 생각해 냈다. 그뿐 아니라 그들은 변비를 방지하는 식사법을 고안하여 적극적으로 권하고 있다. 하여튼 요가가 가르치는 대로 하면 변비는 간단히 치료된다.

변비에 좋은 요가 운동으로는 뱀꼴 · 등펴기 · 거북이꼴 · 물고기꼴 · 쟁기꼴 · 활꼴 등이 있다.

불면증

불면증도 많은 사람을 괴롭히는 고질병이다. 불면증에 걸려 신음하는 사람은 쉽게 잠드는 사람들이 가장 부러울 것이다. 이러한 불면증에도 여러 가지 원인이 있다. 잠자리에 들어서 책을 읽는 습관이 있거나, 밤 늦게 식사를 하거나, 불을 켜놓고 자거나 너무 푹신한 요 위에서 자거나 할 때에도 잠이 잘 안 온다. 이럴 때에는 그 원인을 제거해야 한다. 그뿐만 아니라 특히 신경이 예민한 사람은 지구 자력의 흐름에 역행하는 방향으로 머리를 두고 자면 잠이 잘 안 오기도 한다. 자력의 흐름이 신경 계통을 자극하기 때문이다. 이런 사람은 자력의 흐름에 따라서 발을 남쪽으로 향하게 하고, 머리를 북쪽으로 향하게 해야 한다. 자신이 그러한 원인을 몰라서 불면증으로 고민하는 것은 아닌지 시험해 보는 것도 좋다.

요가의 휴식법은 불면증을 치료한다. 요가의 완전 휴식 운동(송장꼴)과 겸해서 잠자리에 들기 전에 두세 가지의 심호흡 운동을 하고, 공기 좋은 곳에서 리듬 호흡을 행해 보자. 불면증이 신경과로나 초긴박감에서 온 것이라면 요가의 건강법 운동과 명상을 할 필요가 있다. 요가를 잘 행하면 불면증쯤은 불과 2,3개월 안에 완치될 수 있다. 불면증으로 고생하는 사람을 위해서 좀더 유의해야 할 점을 들어 보면 다음과 같다.

- 잘 환기된 방에서 잘 것.
- 발은 남쪽으로, 머리는 북쪽으로 둘 것.
- 방을 어둡게 하거나 눈을 가릴 것.
- 잠옷이나 내의를 입지 말고 피부가 자유롭게 호흡하도록 공기욕(空氣浴)을 시킬 것.
- 밤에 꽃이나 푸른 식물을 침실에 두지 말 것.
- 팔을 어깨보다 위로 올리지 말 것.

- 너무 푹신한 침상이나 높은 베개를 베지 말 것.
- 자기 전에 많은 음식을 먹지 말 것.
- 잠자기 전에는 책을 읽지 말 것.
- 밤 늦게까지 일하지 말고 일찍 자고 일찍 일어날 것.
- 잠자기 전에 두세 가지의 심호흡을 할 것.
- 잠자리에 들었을 때 휴식 운동(송장꼴)을 할 것.
- 요가의 운동을 몇 가지 할 것. (물구나무서기는 초보자가 잠자기 전에 행하면 잠이 오지 않는다. 그러나 익숙해지면 괜찮다.)

이상과 같은 여러 가지를 실행하면 고질적인 불면증도 치료된다. 꾸준한 노력과 신념이 병을 퇴치해 줄 것이다.

두통

두통에 대해서도 마찬가지이다. 감기가 들어서 두통이 조금 있는 것은 약으로 간단히 없앨 수 있지만, 몇 해를 두고 원인 모르게 앓는 두통이 문제이다. 이러한 만성 두통이 요가 운동으로 치료되고 있다. 덴마크의 한 관리가 40년간의 원인 모를 두통을 불과 6주간의 요가 운동으로 없앴다는 사실을 데비 여사는 그녀의 저서에서 다음과 같이 소개하고 있다.

"물구나무서기를 하루에 2회씩 6주 동안 하였다. 그리고 6주 동안 엄격한 식이요법을 하여 육류 · 백설탕 · 커피 · 담배 등을 금하고, 그 대신 신선한 과일 · 야채 · 우유 제품을 먹었다. 이러한 운동과 식이요법으로 두통과 위궤양을 고쳤고, 지금까지의 나쁜 성벽을 일소해 버렸다."

이와 같이 요가 운동이 두통으로 고민하는 사람들을 구제하고 있다. 외국의 예뿐만이 아니라 우리 나라의 모 교수도 연구에 몰두하여 머리가 아플 때에는 이 물구나무서기를 하여 상쾌한 두뇌로 복원시키면서 밤을 세우는 일이 많다고 술회하고 있었다. 그러나 두통은 어떤 특정한 운동만이 필요한 것은 아니고, 요가의 모든 운동이 두통의 원인을 제거한다.

관절염

관절염은 체내에 독이 있으므로 일어나는 병이다. 그 원인은 산소의 흡수가 부족하거나 또 산성 식물을 너무 섭취하거나 운동이 부족할 때 온다고 한다. 미국의 J. 록쿨린 박사는 "만성 관절염은 반드시 전력(前歷)이 있다고 한다. 아마도 오랫동안 계속된 혈액의 화학 변화와 독혈증(毒血症) 때문일 것이다. 정맥이나 결장 등의 병소(病巢)로부터 이 병이 발전해서 중증이 되는 것이므로 과감하게 음식물에 대해서 개혁을 하면 신경통의 어떤 부분을 수술하는 것보다도 좋은 효과가 있다"고 하였다.

실로 완전한 식이법과 요가 훈련은 관절염이나 편도선 혹은 치통을 앓는 사람에게 좋은 효과가 있다. 아사나 운동법은 결국 몸을 정화하여 본래 가지고 있는 치유력을 강화시켜 주기 때문이다. 관절염 환자는 여러 방면으로 운동을 하여 항상 자극할 필요가 있다. 증세가 심하면 엄격한 식이법을 지켜 2,3일간은 물이나 레몬즙만으로 단식하였다가 과실즙 · 미음으로부터 시작하여 점차 보통 식사로 옮아간다. 이것이 싫은 사람은 약 60일간 레몬즙을 매일 한 개분을 2,3회로 나누어 먹어 30개분이 되도록 늘려간다. 곧 아침 식사 전에 레몬 10개의 즙을, 점심 전에 10개분을, 저녁 식사 전에 70개분의 레몬즙을 먹는다. 이는 레몬즙이 체내의 석회질 형성을 방지하는 데 유력한 매개가 되기 때문이다. 레몬즙을 먹은 후에는 양치질을 하여 치아를 보호해야 한다.

천식

요가는 천식도 문제 없이 퇴치시킨다. 그 예로서 홀스타헤일리라는 아르헨티나의 의사가 《뉴욕 타임스》에 보고한 기사를 들어 보겠다.

브에노스 아이레스. 1951년 12월 27일.

인도의 요기들이 철학적 사색을 행하기 위해서 머리로 서는 것이 브에노스 아이레스의 흉곽 전문의 엘네스트 에스코데로 박사에게는 흥미로운 일이었다. 그의 어린아이들이 4년 전 천식으로 애를 쓸 때 에스코데로 박사는 이 병을 단순히 의학적 견지에서만 취급했었다. 그러던 어느 날 태도를 바꾸어 여러 방향으로 폭넓게 연구해 보기로 작정하였다. 그후 비행기에 의한 고공 테스트 등 여러 가지 시험을 해보았으나 아무런 효가가 없었다. 그는 천식 환자의 흉곽 수술 때 항상 폐의 윗부분에 혈액이 없어져 있음을 생각했다. 이것이 혹시 천식의 원인 가운데 하나가 아닌가 하고 추론하여, 그의 아들에게 정통적인 치료를 계속하는 한편 새로운 이론의 실험을 시작하였다.

밤에 잘 때 베개를 들어 주어 가쁜 호흡을 조절해 주는 대신 배를 깔고 베개 없이 엎어 뉘었다. 또 발을 공중으로 쳐들고 손으로 걷는 놀이를 하게 했다. 그리고 아들을 머리로 서게 하여 혈액이 폐의 윗부분으로 유입될 때는 어떤 증상이 나타나는가를 형광투시기로 검사했다. 그는 아들을 매일 아침 몇 분간씩 베개 없이 자기 팔을 베고 눕게 해 숨가쁜 호흡을 시켰다. 이렇게 해서 그 의사는 아들의 천식을 없앴다. 이와 같은 혁명적인 치료의 실험 이래 그는 4백 명 이상의 천식 환자를 취급해서 어느 정도의 도움을 주었다.

천식을 앓는 사람에게 효과 있는 운동은 물구나무서기뿐만이 아니라 몸틀기 · 물고기꼴 · 어깨로 서기 · 골반들기 등도 유효하다. 요가의 운동과 깊은 호흡은 태어날 때부터 갖추고 있는 자연 치유력을 높여서 천식의 물리적인 어떤 원인도 극복해낸다.

재래 의학적 치료에서는 배출된 다량의 점액이나 부은 점막을 치료하는 데 그쳤고, 몸 전체의 시정을 위해서는 아무것도 하지 못했다. 그러나 요가 운동은 정상적인 기능를 회복시켜서 재발하지 않게 한다.

감기

요가는 감기까지도 막아낼 수 있다. 감기에 걸리는 것은 우리 몸의 저항력이 약해졌기 때문이다. 그래서 치료보다는 원인을 제거하기 위한 노력을 해야 한다. 감기의 근본 원인을 살펴보면 바이러스 때문이라고 하나, 특히 혈액 중에 산소 부족, 운동 부족이나 그릇된 식사, 혹은 술이나 담배 그리고 피부의 약화 등도 있다. 요가 운동과 호흡을 매일 행하고, 합리적인 식사를 하며 아침이나 저녁에 냉온욕을 하면 감기에 걸리지 않는 체질이 되며, 설령 감기에 걸렸다 하더라도 가볍게 넘길 수 있다.

편도선염

편도선염이나 후두염을 요가가 치료할 수 있다면 놀랄 것이다. 요가를 계속하면 편도선의 염증이 없어진다. 의사들이 목에 약제를 바르고, 소금물로 양치질하는 것과 다름없는 효과가 나타난다.

침이나 뜸으로 편도선의 염증이 없어지는 것을 보고 놀라는 사람이 있지만 요가의 효과 또한 놀라울 정도다. 요가 운동에 '싱하 아사나'라는 혀를 내뽑는 운동이 있다. 이 운동은 목의 근육이나 편도선 자체를 강화시켜 감염에 대한 저항력을 길러 준다. 침도 삼킬 수 없을 정도로 아픈 목이라도 이 운동을 7,8회 하면 아픔이 가시고, 매일 계속하여 1개월만 하면 다시는 편도선염을 앓지 않게 될 수 있다.

당뇨병

당뇨병은 탄수화물과 글리코겐의 간장 내 축적, 인슐린의 작용, 혈당의 증량, 뇨에의 배당, 또는 신장과 오줌 속에 섞여 나오는 당분의 분량 등에 관계되는 것이라고 한다. 그외에 글로뮤(Glomus)의 상실이나 글로뮤의 연화(軟化), 위축과 정신의 불안정 등이 주요 원인이 된다고도 한다. 이 중에서 특히 글로뮤의 연화나 상실을 주의할 필요가 있다. 그래서 당뇨병은 산과 알칼리의 문제만이 아니고, 이 글로뮤와 어떤 관계가 있는지에 주의하면 그 치료에 대한 어떤 심증을 얻을 수 있다는 학설이 나왔다. 그런데 요가 운동은 우리 몸에서 산과 알칼리를 평형 상태로 유지시켜 나가고, 또한 요가의 식사법은 산과 알칼리를 중화시켜 주며 글로뮤의 재생에 공헌한다.

다음으로 동맥경화증과 취장 동맥경화 따위는 취장부의 동맥이 경화되어 그곳의 혈액 순환을 나쁘게 해서 인슐린의 작용을 악화시켜 결국 당뇨병의 원인이 되게 한다고 한다. 또한 과로를 요하는 직업을 가진 학자 · 의사 · 실업가 · 예술가 · 정치가들에게 당뇨병이 많다고 하는데, 이러한 당뇨병에 걸린 사람은 정신이 안정되지 않아 초조감을 극복하지 못한다.

당뇨병 환자는 비만증을 가지고 있다. 몸이 비대해지는 것은 체내에 포도당이 많다는 뜻이다. 그러면 인슐린이 많이 작용하여 피로하기 쉽고, 당뇨병이 되기 쉽다. 당뇨병 환자는 발과 허리가 굳어 있다. 이런 사람은 비듬도 많다. 그러므로 당뇨병 환자는 머리가 빠져 대머리가 되는 비율도 높다. 또 하나의 특징은 커피나 홍차를 저녁 때에 마셔도 잠을 잘 잔다는 것이다. 홍차나 커피는 알칼리성이다. 하루 종일 일하여 혈액이 산성화되었는데, 차를 마셔서 중화시켜도 잠을 잘 잔다는 것은 그만큼 그의 몸의 산성화된 정도가 높기 때문이다. 그러므로 당뇨병은 산성 체질의 대표적인 병이라고 말할 수 있다.

모기나 벼룩에 물린 자리가 부르터서 곪아 버리는 사람도 당뇨병에 걸리는 형이다. 그런 사람은 글로뮤가 녹아 버렸기 때문이라고 한다. 그밖에 견비통이 생기고 조갈증(燥渴症)이 생기며, 얼굴이 붉어진다고 한다. 당뇨병에 대한 전문적인 해설은 여기서 줄이고, 요가로 당뇨병을 치료하는 몇 가지 방법만 밝히겠다.

먼저 자세를 고쳐야 한다. 특히 척추의 교정이 필요하다. 당뇨병 환자는 경추(頸椎) 7번과 흉추(胸椎) 8 · 9번이 바르지 않으므로 자세가 뒤틀려 있다. 그러므로 요가로 이 부분을 교정해 주어야만 한다.

당뇨병의 치료를 위해서는 글로뮤를 부활시킴과 동시에 단식과 생야채를 섭취할 필요가 있다. 생야채식은 당분과 지방을 없애 주기 때문이다.

정신의 안정 또한 필요하다. 슬퍼하면 글로뮤가 포도당으로 변화되므로 흥분을 하지 말고 안정해야 된다.

당뇨병은 간장에도 영향을 준다. 그러므로 간장도 동시에 치료해 주어야 한다. 요가는 합리적인 체위법과 식사법 · 호흡법으로 이런 병들을 치료하고 있다.

다음으로 당뇨병 환자는 숙변(宿便)을 없애야 한다. 당뇨병 환자들은 대개 숙변이 많다. 이 숙변을 없애려면 요가 운동으로 장을 청소해낸 다음 단식과 생야채식을 하면 된다.

그리고 굳은 발과 다리를 풀어 주는 운동을 해야 한다. 요가에는 발목을 부드러워지도록 하는 운동이 있다.

또한 당뇨병에 걸려 있으면 췌장만이 아니라 비장까지도 나빠진다. 그리고 비장이 나빠졌다는 것은 방광과 쓸개마저도 나빠져 있음을 말한다. 취장의 기능은 흉추의 8 · 9번에 잘 나타나는데 9번은 비장 · 부신에도 관계된다. 이와 같이 당뇨병은 전신병(全身病)이라고 할 수 있다. 그러므로 몇 해가 지나도 잘 낫지 않는다. 그러나 요가의 운동법 · 식사법과 함께 정신 수양을 하면 반드시 고칠 수 있다. 실제로 많은 사람들이 요가의 운동법과 식사법을 적용하여 당뇨병을 치료한 예가 많다.

노이로제

노이로제 · 위하수 · 간장경화증 · 신장염 · 고혈압 · 심장병 · 폐병 ·

암의 예방 등 요가는 만병을 예방할 수 있는 좋은 벗이 될 수 있다.

노이로제의 원인 가운데 하나는 심신의 긴장이 오래 지속되어, 그 결과로 나타난 과로 현상이 풀리지 않은 것이다. 이런 사람은 감정을 의지나 이성으로 누르기 어렵게 된다. 따라서 심리적인 변화를 가져올 수 있는 기회가 필요하고, 본능적인 욕구를 채워 주는 것도 필요하다. 불안이나 공포증도 신경의 과도한 긴장에서 오는 것이라고 할 수 있는데, 요가에서는 몸의 조절과 감정의 조화로 이를 용이하게 퇴치할 수 있다고 본다. 생리적으로 일어난 이상 변화(異常 變化)를 요가 행법으로 조정하게 되면 감정의 조화도 따라서 가능하게 된다. 노이로제는 조화를 상실한 심신의 이상 분열을 잘 조절해야 치료할 수 있다. 그러므로 요가의 여러 가지 운동법과 휴식법으로 생리적인 조화를 기하고, 호흡법으로 정신의 안정을 도모한다면 이러한 노이로제의 치료도 어렵지 않을 것이다.

위하수

서서 다니는 인간이라면 누구나 지구의 인력 관계로 위뿐만이 아니라 모든 내장이 밑으로 처지는 하수증(下垂症)에 걸려 있다. 인간은 두 발로 서서 다니기 때문에 장기가 밑으로 처져 있으므로 물구나무서기를 해야 한다고 요기는 말한다. 과연 그 효과는 실험을 통해서 실증되어 있고, 학문적으로도 수긍이 가는 논리이다.

고혈압

요가는 부교감신경을 강화함으로써 신경이 흥분되지 않도록 하여 혈압을 조절한다. 이렇게 하면 고혈압의 원인을 제거할 수 있다. 요가 운동과 호흡은 동맥경화를 방지하고, 모든 근골(筋骨)을 유연케 하며, 복압력(腹壓力)을 조절해서 살찌지 않도록 해준다.

심장병

요가의 쿰바카가 심장의 정상적인 고동을 유지시켜 준다는 사실은 이미 앞에서 말했다. 그것은 요가가 부교감신경을 최고도로 발달시킴으로써 주어지는 선물이다. 물구나무서기나 어깨받이 등을 비롯하여 요가의 모든 운동이 심장의 약화를 예방한다.

폐결핵

똑같이 결핵균을 마시고도 병에 걸리지 않는 사람과 걸리는 사람이 있는 것은 무슨 이유일까? 병에 걸리지 않는 사람은 그 병균을 임파선이나 조직 속에서 살아남지 못하게 하기 때문이다. 그래서 그러한 힘을 기르자는 것이 곧 요가다. 폐를 강화하려면 먼저 깊은 호흡으로 충분한 산소를 흡수하고 이산화탄소를 배출해야 한다. 이산화탄소가 많으면 신경이 마비되어 분비물이 잘 안 나오고, 세포도 위축되며, 음식물이 분해되지 못하기 때문에 신경도 안정을 잃는다. 폐가 결핵균에게 침범당하기 쉬운 부분은 폐첨(肺尖)의 윗부분이다. 이 폐첨은 쇄골의 하부에 있어 호흡 운동이 둔한 부분이므로 여기가 침범받기 쉽다. 그러므로 요가 호흡법으로 폐첨을 확장 또는 수축하는 운동을 함으로써 균의 침입을 막을 수 있다. 뿐만 아니라 신체의 각 기관과 내분비선 및 세포 조직을 강화하여 신체의 모든 기능을 원활히 하면, 자연 치유력이 증진되어 결핵쯤은 막을 수 있다. 또한 요가의 완전식(完全食)은 신체의 기능을 놀랄 만큼 증진시킨다.

암

암의 원인을 알든 모르든 간에 암이라는 것도 우리의 생리 기능이 쇠퇴해져서 발생하는 것이라면 그에 대한 저항력을 길러 주는 것은 언제나 필요하다. 곧 체질을 개조하여 그에 대처하자는 것이 요가의 원리이기 때문에 요가의 운동과 합리적인 호흡으로 신체 기능을 증진시킬 필요가 있다. 미국 하버드대학에서 발표된 것을 보면 "태아가 산소 부족 상태에 놓여 있을 때에는 기형이 많이 생긴다"고 한다. 방사선을 받은 어머니로부터 태어난 75명의 어린이 가운데 38명이 기형아였다는 골드슈타인 박사의 발표도 있다.

그러나 우리는 암에 대하여 지나친 공포를 가질 필요는 없다. 우리가 암에 도전하려면 우리의 신체 기능과 정신 작용을 최고도로 발휘할 수 있도록 하는 것이 가장 좋은 방법이라고 생각한다. 이 점에서도 요가의 가치를 재인식해 둘 필요가 있다.

2. 인간을 개조한다

1) 기질을 개선한다

《슈베타슈바타라 우파니샤드》에서 말한 요가의 공덕 중에서 명랑(laghutra)과 침착(alolupaktva)은 기질 개선이라고 볼 수 있다. 명랑과 침착은 요가뿐만이 아니라 선을 통해서도 그 공덕을 누릴 수 있다. 요가나 선은 기질을 개선하여 음성을 양성으로, 경솔을 침착으로, 소극적인 성질을 적극적인 성질로 바꾼다. 기질이 이와 같이 변하면 동시에 용모까지도 변하게 된다. 요가 체조가 미용술로서 호평받고 있는 것과 선을 닦으면 피부까지 윤택하게 되어 환골탈피(換骨脫皮)한다는 것은 있을 수 있는 일이다.

선이나 요가는 그 독특한 수행을 통하지 않고서는 안 되는 것이므로 강한 의지가 필요하다. 그래서 이것을 닦는 동안에도 또한 기질이 개선된다.

2) 정신 안정과 지혜

선이나 요가는 뇌수의 작용과 큰 관계가 있다. 선정(禪定)에 들어 있는 사람의 뇌파를 검사하여 기록한 것에 의하면, 요가를 하고 있는 사람이나 선정에 들어 있는 사람의 뇌파는 주기(週期)의 연장, 동기화(同期化), 진폭의 증대가 보인다. 이것은 대뇌의 활동 수준이 이완형으로 이행하고 있음을 말한다. 그러나 요가가 수동적이요, 단순한 안정형임에 비하여 선은 부활을 잃지 않는 이완이요, 수동과 능동의 통합인 특수행임을 볼 수 있다. 그것은 유아들에게서 볼 수 있는 것처럼 θ파가 우세하여 높은 단계의 순진성에로 복귀되는 점과 같은 것인지도 모른다.

뇌수에서 플러스(+)와 마이너스(−)의 물질이 만들어지는 것은 잠잘 때라고 한다. 요가나 선을 수행하면 적게 자더라도 깊이 잠들 수 있어서 뇌수에 영양을 충분히 공급할 수 있다. 요가의 8지칙을 실천하여 점차 깊이 들어가면 심의식이 삼매의 상태에 이르러 대상만이 빛나고, 자기 자신은 공허와 같은 경지에 있게 되니 이때에 예지를 얻는다. 또한 최고신에 귀의한 결과 획득된다는 특수한 지(知)는 일체에 통하는 지(智)이다. 요가 수행에서 삼매를 거쳐서 궁극의 실재자인 푸루샤를 지적(知的)으로 파악하였을 때에 모든 것을 아는 지혜로운 사람이 된다.

3) 인격의 완성

요가의 공덕 가운데 부동을 들고 있다. 이것은 인생관이나 세계관에 대해 확고한 견해를 가지는 것이다. 불교의 부동지(不動智)는 분별지(分別智)를 거친 무분별지(無分別智)라고 하는데, 석가모니의 그 부드럽고 원만한 인격은 이 무분별지에서 나온 인격이다. 요가에서도 절대위(絕對位)의 푸루샤에 안주하는 생활이 그대로 인격화된 자세가 바로 해탈이다. 요가에서 그 수행의 결과로 자(慈)·비(悲)·희(喜)·사(捨)의 큰 힘〔大力〕을 얻는다고 한 것은, 결국 인격이 완성되어 나와 남이 걸림이 없는 대자유를 얻는다는 말이다. 여기에서 인간은 완성된다.

4) 살기 좋은 사회를 만든다

요가는 우선 자신의 육체와 정신을 건전하게끔 하고, 나아가서는 높은 사회 질서를 위한 금계와 권계를 지키도록 가르친다. 완성된 인격이 모여서 이루어지는 사회는 살기 좋은 사회다. 그러므로 요가는 완성된 개인으로부터 이상적인 사회를 만드려는 방향을 취한다.

3. 30여 가지의 뛰어난 능력을 얻는다

요가 수행중 얻어지는 불가사의 신통력(不可思議 神通力)은 정신의 응집력으로써 얻어지는 초자연력을 말한다. 불교에서는 4선(四禪)의 수행으로 얻는 여섯 가지 신통(神通) 또는 여덟 가지 자재력〔八自在〕을 설하고 있으나, 《요가수트라》는 특히 그 신통품(神通品 · 自在品)에서 이것을 더욱 상세히 설명하고 있다. 이 신통품에서 들고 있는 30여 종의 특수 능력은 객관계(客觀界)와 주관계(主觀界)에서부터 순수 정신적인 세계까지 언급한 것이다.

그러나 요가 본래의 목적이 이러한 특수 능력을 얻는 데 있는 것은 아니다. 요가는 이 능력에 유혹되지 말고 어디까지나 삼매라는 궁극의 이상을 실현하는 데 전심하라고 가르친다. 오히려 신통에 집착하게 되면 수행에 방해가 된다고 하였다. 그러니까 요가는 신통보다는 해탈이 그의 최대 공덕임을 알아야 한다. 다시 말하면 정지(正智: Samyagdarśana), 곧 분별생지(分別生智)로서 해탈의 가장 올바른 원인을 삼아 진아의 독존을 얻어 심신이 해탈된 경지인 법운 삼매(法雲三昧: dharmamegha-samādhi)에 이르는 것이다. 이 법운 삼매는 불교의 보살십지(菩薩十地)의 최상위 상태와 같으니 이것으로 요가와 불교의 유사점을 알 수 있다.

근래에 이 신통품에서 설하고 있는 심령 현상 등 초심리학적 사상

(事象)을 과학적으로 연구하려는 학자들이 나타나고 있다. 세계의 심리학자들이 이 문제에 대한 학문적인 연구를 게을리하는 것은 아니지만, 요가 경전이나 불전에 설해져 있는 이 정신 감응의 현상인 신통은 우리의 일상적인 지식으로는 알 수 없는 높은 차원의 세계임에는 틀림없다.

1) 신체에 나타나는 뛰어난 능력

(1) 은신할 수 있다.

경에 의하면 수행자는 자신의 몸을 감추어 은신할 수 있게 된다고 하였다. 신체의 양상(樣相)에 대한 총제(總制)를 수행하면 보여지는 힘이 없어져 눈과 빛이 분리되어 몸이 보이지 않게 된다는 것이다.

이는 재미있는 말이다. 사람이 무엇을 본다는 것은 대상이 있어야 하고 보는 눈이 있어야 하며 광선이 있어야 하는데, 이 가운데 어느 한 조건을 없앰으로써 몸을 안 보이게 할 수 있다는 것은 합리적인 논리이며 과학적이기도 하다. 옛날부터 둔갑술이라는 것을 수행하는 사람이 많이 있어 왔다. 이 둔갑술은 중국에서는 복희(伏羲) · 신농(神農) 때부터 시작되었다. 손자(孫子)는 이를 간(間)이라 하였고, 춘추 시대에는 첩(諜)이라 하였으며, 전국 시대에는 세작(細作) · 유정(遊偵) · 간세(姦細)라고 하였고, 한(漢)나라 때에는 신선도와 같이 도술(道術) · 방술(方術)에 들어가서 정찰술(偵察術)로서 연구되었다. 모두가 심신을 단련하여 신통을 얻은 것이다.

(2) 자기의 마음을 타인의 몸에 둘 수 있다(최면).

마음의 흐름이 속박되지 않도록 하면 타인의 몸에 들어갈 수 있다. 또한 남의 마음의 움직임을 의식하여 떠나지 않게 하는 수련이 닦아지면, 내 마음을 남에게 주어서 가지고 있게 할 수 있다고 하였다.

이는 오늘날 잠재의식을 움직이는 최면술 등에서 자기 암시로써 남에게 내 마음을 줄 수 있다고 하는 것과 마찬가지로 이것도 초능력을 체득한 요기들이 흔히 행하는 일이다.

(3) 먼 곳의 소리를 듣는다〔遠隔聽取〕.

(4) 공중을 날아오른다〔空中飛揚〕.

(5) 마음과 몸을 분리한다〔心身分離〕.

이들에 대해서는 자재품 제41~43절에서 "귀와 허공과의 관계에 대한 총제(總制)로써 천이통(天耳通: divyamśrotram)을 얻는다. 또한 신체와 허공에 대한 총지(總持)로써 허공을 날고, 정신과 육체에 제약되지 않는 작용인 제감에 의해 대리신(大離身: mahāvideha)이 된다. 그 결과 빛을 덮은 것이 없어진다"고 하였다.

이상은 모두 총지의 위력과 그 결과로 얻는 오묘한 지력〔妙智力〕을 말한 것이다. 그밖에도 신체의 각 기관에 대한 총제의 결과로서 얻는 특수한 능력을 다음과 같이 들고 있다.

(6) 배꼽〔臍輪: 배꼽 부근에 있는 챠크라〕의 총제로써 신체 배열을 안다.

(7) 목구멍〔喉腔〕의 총제로써 기갈(飢渴)을 그친다.

(8) 구관(龜管)의 총제로써 부동(不動)을 얻는다.

(9) 액광(額光: 이마의 빛)으로써 신령(神靈: siddha)을 본다.

(10) 심장의 총제로써 심의식을 안다.

2) 정신면에 나타나는 뛰어난 능력 — 지견(智見)이 열린다

요가의 수행이 진전됨에 따라서 마음이 통일되고 순화되면 그 수행자의 심신에 여러 가지 변화가 일어난다. 건강이 증진되고 병이 낫는 것은 이상한 일이 아니며 또한 직관력이 증가된다.

직관력이 증가되면 우주의 모든 것을 알 수 있는 능력이 생기게 된다. 그것은 논리의 비약이라 할지도 모르겠으나 초자연력을 믿는 요기들에게는 당연한 일이다. 흔히 요기들은 허공 거래(虛空 去來: ākasā-gamana)가 가능하다고 한다. 이는 직관력이 예민한 것을 그렇게 표현했거나, 또는 일반 신비가들이 느끼는 무중력감이나 심리적 환각도 포함되어 있을 것이다. 그러나 단순히 황당무계한 교설로만은 볼 수 없다. 왜냐하면 그들에게 나타난 직관력의 작용에서는 가능한 일이기 때문이다.

《요가수트라》 자재품 제18절에서 "잠재력을 직관한 결과 전생(前生)을 안다"고 하였고, 19~20절에서는 "의식의 총제로 타인의 마음을 안다. 그러나 그것은 타인의 상념의 대상까지 포함하지는 않는다. 그러한 대상은 요가행자의 대상이 아니다"라고도 하였다. 이것은 타인의 마음을 투시하는 타심지를 얻는 것이고, 16절에는 "세 가지 전변(轉變)에 대한 총제의 결과 과거와 미래를 안다"고 하여 과거와 미래를 알 수 있다고 하였다. 말(言語)과 대상 및 관념이 서로 겹친 결과로서 혼동이 있으나, 그들의 구별에 대한 총제의 결과 모든 생물의 언어를 알 수 있다고 한 것은 총제의 수행 결과로 생물이 우는 소리를 이해할 수 있다는 것이다(자재품 제17절). 또한 죽음에 관한 지식도 얻게 된다고 하였다(자재품 제22절). 죽음에 대해서는 요기뿐 아니라 많은 사람들이 예지할 수 있다. 총제의 결과로 일체의 마음 작용이 지멸되었기 때문에 이러한 것을 알 수 있다고 한다.

또한 "특수한 감각의 빛을 투사하여 보통으로 볼 수 없는 것이나 가려져 있는 것, 혹은 멀리 떨어져 있는 것을 알 수 있다"고도 하였으며(자재품 제25절), 자연 현상 가운데 태양에 대한 총제를 수행하면 우주계를 알고, 달〔月〕에 대한 총제로 별의 배열을 알며 북극성에 대한 총제로 별의 운행을 안다고도 하였다.

3) 생명에 관한 능력

생명력을 역설하는 것은 인도 사상의 특징이다. 앞에서도 이미 말했지만 그들은 우리가 언제나 호흡하는 공기 중에 푸라나라고 하는 생명력이 있다고 믿는다. 이 푸라나는 우주 생명이 나타난 힘이요, 우리 생명력의 근본이 된다고 한다. 요가에서는 "상풍(上風: udana)을 극복하여 물 · 흙〔泥〕 · 뿔〔角〕 등의 집착을 떠날 수 있다"고 하였다(자재품 제39절). 이것은 총지(總持)의 응용으로서 물속에라도 설 수 있다는 것이다. 또한 요기들이 흔히 행할 수 있는 수 개월 동안의 동면도 이 생명력의 힘이다. "등풍(等風: samana)을 극복하여 광휘를 얻는다"고도 하였다(자재품 제40절).

4) 기타 능력

이상에서 열거한 것 이외에도 특수한 능력을 얻을 수 있으니, 곧 자·비·희·사에 대한 총지를 행하면 큰 힘을 얻는다. 자재품 제23절과 24절에는 "자(慈: maitri) 등에 총제를 행하면 여러 가지 힘이 나타난다" "모든 힘에 총제를 하면 코끼리와 같은 힘이 얻어진다"고 하였다.

[부록]

요가의 발전과 불교에의 수용

요가는, 고대로부터 현대에 이르기까지 인도인의 정신 생활의 근저에 깊이 뿌리를 박고 있으므로 요가학파만이 아니라 인도의 모든 종교와 관련되는 매우 중요한 종교적인 의의를 가지고 있다. 그러므로 불교도 이에서 벗어날 수가 없다.

따라서 불교의 기본적인 원리나 수행체계에서도 요가적인 것을 제외하고는 생각할 수 없다고 생각된다.

이제 요가가 불교에서 어떻게 수용되었고, 그것이 불교의 교학이나 수행체계와 어떻게 관련지어졌는가를 고찰하면서 불교에서 다시 살아난 요가의 모습을 소상히 밝혀 보는 데 조금이라도 도움이 되고자 한다.

따라서 본 논문은 불교에 있어서의 요가의 수용과 그 발전을 개관하는 정도에 그치게 될 것이며, 이에 대한 깊은 고찰은 후일의 기회를 기다리기로 하겠다.

1. 요가의 뜻

요가[1]는 인도인의 정신 생활의 뿌리이며, 종교적 실천에 공통된 지주이다.

따라서 이것은 인도인에게 있어서는 고대로부터 이어받아 온 삶의 길이면서 또한 그들의 이상을 실현하는 방법이다. 이것을 그들은 요가(yoga)라고 부르고 있다.

그러면 요가란 어떤 뜻인가? 요가가 가지고 있는 뜻이야말로 그 모든 것을 말해 주게 된다.

요가라는 말은 yuj(결합한다)라는 말의 어근으로부터 파생된 말이니 '결합하는 것'이다. 다시 이것은 여러 개념으로 발전되었으나 근본 뜻은 마음을 하나의 대상에 집중시키는 것, 곧 정신 통일의 수행이다. 이러한 뜻이 신과 인간의 결합이 되기도 하고, 마음과 육체의 결합도 되며, 인간과 자연이 조화되는 뜻도 되고 인간과 진리와의 만남도 되니, 그 과정에서의 육체나 정신의 억제를 뜻하기도 하고, 주관과 객관이 하나가 되는 삼매(三昧)의 뜻도 되며, 이러한 수행의 결과로 얻어지는 무아(無我)의 세계나 신과 합일한 세계, 관상(觀想)의 세계나 의식의 전주(專注), 해탈(解脫)이나 각(覺)의 세계에 들어간 것 등을 뜻하게 된다.

이러한 요가의 수행은 일상 생활에 있어서나, 또는 종교적인 수행

등 모든 면에서 인간의 삶을 이상적인 세계로 가게 하는 수행이다. 그러므로 불교의 선정(禪定)도 요가의 일종이니, 불교의 선정은 요가를 수용하여 이것을 불교적으로 승화(昇化)시킨 것이라고 생각된다. 그러면 이러한 요가의 기원은 어떠한가?

2. 인더스 문명의 요가

요가의 기원은 어디까지 거슬러 올라갈 수 있는지 확실치는 않으나, 대략 B.C. 3000년에서 B.C. 2000년경에 번영했던 인더스 문명까지 올라가는 것으로 보고 있다.

근대에 발굴된 인더스 문명의 유품 속에서 후세에 있게 된 힌두교의 신 시바(Siva)가 선정을 닦고 있는 모습의 부조(浮彫)가 발견되었고, 이 모습이 요가 수행자의 모습과 같은 것으로 보아서 당시에 이미 요가 수행을 하고 있었다는 것을 짐작할 수 있다.

이때의 요가는 신과 인간이 합일되는 강신술로서 신비 체험을 얻는 것이었다.

3. 바라문의 요가

1) 베다(Veda)와 우파니샤드의 요가

또한 문헌에서 보면 기원전 1000-1500년경에 제작된 《리그 베다》의 노래에 나오는 고행자(苦行者)는 바로 요긴(yogin)이었으니, 그 노래는 다음과 같다.

장발자(長髮者)는 불을, 약물을, 천지 양계를 가진다.
장발자는 만유를 〔가진다.〕
〔그것이〕 빛을 보기 위해서, 그 광명이니라.

바람을 옷으로 한 〔나체〕 고행자(muni)는
갈색의 때를 입고 있으니,
그들은 바람을 타고 어디로 간다.
신들이 그들 속으로 들어갔을 때

고행자가 되어 망아의 세계에 이르면
우리들은 바람을 타고 다닌다.
너희들 인간은 우리의 형체만을 보는구나.

그는 공계(空界)를 날아 일체의 모습을 굽어보면서
고행자는 각각 신이 사랑하는 벗,
착한 일을 하기 위해서,
바람 타고 달리는 바유(vāyu)의 벗,
그리하여 고행자는 신의 사자(使者)이니라.
그는 두 바다에 산다, 동과 서에.

아프사라스(Apsaras: 精女)들. 간달바(Gandharva: 아프사라스의 배우자)들 야수의 발자취를 따라서
장발자는 〔그들의〕 마음을 아는
감미로운 가장 좋은 벗이다.
바유는 그를 위해서 〔약을〕 달이고
쿠난나마〔Kunannamā: 보기 흉한 꼽추, 마녀의 일종〕는 〔그것을〕 분말로 하였다.
장발자는 루드라(Rudra)와 같이 약물(망아의 상태에 이르는 약)을 마셨을 때.[2)]

여기에서의 고행자는 요가 행자이다. 그러나 타파스(tapas)가 극단적으로 고행을 한 것임에 비하여 요가는 중도적인 입장을 취하게 되었다.

B.C. 1200년 전후에 형성된 《우파니샤드》 문헌에 나타나는 요가는 다양한 개념으로 일반화된다.[3)] 특히 카타 우파니샤드나 마이트라야나 우파니샤드에서 강조한 요가는, 감각 기관과 의식을 정지시켜

서 어떤 의식 감각도 움직이지 않게 된 때에 가장 이상적인 경지에 도달하게 된다고 보고 있다.

이러한 심리 상태는 가장 고요한 상태, 곧 모든 의식이 없어진 무의식의 상태이다. 이때에 참된 자기인 신적 존재가 돌연 나타나는 것을 말하고 있다. 의식이 완전히 없어진 상태에서 나타나는 새로운 세계에서 정통 바라문은 신의 실재를 보았고, 붓다는 법(法, dharma)을 본 것이다. 이것이 해탈의 체험이라고 하는 것이다.

여기서 우리가 주목할 문제는, 우리의 정신 상태는 얕고 낮은 단계의 의식에서 높고 깊은 단계의 의식으로 깊어감에 따라서 우리의 정신 능력이 높아진다고 하는 점을 알 수 있는 것이요, 이에 따라서 우리의 인격이 원숙된다는 사실이다.

여기에 눈을 뜬 어떤 요기들은 요가의 수행으로 얻어진 세계의 근원적인 실재로부터 현상 세계의 만물이 전개된다고 보게 되니 그들에게 있어서 요가는 세계의 근원을 보고, 이 세계의 전개를 보는 지혜를 얻는 수단으로 인식하게 되었다. 이것이 상캬 요가(sāṁkhya-yoga)라고 하는 일파다. 여기서는 현상 세계와 근본 정신을 분리시키는 것을 목표로 한다. 이것이 기원후 5세기경에 만들어진 《요가수트라》에 의해서 요가행법이 체계적으로 확립되었다.

또한 요가의 행법이 이와는 다른 방법으로 수용되면서 정통파인 베단타(vedānta)철학과 결합하여 새로운 방향으로 나가게 되니, 그것이 지냐나 요가(jñāna-yoga)라고 불려지는 것이다.

이것은 참된 자아인 아트만(Ātman)과 우주의 실존인 브라흐만(Brahman)이 하나라는 자각을 궁극적인 목적으로 삼았으므로 상캬 요가와는 근본적으로 다르게 나타났다.

그 뒤에 요가의 행법이 결국 해탈을 얻는 유일한 수행이라고 인식하게 되어 인도의 모든 종교에 수용되면서 각각 자기의 지향하는 목표를 달성하는 유일한 방법으로 발전시키게 되었다. 이 중에 요가를 전적으로 수행하면서 체계화시킨 학파가 형성되었으니 이것이 육파철학 가운데 요가학파이다.

2) 요가학파의 요가

요가 수행을 전문적으로 행하고 있던 요가학파가 육파철학(六派哲學)의 하나로서 생겨났고, 그것을 바탕으로 하여 이 세계를 바로 보아 해탈하려고 요가를 수행하는 상캬(sāṁkhya)학파도 생겼으나 이들은 모두 바라문교 계통에 속하는 것이다.

특히 요가를 전문으로 연구하는 요가학파에서는 요가 수행에 의해서 해탈에 이른다고 하는 것을 가르친다.

근본 경전은《요가수트라》라고 하여 기원전 400-450년경에 편찬된 것으로 추정된다. 편찬자는 파탄잘리라는 사람이라고 전해진다. 이는 기원전에 있었던 문법학자인 파탄잘리와는 다른 사람이라고 여겨지고 있다. 이러한 파탄잘리가 고대로부터 전수된 요가의 모든 것을 정리하여 편찬한 것이다.

이 학파에는 불교의 영향도 인정되나, 그의 형이상학적인 학설은 대체로 상캬학파의 형이상학적인 학설과 같아서 인간의 순수 정신과 근본 물질이라는 두 원리를 내세우고 있다. 그러나 요가학파에서는 상캬학파와 달리 최고의 신을 인정하는 점이 다르다.

(1) 이원(二元)의 세계

그리하여 요가학파에 의하면 최고의 신은 하나의 우주적인 영혼이다. 그것은 개아(個我)로서의 다수의 영혼 가운데 오직 하나의 위력을 가지고 있어 완전 무결한 최고의 능력을 갖추고 있다. 그러므로 그것은 일체를 지배하나 세계를 창조하는 것은 아니다.

이 세계에 편재하는 모든 영혼과 물질은 영원한 과거부터 영원한 미래에 걸쳐서 존재하고 있으며 시작도 끝도 없다. 이러한 세계 속에 살고 있는 인간은 어떤 모습인가?

(2) 세 가지 고(苦)를 가진 인생

인생은 항상 고(苦)와 낙(樂)이 같이 따르고 있으나 기쁨이나 즐거움(blāda)은 과거에 행한 선행(puṇya)의 과보로서 일어난 것이요, 고뇌(paritāpa)는 악행(apunya)의 과보로서 일어난 것이다.

따라서 인생은 고와 낙이 혼재하나 현명한 사람의 눈으로 보면 '일체는 고일 뿐'이다.[4] 왜냐하면 쾌락이란 그 자체는 영속되는 것이 아니고 변멸하는 것이기 때문이다.[5] 또한 쾌락을 받아 가지고 있는 동안에도 고뇌가 있다. 또한 그 쾌락의 잠재력이 남아 있으면 그것이 고로서 나타난다.

이것은 일반적으로 물질적인 것을 구성하고 있는 세 가지 구성 요소인 구나(guṇa)가 서로 상극 관계에 있기 때문이다.

그러면 우리가 경험하는 일체의 것이 고라고 되어 있는 것은 어떤 이유이며, 어떻게 고로부터 해탈할 것인가?

(3) 해탈의 방법

요가학파에 의하면 그 원인은 보는 주체로서의 순수 정신인 푸루샤(puruṣa)와 보여지는 대상인 근본 원질(prakṛti)이 결합하고 있기 때문이다. 그리하여 이러한 결합을 성립시키고 있는 궁극적인 원인은 무명(無明: avidya)이다(ys. Ⅱ. 24). 이 무명은 순수 정신과 근본 원질을 구별하는 명지(明知: viveka)에 의해서 없앨 수 있다(ys. Ⅱ. 26). 곧 물질 세계인 자연이 정신과는 본질적으로 구별된다는 인식이 있게 되면, 그때에 해탈이 달성된다고 생각되고 있다. 이때의 순수 정신이 물질적인 속박으로부터 벗어나서 독존하게 되면 이때에 순수 정신이 완전성을 회복한다(ys. Ⅳ. 33). 그때에는 미래에 일어날 고통도 제거된다고 한다(ys. Ⅱ. 16).

이와 같이 우리의 순수한 근본 정신이 물질 세계로부터 벗어나는 해탈을 위해서는 요가를 닦아 명지(明知)를 얻어야 한다고 가르친다.

그러면 어떻게 요가를 닦아야 하는가?

(4) 요가 수행의 여덟 가지 단계와 해탈

인도에서는 지극히 오랜 옛적부터 숲속이나 나무 밑에서 결가부좌하고 앉아서 깊은 명상에 잠겨 있는 수행자(yogin)가 있었다. 그것은 고대 인도의 인더스 문명 시대의 원주민의 생활 속에서 예사로이 발견되었다. 그들은 뜨거운 열사의 더위를 잊고 스스로 즐거움을 얻고 있었을 것이나, 그 뒤에는 요가행 자체가 점차로 종교적인 뜻으로 받아들여져서 스스로 의식을 억제하여 마음을 조절하는 유일한 방법으로 유지되었다. 그들에게서는 일상 생활 속에서의 상대적인 갈등에 따른 동요를 벗어나서 절대적으로 안온한 신비한 세계가 있어 이 세계에서는 절대자와의 합일이 실현되는 것을 경험한 것이다. 이러한 수행이 요가(yoga, 瑜伽)라고 일반적으로 불려졌고, 이러한 수행을 하는 사람을 요긴(yogin)이라고 하며, 절대적인 안온한 세계에 도달된 사람을 무니(muni)라고 불렀다.

이러한 요가의 완성자인 무니에 있어서는 요가야말로 더없이 행복할 수 있는 저 세계요, 변함 없는 절대 세계이니 이런 신비적인 체험이 해탈의 경지와 일치하는 것이므로 요가학파 이외의 많은 학파에서도 요가의 수행을 유일한 실천법으로서 채용하게 되었다.

이뿐만 아니라 세속 생활인에게도 요가는 필수적인 것으로 인식되게 되었다.

《마누 법전》에 의하면 "국왕은 낮이나 밤이나 감각 기관을 억제하기 위해서 요가를 닦아야 한다"(7-44)고 말하고 있다.

따라서 요가의 수행은 인도인의 일반적인 생활 규범으로서 채용되었으며, 이러한 요가학파에서는 요가로부터 얻어질 신비스러운 세계에 대하여 여러 가지로 설하고 있으니 이것을《요가수트라》에서 정리하고 있다.

요가의 수행을 실제로 행함에 있어서 어떻게 할 것인가에 대하여 요가 수트라는 여덟 가지 단계로 설명하고 있다.

앞에서도 말했지만 우파니샤드에서의 요가는 마음을 통일하고 집중하는 것이었으나, 그것이 극치에 이르면 마음의 흐름이 완전히 없어지는 경지에까지 이른다. 그리하여 드디어《요가수트라》는 '마음 작용의 지멸(止滅)'이라고 규정하기에 이른다.[6]

심작용이 지멸되면 외부로부터의 속박을 떠날 뿐만 아니라 내부적인 마음의 동요를 없애게 된다. 그러기 위해서는 먼저 한적한 곳을 선택하여 가장 안정된 자세인 결가부좌로 앉아서 호흡을 조절하여 호흡과 마음을 안정시키고, 다섯 가지 감각 기관을 억제하여 내외의 유혹을 피하며, 여기서 다시 마음을 한곳에 집중시킨다.

그의 준비 조건으로서 제계(制戒, yama: 外制)와 권계(勸戒, niyama: 內制)를 닦을 필요가 있다. 이것은 마음을 지멸시키는 데 필요한 선행 조건이 된다. 제계는 불살생(不殺生) · 진실(眞實) · 불도(不盜) · 불음(不婬) · 무소유(無所有)의 다섯이다(ys. Ⅱ. 30).

권계(niyama)란 내외의 청정 · 만족 · 고행 · 학수(學修), 최고신에의 전념(專念) 등 다섯이다(ys. Ⅱ. 32).

내외의 청정이란 밖으로는 몸을 깨끗이 하고 안으로는 마음을 깨끗이 하는 것이요, 만족이란 최소한의 물질만으로 만족하는 것이요, 고행이란 추위나 더위, 밖으로부터의 저항이나 고통을 참는 것, 단식이나 감식을 행하는 것이다.

학수란 요가학파의 학설이나 기타의 학설을 배우고 최고신의 상징어인 옴(oṁ)을 염송하고 생각하는 것이요, 최고신에 대한 전념이란 최고신에게 모든 행동을 일임하여 그 과보를 바라지 않는 것이다.

이상은 일상 생활에서 닦아야 할 사항들이니 이것이 이루어지면 다음에는 정신 수련으로 들어간다. 그것이 제3단계인 좌법(坐法: āsana)이다. 몸과 마음을 안정시키는 몸가짐이다. 그의 대표가 되는 것이 결

가부좌나 반가부좌이다.[7]

제4단계는 조식(調息: prāṇāyāma)이다. 조식은 호흡을 조절하고 억제하여 정신 집중력과 신체 기능을 강화하는 수행이다.

제5단계는 제감(制感: pratyāhāra)이니 밖으로 달려나가는 감각 기관을 억제하여 대상으로부터 떠나서 자기 자신에게로 돌아오게 하는 수행이다.

제7단계는 정려(靜慮, dhyāna: 禪定)이니 생각하는 대상에 우리의 관념이 하나가 되어 확대되는 과정이다.

제8단계는 삼매(三昧, samādhi: 等持)에 의해서 대상만이 빛나게 나타나서 그 실상이 드러나고, 주관인 나의 마음은 텅빈 상태에 있게 된다.

이상 요가의 여덟 가지 수행 단계가 설해졌다.[8]

마음이 통일되어 의식이 집중되면서 그것이 깊이를 더해 가면 드디어 무의식의 상태인 삼매에 든다. 이 경지에서는 마음이라는 의식 세계의 능동적인 활동이 없어지고 무의식 상태에 있게 된다. 그러나 이 상태도 얕고 깊은 것이 있어서, 얕은 유상 삼매(有想 三昧)에서 깊은 무상 삼매(無想 三昧)로 들어가야 한다. 전자는 아직 의식이 대상과 떠나지 않고 있으므로 속박을 완전히 벗어나지 못하고 있다. 그래서 이를 '대상에 대한 의식이 따르는 삼매(samprajñātasamādhi)'라 하고, 이것은 마음의 잠재력이 아직 존재하기 때문에 '종자를 가지고 있는 삼매〔有種 三昧〕'라고도 한다. 종자란 일종의 잠재적인 가능력이니 이로부터 번뇌도 나타난다. 그러나 여기서 더 깊이 들어가서 무상 삼매에 들면 심 작용이 모두 그쳐서 대상에 속박되는 일이 없으므로 이것은 '대상에 의식이 따르지 않는 삼매(asaṁprajñātasamādhi)'라고 불려진다. 여기에서 우리의 마음 작용이 완전히 없어지므로 이것을 '종자가 없는 삼매'라고 하여 이것을 참된 요가라고 한다. 이때에 우리의 순수 정신인 푸루샤(puruṣa)가 이 세계를 관조하는 자로서 자기 자신에 안주한다.[9)]

이때의 우리의 마음은 일체의 잘못된 전도(viparyaya)나 망상(vikalpa)이 없게 되고, 또한 그것이 장차 다시 나타날 힘도 완전히 소멸되므로 이때에 마음의 본성이 그대로 나타나는 것이다. 이것이 곧 해탈이다. 여기에 있어서 순수 정신이 완전한 상태로 해탈되고, 그 순수성과 순수 정신 자체가 순수함 그대로 같이 되었으니 이때가 독존(獨尊)이다.[10)] 그때에는 순수 정신이 자기 자체만으로 빛나고 더러움이 없는 순수함으로 독존한다.

요가학파의 이와 같은 해탈관에 있어서는 상캬학파와 같이 순수 정신과 물질 세계에 대한 밝은 지혜에 의해서 순수 정신과 근본 원질이 분리될 수 있다고 한다. 이렇게 됨으로써 인생을 따르고 있는 고(苦)라고 하는 객관적인 사실이 소멸한다고 생각하고 있다. 왜냐하면 인생의 고는 순수 정신과 근본 원질의 만남이나 결합에서 있게 된 결과이기 때문이다.

(5) 요가학파의 해탈관에 대한 문제

이상과 같은 요가학파의 해탈관이 과연 인생에 운명적으로 따라붙고 있는 고(苦)를 완전히 소멸시킬 수 있느냐의 문제가 남는 것은 사실이다.

주관적인 인식이 어떤 것으로 행위적인 표출이 동반하지 않고 객관 세계를 변화시킬 수 있을 것인가? 이것은 관념적으로나 논리적으로나 객관적으로도 문제가 제기되지 않을 수 없다.

실제로 인생에 따라붙고 있는 세 가지 고(苦) 중에서 고를 느끼는 고고(苦苦)는 주어진 고를 느끼지 않으면 객관적인 고통은 없어진 것과 같다고 할 수 있다. 실제에 있어서 육체적인 극복이 정신적인 자유를 획득하는 데 공헌하는 것이 사실이다. 그러나 괴고(壞苦)에 대해서는 주관적인 정신만으로는 불가능한 것이 사실이다. 예를 들면 늙고 죽는다는 것에 대한 고는 우리의 주관적인 정신만으로는 불가능하다. 또한 잠재 인상에 의한 고는 요가의 무상 삼매에 이르러서야 그것이 해소될 수 있었다.

여기서 인생의 운명적인 고 중에 해결되지 못하는 괴고, 곧 좋아하는 대상이 전변하여 없어지는 고통은 주관적인 문제만으로는 해결될 수 없다. 늙고 죽는 문제를 극복하는 문제가 요가학파의 해탈관으로는 해결되지 못하는 것으로 생각되는 점은 당연하다고 하겠다. 생사 문제를 초탈한다고 하더라도 그것은 어디까지나 주관적인 것에 그칠 뿐 객관적으로 엄연히 죽음과 늙음은 남아 있는 것이기 때문이다.

여기서 인생의 세 가지 고통의 완전한 해결을 놓고 문제가 제기되게 된다. 그리하여 샹카라(Śaṇkara) 철학에서는 객관적인 자연 세계는 단지 미망(迷妄, māya)에 불과하므로, 그것은 영원한 것이 아니기 때문에 영원불변하는 진리 그대로인 범(梵)을 알면 해결된다고 하여 이 점을 피하고 벗어났다.

또한 후세의 상캬 철학자들은 명지(明智: jñāna)를 얻으면 무명을 없앨 수 있을 뿐이요, 고는 멸할 수 없다. 그러므로 고는 사후에 얻어지는 이신해탈(離身解脫)에 있어서 마음과 더불어 소멸한다. 그러므로 인생의 목적은 '고의 지멸(duhkḥanivṛtti)'이 아니고, '고를 받아들이는 것을 지멸시키는 것(duhkḥabhoganivṛtti)'이라 하여 이 문제를 정면으로 해결하려고 하지 않고 비약하는 방법으로 해결하고 있다.[11)]

그리고 여기서 다시 이 전변에 따른 인간고를 해결하기 위해서 하타 요가(Haṭhā-yoga)가 나타나게 된다. 요가가 주관적인 마음의 문제에만 치우치는 것을 보완하기 위해서 물질 세계를 무시하기보다는 이것과 조화해 나가는 방향으로 나가게 된 것이 11세기 이후에 나타난 요가의 일파인 나타(nātha)파이다. 당시의 요가행자로서 고라크샤 나타(Gorakṣa-nātha)가 나타나서 고라크샤 샤타카(Gorakṣa-śataka)를 남겼고, 그뒤 16,7세기에 스와트마라마(svītmārāma)가 하타요가 프라디비카(Hatayoga pradhīpika)를 써서 심신불이(心身不二)의 입장에서 심신의 양면에서 요가적인 수행을 하는 체계를 세웠다. 그러나 이 경우에도 정신적인 수행인 라쟈 요가(Rāja-yoga)의 완성을 위한 하타 요가를 중시하고 있는 것이다.

(6) 요가로 얻어지는 신통력(神通力)

요가를 닦으면 여러 가지 초자연적인 힘이 얻어진다고 수트라는 말하고 있다.[12)]

이것은 당시 인도인이 믿고 있던 신앙도 있으나, 우리 정신력의 최대한의 능력을 보여주는 면도 있어서 요가 수행의 과정에서 얻어질 수 있는 것이 많이 나열되고 있다. 이런 점은 현대에 있어서도 요가를 다시 연구하게 되는 매력으로 작용하고 있다고 하겠다. 그러나 이러한 신통력은 정신과 육체의 최대한의 가능력의 발휘를 보여주고 있는 것이므로 현대적인 이해가 요구된다고 하겠다. 그들의 초능력은 일상적이요, 구체적인 경험의 세계를 넘어선 것이다. 인간의 능력은 실로 불가사의한 신비 속에 있는 것이 사실이라면, 요가는 이의 개척을 위하여 가장 오래전부터 이러한 일을 담당하고 있었다고 할 것이다. 그러므로 인도에서 요가가 보다 깊이 있게 연구되고 있는 것은 다행한 일이 아닐 수 없다.

3) 요가의 유파(流派)와 바가바드기타의 요가

앞에서 보인 요가는 학파로서 형성되면서 상캬 철학과 떠날 수 없는 요가학파, 곧 상캬 요가의 수행체계를 보이고 있는 것이다.

그러나 이와는 달리 육파 철학 중에서 베다와 우파니샤드의 흐름을 이어받은 베탄타(vedānta)학파에서는 이와는 다른 방향으로 요가를 받아들이고 그것을 발전시켰다.

그들은 참된 자아인 아트만과 우주적인 실재인 브라흐만의 일체, 곧 범아일여(梵我一如)적인 자각을 궁극 목표로 하여 신에 대한 절대 귀의의 감정 내지는 신에 대한 믿음과 사랑을 가지고 모든 인간적인 행위를 신에게 맡기는 삶이 요가라고 한다.[13] 이것이 바크티 요가(Bhakti-yoga)이다. 이런 입장은 상캬 요가의 입장을 반대한다.

또한 우리의 사회적인 의무를 수행함에 있어서 일체의 공리적인 상량을 버리고 헌신적으로 노력하는 그것이 요가라고 한다.[14] 이것을 카르마 요가(karma-yoga)라고 한다. 이런 입장을 취하는 사람은 명상에만 잠기거나 출세간적인 생활을 하는 것은 좋아하지 않았다.

또한 고행이나 믿음만을 주장하지 않고, 우주와 인생에 대한 올바른 지식을 가지는 것이 진정한 요가라고 하는 부류가 생겼다. 이것을 지냐나 요가(jñāna-yoga)라고 하니[15] 우파니샤드 철학의 입장을 계승한 베단타 철학의 입장이다. 이들은 일체의 욕망이나 의무를 버리고 관상하는 수행을 하는 것이다.

바가바드기타 시대의 요가는 우리 인간의 모든 생활 원리로서 제시되었다. 그러므로 인간 생활의 어떤 형태 속에서나 자기의 삶의 방향에 맞게 하면서 최고의 이상을 추구하는 것이었다.

여기에서 파탄잘리의 요가를 비롯해 다양한 요가 사상을 흡수하여 시대 상황에 맞게 자유자재로 회통시킨 것을 볼 수 있다. 그러나 이들 여러 요가의 유파 속에서 나타난 일관된 개념은 요가는 평정함(samatva)이라고 보고 있는 점이다.

"요가에 머물러 모든 행위를 하되 (결과에 대한) 집착을 버리고 (일의) 성공이나 불성공에 있어서 평정함(sama)이 되어, 이 평정함(samatva)이야말로 요가라고 불려진다"[16]라고 한 이것이다. 기타의 작자는 요가의 본질을 '평정함(samatvam)'에서 보았다. sama·samahita·samatva·samādhi는 같은 말에서 파생되어 각각 달리 쓰인다. same는 평정 자체요, samahita는 samādhi에 있어서 그의 극한에 이른 심적 상태요, 이것은 또한 samatva라고 해도 된다. 그러므로 기타의 작자가 기타를 작성할 당시에는 요가의 행법이 일반화되어 있었으므로 그들에게는 요가가 삶의 방식이었다.

"그 자리에 앉아서 의(意, manas)를 한곳에 집중하여 마음과 감각기관의 움직임을 억제하고, 자아의 청정을 위해서 요가를 닦아라"[17] 라고 한 것이 이것이다. 이것으로 볼 때, 카르마 요가나 바크티 요가나 지냐나 요가나 간에 마음의 평정함을 유지하면 어떤 삶을 살든지 그것은 신의 뜻에 맞는 것이고, 진리에 맞는 것이요, 올바른 행위가 된다.

그러므로 이러한 요가의 결과 신의 능력을 나타내는 것이 요가라고 하게 되었고,[18] 또한 행위의 원숙함[19]이라고도 했으며, 고에서 떠나는 것이 요가[20]라고도 하였다.

이와 같이 요가는 인도에 있어서 고대로부터 이어 온 모든 종교적인 정신을 계승하면서 꾸준히 발전 유지되고 있다고 할 수 있다.

4) 하타 요가의 특색과 체계

여기서 가장 특이한 현상은 시대적인 상황에 적응하면서 하타 요가(Hatha-yoga)라고 하는 한 파가 생겨난 일이다. 이 유파는 A.D. 12-13세기 이후에 발달한 것인데, 종래의 정신적인 면에 치중되던 것을 지양하고 육체적 · 생리적인 면을 가미하여 정신과 육체를 모두 살리는 방향으로 발달시켰다.

여기에서는 파탄잘리의 요가 체계 중에서 아사나(āsana)를 발전적으로 다양화하고, 여기에 다시 프라나야마(prāṇāyāma)라는 조식법을 결합시키며, 여기에 다시 신체의 주요 부위에 생기를 집중시키는 반다(bandha)와 무드라(mudra) 법을 가미하여 총체적으로 이루어지게 하였다.

이 하타 요가는 정신 수련인 라쟈 요가(Rāja-yoga)에 앞서서 반드시 따라야 할 육체적 · 생리적인 완전함을 기하려는 것이니, 몸과 마음이 서로 떠날 수 없다는 지극히 당연한 도리를 그대로 살리는 것이다. 그러므로 하타 요가는 명상을 성취시키기 위해서 필수적인 조건을 갖추는 것이다.

이 점이 오늘날 현대 사회에 요가가 주목받고 있는 것이다.

요가는 본래 정신적인 자유라고 하는 해탈을 얻기 위한 종교적 행법이었으나, 육체의 건강과 호흡의 조절은 정신적인 자유와 밀접한 관련이 있다. 그러므로 하타 요가에서는 신체의 움직임과 호흡과 정신 집중이 같이 따른다.

이것은 불교에서 선정을 닦을 때에 먼저 몸을 조절하고 호흡을 고르는 것과도 같다고 하겠으나, 불교에서는 이것이 삼위일체(三位一體)가 되지 못하고 마음에 치중하거나 몸에 치중하거나 호흡에 치중하고 있는 것은 완전한 요가라고 할 수 없고, 완전한 선의 수행이라고 할 수 없다.

하타 요가는 본래 불교의 밀교 사상의 영향을 받아서 힌두교 속에서 일어난 요가다.[21)]

인도에서는 기원 10세기경이 되면 불교와 힌두교가 탄트라(tantra)의 종교 운동을 같이해 왔다. 그러므로 이들은 서로 절충적으로 영향을 주고받으면서 자기의 종교를 체계화했다.

하타 요가의 개조인 고라크샤 나타(Gorakṣa-nātha)는 그 이전부터 있었던 탄트라 요가를 집대성한 것이라고 생각되고 있다. 그는 이 하타 요가의 행법을 정리하여《하타 요가》와 《고라크샤 샤타카》의 두 책을 썼으나 후자만이 남아 있다.

이 책에서는 아사나(āsana, 休位法) · 프라나삼야마(pranasaṁyama, 呼吸法) · 프라짜하라(pracāhāra, 制感法) · 다라나(dhāranā, 凝念法) · 쟈나(dhyāna, 靜慮法) · 사마디(samādhi, 三昧法) 등의 여섯 가지 체계로 만들었다. 이것은 파탄잘리의 체계에서 야마(yama, 禁戒)와 니야마(niyama, 勸戒)를 제외한 것이다.

하타 요가는 본래 요가 수행의 예비적인 단계로 개발한 것이므로 파탄잘리의 요가 체계 중의 셋째 단계인 아사나(āsana)를 개발한 것이라고 여겨진다. 이는 불교의 밀교 경전이나 기타 문헌에 기록되고 있던 것으로 볼 수 있다. 10세기 말경에 시호(施護)가 번역한《일체여래금강삼업최상비밀대교왕경(一切如來金剛三業最上秘密大教王經)》 제7권에서는 이 하타 요가가 아사리 등이 성취해야 할 수행법 중에서 수행을 성취케 하는 법이라고 말하고 있다.[22)]

여기서 말하는 6종이란 고라크샤 나타가 이것을 하나의 완전한 요가 수행법으로서 6종으로 체계화한 것이다. 그러므로 하타 요가는 육체적인 아사나와 호흡 조절인 프라나 삼야마, 그리고 정신 집중이 겸비된 것으로서 새롭게 체계화한 밀교의 요가이다.

5) 현대 인도의 요가

요가는 인간의 영혼이 자유인 해탈을 목표로 하여 발달했으나, 이 해탈의 세계를 심리적으로 어떻게 구명할 수 있겠는가 하는 현대적인 이해를 시도하게 되었고, 또한 이러한 해탈의 과정에서 일어나는 육체적인 변화에 대한 연구도 하게 되었다. 그리하여 20세기의 전반에 이르러서 시바난다와 쿠바라야난다와 같은 사람은 요가를 심리적 · 육체적인 면에서 그 실상을 구명하려고 시도하였고, 19세기 후반에는 오로빈도 고슈(1872~1950)와 라마크리쉬나(1836?~1886), 비베카난다(1863~1902), 라마나 마하리시(1879~1950) 등이 나타나서 요가를 크게 빛내었다

오로빈도 고슈는 요가 수행을 통해서 절대자의 힘을 얻어 이 지상에 신의 나라를 건설하려고 하였다.

그는 카르마 요가 · 바크티 요가 · 라자 요가 · 지냐나 요가의 모든 것을 종합적으로 수행하였다

그는 요가를 통해서 내적으로 심화되고 전 생활에 확대되는 것이 완전한 삶이었으므로 이때에 자기의 완전함이 자기 자신으로 존재하고(sat), 그러한 자기가 우주적인 것으고 인식되며(cit), 이러한 자기의 존재에 대한 환희(ānanda)가 있게 된다고 보았다. 이러한 사상은 모든 사람을 자기 속에서 파악하고(sat), 모든 사람의 마음을 자기 마음속에서 인식하며(cit), 모든 사람의 기쁨을 자기 자신의 기쁨으로 받아들인다(ānanda).

또한 라마크리쉬나는 요가를 통해 무분별 삼매(無分別 三昧)를 얻어서 신이 만물 속에 있다는 것을 실증하였다. 아트만과 브라흐만이 하나가 된 것이다. 그는 이 세상이 빛으로 싸여 있는 것을 보고, 적정 그대로의 세계 속에서 종교의 진실을 알았다. 그리하여 절대자인 신은 실재하고(sat), 그것은 지혜요(cit) 기쁨이니(ānanda) 이것과 하나가

되는 것이 요가였다. 그는 신앙의 요가인 바크티 요가의 대표자이다. 그러나 그는 너무도 힌두교적인 교리에 치우쳐 있었으므로 인간이 보인 가장 깊은 지혜인 불교를 몰랐다고 하겠다.

또한 라마크리쉬나의 제자인 비베카난다는 인간의 모든 정신 활동을 요가와 관련시켜서 인간의 완전한 활동이 카르마 요가요, 인간의 가장 아름다운 정서가 바크티 요가요, 또한 가장 고요하고 안온한 심신의 통일이 라자 요가요, 가장 지혜로움이 지냐나 요가라고 보았다. 그는 철저한 요가의 명상을 통해서 무분별 삼매를 실현하고, 절대적인 것을 숭배함으로써 그것을 구현시켰다.

그는 인도의 위대한 정신적인 유산을 합리적 · 근대적으로 전개 · 소개하였다. 그리고 그는 붓다야말로 이 세상에서 산 인간으로서 가장 위대한 사람이라고 말하고, 신을 찾는 사람은 멸하지 않을 것이며, 투쟁이나 세속적인 일만을 향해 달려가면 반드시 멸망할 것이라고 말했다. 이것은 진리를 보고(sat), 진리를 알며(cit), 진리 속에서 만족하는(ānanda) 완전한 삶이었다.

비베카난다는 《바가바드기타》에서 설한 카르마 요가의 대표자였다. 또한 라마나 마하리시는 "나란 어떤 것인가(who am I)"라는 문제를 가지고 끝까지 추구하여 나에 관계된 모든 것이 부정되면서, 드디어 최후로 남는 순수 지각(純粹 知覺)을 보고, 그것이 자기의 본성이요 실재(sat)요, 진실한 의식(cit)이요 환희(ānanda)라고 보았다.

우리가 마음을 오직 자기의 본성으로 돌리고, 본성에서 일어나는 모든 것을 무심히 바라보면서 잠시도 본성을 버리지 말고 거기에 마음을 두는 일이 요가요, 명상이요, 지혜요, 신앙이라 하고, 마음이 자기의 본성에 전주되어 통제되면 그밖의 모든 것은 스스로 통제된다고 하였다.

라마나 마하리시는 지나나 요가의 대표자였다. 따라서 그의 요가는 불교의 공안선(公案禪)과 매우 흡사한 것이 있다.

4. 불교의 요가

1) 선정(禪定)은 요가

선정이라는 말은 선과 정의 복합어로 쓰인 것이다. 선(禪)은 jhāna(인도의 속어) · dhyāna(梵)에서 끝모음이 생략된 말로 정려(靜慮)의 뜻이 있다.

정(定)은 samādhi의 내용인 심일경성(心一境性, ekagatā)이니 선정은 고요히 생각하여 마음이 한결같이 대상에 전주된 상태다. 따라서 선은 구역(舊譯)에서 말하듯이 사유수(思惟修)나 신역의 정려(靜慮)의 뜻이다.

dhyāna라는 말이 사용된 것은 《짠도캬 우파니샤드》(*chāndogya-upaniṣad*)에서인데, "dhyāna는 실로 마음보다도 위대하다. 땅도 dhyāna와 같고, 움직이지 않는 것과 같이 보이며, 하늘도 dhyāna와 같이 보인다. 그러므로 만일 사람이 이 세상에서 인간 가운데 위대함에 이를 수 있다면, 이 dhyāna에 의해서이다. 그대는 dhyāna를 예배하라"고 하였다.

여기서 사용된 dhyāna라는 말이 뒤에는 요가라는 말과 결부되어 dhyāna-yoga로서 널리 사용되었고, 요가 가운데 dhyāna가 불교나 자이나교에도 수용되면서 불교에서는 독특한 불교 내용을 가지는 요가의 일종으로 되었다.

그리하여 《대비바사론(大毘婆沙論)》 제141권에서는 "정(靜)은 곧 적정(寂靜)이요, 려(慮)는 곧 주려(籌慮)이다"[23]라고 하고, 《구사론》 제28권에서는 "어떤 뜻으로 정려라고 하는가 하면, 고요함으로 인해서 능히 심려(審慮)하기 때문에 심려는 곧 이것이 실로 요지(了知)의 뜻이다"[24]라고 한 바와 같이 dhyāna는 마음을 고요히 하여 대상의 진실을 살펴서 아는 것이다. 그리하여 불교에서는 dhyāna의 내용인 고요한 심일경성에만 그치는 삼매(samādhi, 三昧 · 止)가 아니고, 대상의 진실을 아는 데까지 들어가는 관(觀, vipaśyanā)이라고 하게 되었다. 그러므로 불교에서의 dhyāna는 vipaśyanā의 뜻으로 파악되어 vipaśyana와 동의어로 사용되고 있다.

또한 dhyāna는 마음을 대상에 전주하여 깊이 사량하는 수행이므로, 그 결과 얻어지는 공덕이 다섯 가지 악을 태워 버린다고 하여, 소진(燒盡)하는 기악(棄惡)이라고도 번역된다. 또한 선이 지혜를 얻는 공덕이 있으므로 공덕총림(功德叢林)이라고도 의역된다.

흔히 불교에서는 선정(禪定)이라고 하나, 정(定, samādhi)은 마음이 한 대상에 전주하여 악을 떠나는 것이므로 대상의 진실을 보는 것(觀 · 禪)을 가능케 하는 방법, 또는 그 심경이므로 '선을 가능케 하는 정'이라는 뜻으로 선정(禪定)이라는 복합어가 사용되기도 하였다.

그러나 정을 선의 의식 내용이나 종국의 상태로 보면 '선을 통한 정'이라고 보게 되니, 팔정도(八正道)에서 일곱번째의 정은 이런 뜻이라고 생각된다.

하여튼 선이 정에 포괄되는 뜻이거나 정이 선에 따르는 뜻이거나 간에 선과 정은 그 범위를 엄밀하게 규정하기 어렵고, 오히려 선과 정을 동의어로 사용하고 있는 경우가 많다.

그런데 팔리어로 된 상응부(相應部) 제1 인연 상응(因緣 相應), 중략품(中略品)에는 "〔사제(四制)를〕 여실히 요지(了知)하기 위해서 마땅히 요가〔瑜伽〕를 하지 않으면 안 된다(~yathābhitam ñāṇāya-yogo tiaraṇiyo)"[25]라고 하였다. 여기에서 보는 바와 같이 요가라는 말이 일반적으로 사용되기도 하였으니 선정이 요가 속에 포괄된 듯한 느낌을 준다.

선정의 수행은 모든 감각 기관을 억제하여 심신을 결합(結合)하고 상응(相應)케 하기 때문에 요가라는 말로 대표될 수 있다.

그러나 원시 불교에서 요가라는 말을 빈번히 사용하지 않고 선정이라는 말을 흔히 사용한 것은, 요가가 정통 바라문 계통에서 유일한 종교적 수행으로 채택되어 범(梵)과 자아(自我, ātman)를 보는 방법이었으므로 이와는 다른 방향으로 가는 불교에서는 요가라는 말을 즐겨 쓰지 않았을 뿐이었다고 생각된다. 그러나 그뒤에 대승 불교에 오면 다시 요가라는 말로써 불교적 수행을 대표하기에 이른다.[26]

2) 석존의 선정

석존이 보리수나무 밑에서 도를 성취하신 것은 오로지 선정의 종교적인 수행의 결과임은 틀림없는 사실이다. 중부(中部) 제36 살차가대경(薩遮迦大經), 중부 제100 상가라경(傷歌邏經, saṇgārava-sutta)에서는 분명히 선정에 의한 성도를 설하고 있고, 그뒤의 불전도 모두

수하내관(樹下內觀)을 말하여 이것을 입증하고 있다.

그런데 본래 선정은 지(止)와 관(觀)이 균등하게 쌍운(雙運)되는 것이니, 지(止)에 의해 탐욕이 없어져서 심해탈이 얻어지고, 관(觀)에 의해 무명이 멸해져서 혜해탈(pañña-vimutti)이 이루어지므로[27] 선정에 의해서 지혜가 얻어지지 않으면 열반을 증득할 수 없다. 이것을 《법구경》에서도 "선정이 없는 자에게는 지혜가 없고, 지혜가 없는 자에겐 선성이 없다. 선정과 지혜를 갖춘 자는 실로 연반에 이른다(n'atthi jhānaṁ appaññassa pañña n'atthi ajhāyato, yaṁhi jhānan ca paññā sa ve nibbāna santike; 無禪不智 無智不禪 道從禪智 得至泥洹)"[28]고 했다.

선에 의해서 지와 관이 균등히 이루어지면 이때에 지혜가 갖추어져서 열반에 든다는 것을 말하고 있다. 석존이 보리수 밑에서 성도하실 때에 명성을 보셨다고 하는 것은 지혜의 빛이 나타난 것이다.

불교의 열반(nirvāṇa·nibbāna)은 선정과 지혜가 갖추어진 세계다. 불교의 열반은 불을 끈 것 같은데 그친 것이 아니고, 만물의 진상이 밝게 나타난 세계에서 현법락주(現法樂住)하는 세계이다. 또한 경전에서는 다음과 같이 말하기도 했다.

> 실로 요가로부터 지혜가 생기나니,
> 요가를 하지 않으면 지혜가 없어진다.
> 얻고 잃는 두 길을 알아서
> 지혜가 더하도록 자기를 안립하라.[29]
> yogā ve jāyati bhūri
> ayogā bhūri saṇkhayo

Etaṁ dvedhā pathaṁ ñatvā

bhavāya vibhavāya ca

Tath 'attānaṁ niveseyya

yathā bhūri pavaḍḍhati

念應念則正　念不應則邪

慧而不起邪　思正道乃成

여기에서는 선정 대신에 요가라는 말을 쓰고 있다.

불제자들은 항상 선정, 곧 요가에 의해서 일체가 법 그대로 나타나는 세계에 안주하여 안온함을 즐기고 있었다. 이것을 경에서는 이렇게 말한다.

고타마의 제자들은 항상 잘 깨어 있어서

낮이나 밤이나 수행으로 마음이 즐겁다.[30)]

suppabuddhaṁ pabujjhanti sadā gotamasāvakā

yesaṁ divā ca ratto ca bhāvanāya rato mano

爲佛弟子　常悟自覺

日暮思禪　樂觀一心

이것으로 보면 원시 불교 당시의 수행은 선정을 즐기는 것이 유일한 수행이었음을 알 수 있다. 그러므로 선정은 현법락주(現法樂住)라고도 한다.

석존은 출가하여 고행림으로 두 스승을 찾았다. 그들은 요가의 선정을 닦는 수행자였으나, 그에게서 만족하지 못했다고 하는 것은 그 당시의 요가는 선정의 수행이면서도 부족함이 있었음을 말하는 것이니, 실로 요가 곧 선정은 석존에 이르러서 새로운 뜻이 주어졌고 그 내용이 충분하게 갖추어졌음을 알 수 있다.

석존의 깨달음이라는 새로운 세계가 석존의 선에 의해서 얻어지게 되었던 것이다.

석존이 무상정등정각을 얻게 된 것은 실로 보리수하의 석존 독특한 선정이었다. 석존이 최초의 설법에서 설했다는 정정(正定)이 바로 이것이다. 석존으로서 보면 외도들의 선정은 부족한 것이었다. 그러므로 불제자들은 모두 올바른 석존의 선정을 즐겼던 것이다. 그들은 모두 석존의 선정에 의해서 붓다의 깨달은 법을 보고, 그 법을 따르며 그 법을 즐겼다. 그러한 선정의 전통이 대승 불교로 이어지면서 여러 경전이 불교의 선정을 여러 가지 삼매(三昧)로써 나타냈으니, 반야경의 등지왕 삼매(等持王 三昧), 법화경의 무량의처 삼매(無量義處 三昧), 화엄경의 해인 삼매(海印 三昧), 열반경(涅槃經)의 부동 삼매(不動 三昧) 등 삼매에서 출정(出定)하여 설법하신 것으로 설해지고 있다. 그러므로 삼매, 곧 선정의 형식은 같으나 내용은 다른 것이다. 그리하여 불교 경전에서 설해진 선관(禪觀)의 모든 것은 이 경전이 설하는 석존의 세계를 보이고 있는 삼매이다.

3) 보리달마의 벽관(壁觀)과 그의 상승(相承)

보리달마의 선은 본각진성(本覺眞性)을 깨닫는 지혜와 이것을 얻는 과정인 선정이 하나가 된 것이었다. 그가 보인 벽관은 우리 인간의 진성에 응주(凝住)하고 이를 실천하는 것이니, 이것이 이입사행(二入四行)이라고 하는 것이다.

달마가 혜가(慧可)에게 전했다고 하는 안심(安心)이란 인간의 진실한 본심에 안주하는 것이었다. 스스로 자기의 진성과 명합하여 적연무위(寂然無爲)하면서도 이것이 그대로 이타행으로 실천되는 것이다.

이(理)와 행(行)은 둘이 아니므로 그것이 곧 이와 행의 상응(相應)이니 바로 요가 그것이다.

달마는 인도에서 있을 때에 마음을 적정 그대로 유지하는 요가에서 다시 전심(轉心)하는 사드야 요가(sādhya-yoga)를 닦았다고도 한다. 그러므로 그는 마음을 진성으로 전입시킬 수 있는 것이다. 그것이 여시안심(如是安心)이요, 여시발행(如是發行)이요, 여시순물(如是順物)이요, 여시방편(如是方便)이다. 진실한 마음의 이(理) 그대로에 머물러 이(理)에 상응하여 도(道)에 어긋남이 없는 보원행(報寃行), 고와 낙의 인연에 따라서 그대로 나아가는 수연행(隨緣行), 본래 공(空)한 도리에 따라 구하는 바가 없어 아무런 탐착도 없는 무소구행(無所求行), 자성청정한 법 그대로 무아(無我)에 투철하여 자타를 이롭게 하면서도 집착함이 없는 칭법행(稱法行) 등은 모두 진성의 이(理)의 실천이다.

달마의 이(理)는 석존의 깨달음의 내용인 연기의 법 그것이고, 달마의 행(行)은 석존의 49년의 자비 그것이며, 이는 지혜의 세계요, 행은 자비의 세계다. 이(理)와 행(行)이 불이(不二)의 관계에서 상응하고 있는 것이 이입(二入)이다. 달마는 자기의 선정의 세계를 권증하기 위해서 입능가경(入楞伽經)을 전해 주었다고 한다. 실제로 그는 진성을 돈오(頓悟)하고, 다시 이것을 묘수(妙修)하여 자타(自他)가 둘이 아닌 것으로 나타냈으니, 이것은 혜와 정의 상즉(相卽)이요 상응(相應)이다.

달마의 법을 이어받은 혜가(慧可)의 안심(安心)도 인(人)과 법(法)의 상응, 식(識)과 색(色)의 상응 그것이다.

삼조인 승찬(僧璨)의 신심(信心), 사조인 도신(道信)의 섭심(攝心), 오조 홍인(弘忍)의 수심(守心)도 그것이다.

또한 육조 혜능(慧能, 638-713)의 생심(生心) 등이 모두 진실한 우리의 일심을 깨닫고 보임(保任)하는 것에 지나지 않는다.

4) 대승 유가행학파(瑜伽行學派)의 요가

인도의 선이 보리달마에 의해서 중국으로 전해지면서 생활 속에서 실천적 · 구체적 · 중국적인 특색을 가진 선으로 발전된 것은 당연한 일이라고 생각되며, 또한 그것이 한국이나 일본으로 전해지면서 한국의 선은 한국의 문화 풍토에 상응하여 원융 무애한 삶 그대로의 특색을 지니게 되었고, 일본의 경우도 마찬가지이다.

선이 대승불교로 이어지면서 요가가 삼매라는 내용과 상응(相應)의 모습으로 나타나게 된다. 이것은 석존이 깨달은 법을 그대로 나타낸 것이기도 하다. 삼매는 심일경성인 정이요, 상응은 연기의 법이기 때문이다.

상응이란 이것과 저것의 결합이니 일체의 존재가 있게 되고 없게 되는 법 그대로의 모습이다. 이것이 요가이므로 한역하여 상응이라고 번역한 것은 적절하다고 하겠다. 그리하여 유가유식학파에서는 요가를 상응이라고 보았다.

유가행학파의 시조 미륵(彌勒, maitreya, 270-350?)이 설하고 무착(無着, asaṅga)이 엮었다고 하는 유가사지론(瑜伽師地論)에 대한 해석서[31]에서 "일체승(一切乘)의 경(境)·행(行)·과(果) 등 모든 법을 요가라고 한다. 일체는 방편이 선교하게 상응하는 뜻이 있기 때문이다"[32] 하고, 법은 경·행·과에 걸쳐서 일체가 공(空) 그대로인 법에 상응한다고 말하고 있다.

〈경유가(境瑜伽)〉

경유가란 존재의 진실성이니 전도(顚倒)가 없는 것〔無顚倒性〕이요, 도리에 벗어나지 않는 것〔不相違性〕이요, 도리에 능히 수순(隨順)하는 본성〔能隨順性〕, 결국 진리 그대로의 세계인 구경(究竟)으로 가는 성품〔趣究竟性〕이 있어서 올바른 도리와 가르침 그리고 작용과 그 결과는 서로 상응하는 요가라고 말하고 있다.

이와 같이 일체의 대상은 근본 도리를 떠나지 않고 있으므로 일체에 통하는 것이나, 여러 경이나 논에서는 중생의 근기에 따라서 여러 가지로 달리 설하고 있다. 그러므로 모든 법은 서로 관련되어 있고〔觀待〕, 작용이 있으며〔作用〕, 되어진 그대로의 모습〔法爾〕이며, 궁극적으로는 성취를 증득〔證成〕한다. 이와 같은 네 가지 도리를 갖추고 있으니 이것이 요가이다.

또한 제법간의 관계나 성질에는 상응하는 것이 있으니, 원인과 결과가 떠나지 않고 있기 때문이라고 하여 이것을 곧 요가라 하였다.

또한 제법은 청정하지 않은 잡법(雜法)과 청정한 정법(淨法)이 있으나 이것도 본성에 있어서는 다같이 무성(無性)이니, 그러므로 요가라고 하였다. 왜냐하면 잡된 것은 제거하고 청정한 것에 따라서 계합하기 때문이다.

또한 구경청정진여(究竟淸淨眞如)를 요가라고 하니 진리 가운데 가장 뛰어나고, 이에 일체의 공덕이 상응하기 때문이다. 이것은 입능가경(入楞伽經)에서 설하고 있는 바와 같다.

구경인 무분별의 세계에서 구경의 세계와 청정함과 진여 그대로를 관하여 분별하는 차별을 제거하고, 청정에 머물러 더러움을 떠나고 진여 그대로에서 능취(能取)와 소취(所取)가 없고 해탈도 계박도 없으면 이때에 삼매인 정(定)에 머물고 있음이니, 바로 이것이 요가이다.

또한 모든 법이 요가이니, 오온(五蘊) · 십팔계(十八界) · 십이처(十二處) · 십이연기(十二緣起) · 사체(四諦) 등 모든 법이 그대로가 요가라고 하였다. 이들은 일체의 대상을 섭수하여 그에 순응하기 때문이다.

또한 일체의 대경(對境)이 모두 요가라고 하였다. 일체의 대경은 자성 그대로의 성품을 갖추고 있고〔自性〕, 소원을 이루고자 하는 행위의 성품이 있으며〔願性〕, 진실에 따르는 성품〔順性〕, 공덕을 쌓아 보다 높은 경지로 전향하는 성품〔轉性〕 등 사성(四性)을 갖추고 있고 네 가지 법, 곧 설한 교법(敎法), 진리의 이법(理法), 수행하는 행법(行法), 열반에 도달되는 과법(果法)에 따르기 때문이다.

〈행유가(行瑜伽)〉

일체의 행위가 서로 어울려서 순응하기 때문에 일체의 행이 요가라고 했다. 왜냐하면 모든 행위는 도리에 따르기 때문이고, 도리를 가르친 교리에 순응하기 때문이며, 반드시 그 결과를 가져오기 때문에 이러한 것이 요가이다.

이와 같은 행위가 도리에 따르면 바른 결과를 가져오고, 도리에 어긋나면 그릇된 결과를 가져온다. 그러므로 그런 도리에 따라서 나타나는 결과는 행과 과가 상응한 것이다.

이러한 행의 요가는 모든 행위에 통하는 것인데 여러 경론에서는 그 나타나는 모습에 따라서, 또는 근기(勤機)에 따라서 여러 가지로 달리 설한다. 따라서 모든 행위를 근수(勤修)하는 것이 요가라고 말해진다. 한마디로 말하면 수행을 통한 모든 행위가 요가라고 하게 된다. 따라서 월등경(月燈經)에서는 삼십칠보리분법(三十七菩提分法)을 닦는 것이 요가라고 했다. 이것은 그러한 수행이 일체의 결과에 따르는 행 중에서 가장 뛰어났기 때문이다.

수행에 있어서 사마타(奢摩他, samatā)와 비파사나(毘鉢舍那, vipaśana)를 평등히 운행하는 것을 요가라고 한다. 왜냐하면 사마타와 비파사나가 쌍운(雙運)되는 것이 올바른 관행(觀行)이니, 이 관행이 모든 행위의 주인이 되기 때문이다.

불교에서 사마디(samadhi)를 닦는 것은 사마타와 비파사나가 같이 따르는 것이기 때문에 요가가고 한다. 이때에 그 관행이 마음에 머물러 가장 힘이 강한 움직임이 나타나기 때문이다.

현양성교론(顯揚聖教論)에서는 신(信)과 욕(欲)과 방편(方便)과 정진(精進)의 네 가지 법을 요가라고 하였다. 이러한 네 가지를 행하려고 생각하여, 이들 네 가지에 통하는 일체의 행위가 생하면 그것이 지혜요, 방편이다.

또한 이 세계를 욕계 · 색계 · 무색계로 나누어 교설하고, 그것을 듣는 것은 요가이다. 중생들로 하여금 도리에 따라 번뇌를 없애게 하기 때문이다.

또한 수행의 경지인 수소성지(修所成地)에 있어서 대치하는 길을 닦는 것이 요가다. 수행을 따라서 점차로 업장들이 소멸되는 것에 즐거움을 느끼면서 이에 따라서 수행하기 때문이다.

또한 수행에 따라서 전도되지 않는 지혜를 얻게 되면 이것이 요가이다. 무전도의 지혜는 모든 행위 가운데 뛰어난 것이기 때문이다.

또한 선교(善巧)한 방편이 요가이다. 마음을 일으켜서 지혜롭게 행하는 방편은 선교한 행위를 일으키기 때문이다.

또한 공덕실성계경(功德實性契經)에서 설하는 바와 같이 연기관을 통해서 깨달음을 얻는 것이 요가이다. 연기관으로 얻는 지혜는 생사를 떠나는 데 뛰어나기 때문이다.

또한 정행경(正行經)에서는 팔지성도(八支聖道)가 요가라고 한다. 이 여덟 가지는 열반으로 가는 데 뛰어난 것이기 때문이다.

또한 비나야경(毗奈耶經)에서 설하는 계(戒)를 닦는 것이 요가이다. 왜냐하면 계(戒) · 정(定) · 혜(慧)를 익히는 것이 깨달음의 원인 중에 뛰어나기 때문이다.

또한 대의경(大義經)에 설하는 바와 같이 일체의 세간이나 출세간의 행을 분별하여 닦는 것이 요가이다. 세간과 출세간의 차별에 따라서 올바른 행위를 하는 것은 그 계위에 부합되기 때문이다.

이와 같이 또한 성문(聲聞)의 행이 요가이다. 삼승(三乘)에 통해서 깨달음을 얻는 행위가 되기 때문이다.

또한 공(空)을 관하는 마음을 일으키는 것이 요가이다. 대행(大行)을 일으키는 데 뛰어나기 때문이다. 보살들은 요가로서 공 그대로의 허공 같은 마음을 가지기 때문이다. 공의 마음을 가지므로 성문이나 독각의 세계로 떨어지지 않고 불국토에 머무른다. 반야의 지혜로써 공에 머무르는 것은 요가 중에서 뛰어난 요가라고 한다.

이것은 대승(大乘)의 행으로 인도하기 때문이다.

또한 지혜의 요가는 무등등(無等等)의 세계로 인도하니 무상의 요가이기 때문이다.

또한 지혜로써 중생을 섭수하는 무분별의 정(定)이 요가이다. 이것은 일체의 뛰어난 덕을 발하기 때문이다.

또한 보살이 가지는 지혜와 자비의 평등한 쌍전(雙轉)을 요가라고 한다. 능히 무주처열반(無住處涅槃)을 증득하기 때문이다.

이와 같이 모든 경이나 논서에서 설해지는 일체의 행이 모두 요가이다.

〈과요가(果瑜伽)〉

과의 요가는 일체의 결과가 서로 순응하기 때문이요, 결과는 올바른 도리에 따르는 것이기 때문이요, 올바른 가르침에 따르기 때문이며, 올바른 원인에 따르기 때문에 요가라고 한다.

이러한 결과는 모든 결과에 공통되는 것이지만 여러 경론에서 나타난 상(相)과 근기(勤機)에 따라서 여러 가지로 달리 설한다.

《분별의경(分別義經)》에서 설하는 무외력(無畏力)을 가진 불공불법(不共佛法)을 요가라고 한다. 이것은 능히 마(魔)를 굴복시키고, 여러 다른 논의를 제압함이 다른 어떤 것보다도 뛰어나기 때문이다.

또한 부처님이 증득한 무주처열반(無住處涅槃)이 요가가 된다. 진미래제(盡未來際)에 머무를 바가 없기 때문이다.

또한 여래지(如來地)에서의 무분별지와 대비(大悲)가 요가이다. 여기에는 자리타리가 항상 다함이 없기 때문이다.

또한 유가사지경(瑜伽師地經)에서 설한 불지(佛地)의 공덕을 요가라고 한다. 모든 법계에 다함이 없기 때문이다.

또한 분별삼승공덕경(分別三乘功德經)에서 말한 삼승(三乘)의 과덕(果德)을 요가라고 한다. 모두 올바른 도리에 상응하기 때문이다.

또한 찬불론(讚佛論)에서 설하는 바 삼신(三身)·삼덕(三德)이 모두 요가이다. 일체의 과덕(果德)과 떠나지 않기 때문이다.

또한 과위(果位)에서 얻어지는 유위(有爲)·무위(無爲)의 여러 공덕이 모두 요가이다. 이러한 과위에는 등지(等至)가 지극함에 이르러서 화합했기 때문이다. 이와 같은 거룩한 가르침이 또한 요가이다. 올바른 도리에 맞고, 올바른 행위에 따르며, 올바른 결과를 가져오기 때문이다.

또한 삼승(三乘)의 관행이 요가이다. 부지런히 닦아서 도리에 맞고 행위에 따른 뛰어난 결과를 얻기 때문이며, 요가의 대상이 되는 객관세계와 행위의 결과와 거룩한 가르침은 요가의 대상이기 때문이요, 요가의 결과이기 때문이다.

이와 같이 유가사지론의 말머리에서 유가(瑜伽)라고 한 두 글자는 모든 거룩한 부처님의 말씀 모두를 간직한 큰 바다와 같다고 하겠다. 그러므로 유가사지론석(瑜伽師施論釋)에서는 "성언(聖言)의 대해를 요동한다"[33]고 하였다.

이상 유가사지론석에서 유가라는 말의 뜻을 설명한 것을 보면, 요가가 바라문의 요가에서와 같이 범(梵)과 아(我)가 하나가 되는 것이 아니고, 부처님이 설하신 법에 맞는 행위와 그 결과로 얻어지는 일체의 공덕은 모두 요가라고 하였다. 이것은 요가라는 말이 이것과 저것이 잘 어우러져서 나타나고 있는 일체의 법을 말한 것으로 넓게 해석하고 있다. 그러므로 연기의 법 그대로 나타난 일체의 대상, 일체의 행위, 일체의 결과가 모두 요가이다. 그렇다면 불법에 요가가 아닌 것이 없다. 요가가 아닌 것은 성교(聖教)에 맞지 않는 것이요, 정리(正理)에 맞지 않는 것이니 불상응(不相應)인 일체의 사법(邪法)은 요가가 아니다. 그러므로 불교는 모두 요가이다.

범아일여적인 바가문의 요가가 불교에서는 일체의 법으로 받아들여져서 불법대로 된 모든 것이 요가라고 한 것은 매우 당연한 결과라고 생각된다.

5) 밀교의 요가

불교의 선관은 지(止)와 관(觀)이 같이 운용되는 관법임은 말할 필요도 없다.

밀교에서는 오상성신관(五相成身觀)이 설해지고 있으나, 이 밀교의 관행이 그대로 요가의 불교적 수용임을 알 수 있다.

대비공지금강대교왕의궤경(大悲空智金剛大教王儀軌經) 제7의 청정품(淸淨品)에 보면, "부처님이 금강장보살에게 고하여 말씀하시기를 이 청정품을 나는 설하겠노라. 일체의 법의 청정함이 확실하게 알려지고, 하나하나를 분별하고 그 연후에 그의 거룩함을 설하겠노라(由說是淸淨, 一切無疑惑, 一一賢聖住, 後當分別說)"라 하고, 이어서 "오온(五蘊)과 육근(六根)과 육처(六處)와 육대(六大)는 자성에 있어서 청정하다. 무지의 번뇌의 어둠도 자성이 모두 청정하다(五蘊五大種, 六根及六處, 無知煩惱闇, 自性悉淸淨)"고 하고 있다. 그러므로 이와 같이 자성이 청정함을 증득하면 바로 그것이 해탈이다. 다시 경문의 계송에서 "자성이 청정함이 현증되고, 나머지 다른 것이 부정(不淨)함에서 벗어나며, 묘락(妙樂)의 경계가 청정한 자성을 현증하여 묘락을 얻는다. 색등과 다른 것들도 밝게 비추면 실로 요가행자이다. 일체에 있어서 그것이 청정성이니, 실로 그러므로 불성이 생한 것이다(謂自身領納, 及餘他所作, 說妙樂相應, 境界等淸淨, 故佛善巧說, 一切性淸淨)"라고 하였다. 여기서 우리는 일체법이 청정하고, 청정한 그대로의 세계가 묘락의 세계요, 바로 그것이 성불임을 말하고 있다.

일체법이 청정하게 있으니 sat요, 그것이 청정 그대로 여실히 알려지니 그것이 cit요, 그 세계는 또한 묘락(ānanda)인 것이다.

청정한 일체법이 그대로 알려져서 밝게 비추면 그것이 부처요, 바로 요가행자라 했다. 그러한 요가행자는 묘락 그대로인 부처이다. 여기에서의 묘락상응(妙樂相應)은 해탈이기도 하다.

경문에 이어서 "이때에 금강장보살이 부처님께 사뢰기를 '세존이시여, 어떤 것이 청정이옵니까?' 하니 부처님이 말씀하시기를 '눈에 의해서 색이 알려지고, 귀에 의해서 소리가 알려지고…… 항상 이들의 청정함에 의해서 정화된다. 진실한 요가행자는 자기 전변이다'(범문에 의한 번역; 時金剛藏菩薩白佛言, 世尊爲何等淸淨, 佛言於色等境觀想, 離能取所取, 所謂眼取色耳取聲…無餘親近是卽淸淨)"라고 하였다.

여기서 일체가 청정하다고 하는 것은 부정한 것이 청정하게 되는 것이 아니고, 청정한 것이 잘못 알려졌다가 다시 청정함 그대로 바뀐 것이다. 이것을 "진실한 유가행자는 자기 전변이다(tattvayoginah adhyātma puṭam)"라고 표현하고 있다. 이를 '무여친근시즉청정(無餘親近是卽淸淨)'이라고 번역하였다. tattva를 '남김 없는〔無餘〕' 것이라 하고, 친근(親近)은 '자기 본래의 청정성으로 돌아가는 것'이므로 여기서 '자기 전변(adyātma puṭam)'라고 하여 이것을 청정이라고 하였다. 그릇됨으로부터 올바른 상태로 뒤바뀐 것이니 자기 전환 그것이다. 그래서 금강정경에서는 자기와 일체의 진실이 그대로 여실히 현증된 것을 청정이라 하고, 그렇게 된 것이 부처라고 보았다.

이것을 경문에서는 "청정성은 이들 수용된 훈습(熏習)의 독이 제거된 것이다(savitavyā ime sevyā-nirvisikṛtya suddhiaḥ)"라고 하였다. 여기서 독이란 무지(無知)요, 무명이다. 무명이 명으로, 고가 묘락으로 바뀌는 것이다. 그 자리에서 본래 그대로의 상태대로 바뀐 것이다. 이것이 불성이요, 묘락이요 지(智)이다. 따라서 오상성신관은 청정한 본심을 관하여 일체법이 청정함으로 바뀌어서 현증되는 것이 성취되는 관법이다.

이미 여기에 이르면 희론(戲論)이 적멸되었으니 그대로 공이다. 이때에 불심(佛心)이 원만해진다.

밀교에서는 이때에 신(身) · 구(口) · 의(意)가 상응하여 삼밀(三密)이 이루어진다. 이때엔 부처와 내가 하나가 되니 입아아입(入我我入)이 이루어진다고 말한다. 이것이 가지(加持: adhiṣṭhāna)다. 삼밀(三密)의 가지는 곧 상응이니 요가이다.

5. 결 론

인도에 있어서 요가가 비정통파 문화로부터 시발하여 바라문 문화 속에 수용되면서 정통파에서는 범아일여(梵我一如)의 실현을 성취하는 종교적인 수행법이 되었다. 그러나 비정통파에 속하는 불교에서는 요가의 일부인 dhyāna가 수용되어 원시 불교와 소승 불교로 이어지면서 선정(禪定)이라고 불리는 관행(觀行)의 중심이 되었다. 이것이 그뒤에 파탄잘리의 요가체계가 확립됨에 힘입어 요가를 불법에 상응하는 모든 가르침으로 받아들여서 요가라는 말이 그대로 사용되다가 밀교에까지 이르게 되었다.

밀교에서는 부처를 진실한 요가행자라고 불렀다. 자기의 청정성으로 다시 돌아온 것이 청정이요, 부처이니 그것을 현증한 것이 깨달음이요, 이때에 묘락(妙樂)이 이루어진다. 이렇게 요가는 불교에 수용되면 외도(外道)의 수정주의 행법과는 다른 것이 된다. 불교에서의 요가는 그대로 깨달음의 길이요, 달마의 선이요, 중국에서 발달한 선과 다르지 않고, 한국선의 특색인 원융된 인격 완성의 관법이다. 그러나 불교에 받아들여진 요가가 선정의 수행에서 마음에만 치중하여 심신불이(心身不二)의 입장을 등한시하였음은, 오늘날 선정이 적정에 떨어져 자타불이(自他不二)인 공의 실천 원리가 되지 못하면 그것은 완전한 것이 못된다.

그러므로 불교에서도 바라문의 요가에서 발달한 하타 요가를 받아들여서 심신불이의 인격 완성을 기하고, 우주적 조화로써 공(空)의 실현인 법(法)에 상응하는 합리적인 수행법으로 발전시켜야 한다고 생각한다.

---

1) 요가라는 말의 뜻은 다양하나, 그 가운데 일반적인 뜻으로 빈번히 사용되는 것은 다음과 같다. 결합 · 수단 · 如理 · 修習 · 靜慮 · 軛 · 成就 · 平等 · 相應 · 方便 등으로 다양하다(《梵和大辭典》). 요가(yoga)와 타파스(tapas)의 구별은 명확치 않으나, 타파스가 고행(苦行)임에 비하여 요가는 극단의 고행을 떠난다.

2) 拙著, 《인도 철학》, p.67-68.

타파스의 전통이 뒤에 요가행법과 어떻게 관련되는지는 앞으로 해결해야 할 문제이나, 타파스가 요가로 섭수되면서 극단적인 수행이 지양되고 합리적인 수행법으로 발전된 것이 《요가수트라》의 요가요, 우파니샤드의 요가이다.

3) taitirya-up.에서는 sraddha(信念)의 뜻으로 사용되고, kathāup.에서는 五感의 制止 · 執持의 뜻으로 사용되어 마치 말을 매듯이 우리의 인식을 잡아서 억제하는 것이었으며, maitrayāna-up.에서는 감각 기관을 통일하여 모든 생각을 버리는 것이요, 여기서는 6支分이 설해졌다.

4) 요가학파에서는 苦의 苦, 壞의 苦, 行의 苦의 셋을 들고 있다. 고통의 苦〔苦苦〕, 전변의 苦〔壞苦〕, 잠재 인상의 苦〔行苦〕의 셋이다(拙著, 《印度哲學》 참조).

5) yoga-sūtra Ⅱ. 15(拙著, 《요가수트라》).

6) yoga-sūtra I. 2(拙著, 《요가수트라》).

《요가수트라》에서는 心作用을 지멸함으로써 해탈에 이른다고 한다. 심작용의 지멸로써 觀照者인 순수 정신이 본래 모습에 머물게 된다고 한다.

7) 결가부좌나 반가부좌는 몸과 마음이 안정되는 가장 합리적인 좌법이다. 이것이 후세에 Hatha-yoga에서 여러 가지 休位로 발전한다.

8) ys. II. 28에서는 이 여덟 가지 단계가 모두 이루어짐으로써 신비적 경험인 삼매 속에서 자아의 진실을 알 수 있게 된다고 말한다.

9) ys. I. 1. 3.

10) ys. III. 55.

11) Vijñanābhiksu, *sāmkhyapravacanabhāsya*, ed. by Garbe, p.7. 1. 28f.

12) 《요가수트라》 참조.

13) gīta IX. 34, XI. 55.

14) gīta XVIII. 45, II. 55–59, V. 50.

15) gīta IV. 33–42.

16) gīta II. 48.

17) gīta VI. 12.

18) gīta VII. 25.

19) gīta II. 50에서 '행위에의 원숙함(karmasu kuśalam)'이라고 하였다.

20) gīta VI. 23. "고와의 결합으로부터 떠나는 것을 요가로 알아라(tad-vidyād duhkha samyoga viyogam yoga saṁjñatam)."

21) 佐保田鶴治, 《요가의 宗教理念》, p.236.

22) "阿淞梨事業 彼等成就法 之六種及二種 十五及十四 彼喝彼等法 近成

就儀軌." 여기서 6과 2, 15와 14는 아사나의 여러 가지 休位와 호흡법·명상법을 말하는 듯하다.

23) 大正藏, 제29, p.145.

24) 大正藏, 제32, p.416.

25) S. N. vol. II, p.131.

26) M. N. vol. I, p.247.

27) 增支部. 제2, 愚人品 제11.

28) 法句經, 제372偈.

29) 法句經, 제282偈.

30) 法句經, 제299(300, 301)偈.

31) 最勝子 등 菩薩이 지었고, 당의 현장이 번역하였다.

32) 瑜伽師地論釋 제3절 題曰解釋門.

33) 瑜伽師地論釋 1券, 本地分中五識相應地之一, 大正, p.883下.

鄭泰爀

1922년 경기도 파주 출생.
동국대학교, 도쿄〔東京〕대학 · 대학원,
오다니〔大谷〕대학원 박사 과정 수료, 철학박사.
동국대학교 인도철학과 교수로 재임,
1987년 정년 퇴임 후 명예교수 역임.
동방불교대학학장으로 재직,
한국요가학회회장 · 한국정토학회 명예회장을 지냄.
1987년 국민훈장 받음.
저서로는
《명상의 세계》
《표준 범어학》
《기초 서장어》
《불교, 기독교, 공산주의》
《불교와 기독교》
《요가의 원리와 수행법》
《요가의 복음》
《요가의 신비》
《밀교》
《정통 밀교》
《밀교의 세계》
《인도철학》
《인도종교철학사》
《여래와 여호와》
《사리자여 사리자여》
《북한의 절과 불교》
《붓다의 호흡과 명상 Ⅰ · Ⅱ》
《법구경 에피소드》
《붓다짜리아》
《불교와 인도 철학의 실천 철학》
《불교 산책》
《극락 세계, 가고 싶어라》 등 다수가 있다.

【東文選 文藝新書】

1	저주받은 詩人들	A. 뻬이르 / 최수철 · 김종호	개정 근간
2	민속문화론서설	沈雨晟	40,000원
3	인형극의 기술	A. 훼도토프 / 沈雨晟	8,000원
4	전위연극론	J. 로스 에반스 / 沈雨晟	12,000원
5	남사당패연구	沈雨晟	19,000원
6	현대영미희곡선(전4권)	N. 코워드 外 / 李辰洙	절판
7	행위예술	L. 골드버그 / 沈雨晟	절판
8	문예미학	蔡 儀 / 姜慶鎬	절판
9	神의 起源	何 新 / 洪 熹	16,000원
10	중국예술정신	徐復觀 / 權德周 外	24,000원
11	中國古代書史	錢存訓 / 金允子	14,000원
12	이미지—시각과 미디어	J. 버거 / 편집부	15,000원
13	연극의 역사	P. 하트놀 / 沈雨晟	절판
14	詩 論	朱光潛 / 鄭相泓	22,000원
15	탄트라	A. 무케르지 / 金龜山	16,000원
16	조선민족무용기본	최승희	15,000원
17	몽고문화사	D. 마이달 / 金龜山	8,000원
18	신화 미술 제사	張光直 / 李 徹	절판
19	아시아 무용의 인류학	宮尾慈良 / 沈雨晟	20,000원
20	아시아 민족음악순례	藤井知昭 / 沈雨晟	5,000원
21	華夏美學	李澤厚 / 權 瑚	20,000원
22	道	張立文 / 權 瑚	18,000원
23	朝鮮의 占卜과 豫言	村山智順 / 金禧慶	28,000원
24	원시미술	L. 아담 / 金仁煥	16,000원
25	朝鮮民俗誌	秋葉隆 / 沈雨晟	12,000원
26	타자로서 자기 자신	P. 리쾨르 / 김웅권	29,000원
27	原始佛敎	中村元 / 鄭泰爀	8,000원
28	朝鮮女俗考	李能和 / 金尙憶	30,000원
29	朝鮮解語花史(조선기생사)	李能和 / 李在崑	25,000원
30	조선창극사	鄭魯湜	17,000원
31	동양회화미학	崔炳植	19,000원
32	性과 결혼의 민족학	和田正平 / 沈雨晟	9,000원
33	農漁俗談辭典	宋在璇	12,000원
34	朝鮮의 鬼神	村山智順 / 金禧慶	28,000원
35	道敎와 中國文化	葛兆光 / 沈揆昊	15,000원
36	禪宗과 中國文化	葛兆光 / 鄭相泓 · 任炳權	8,000원
37	오페라의 역사	L. 오레이 / 류연희	절판
38	인도종교미술	A. 무케르지 / 崔炳植	14,000원
39	힌두교의 그림언어	안넬리제 外 / 全在星	22,000원
40	중국고대사회	許進雄 / 洪 熹	30,000원
41	중국문화개론	李宗桂 / 李宰碩	23,000원
42	龍鳳文化源流	王大有 / 林東錫	25,000원
43	甲骨學通論	王宇信 / 李宰碩	40,000원
44	朝鮮巫俗考	李能和 / 李在崑	20,000원

45	미술과 페미니즘	N. 부루드 外 / 扈承喜	9,000원
46	아프리카미술	P. 윌레뜨 / 崔炳植	절판
47	美의 歷程	李澤厚 / 尹壽榮	28,000원
48	曼茶羅의 神들	立川武藏 / 金龜山	19,000원
49	朝鮮歲時記	洪錫謨 外/李錫浩	30,000원
50	하 상	蘇曉康 外 / 洪 熹	절판
51	武藝圖譜通志 實技解題	正祖 / 沈雨晟 · 金光錫	15,000원
52	古文字學첫걸음	李學勤 / 河永三	14,000원
53	體育美學	胡小明 / 閔永淑	18,000원
54	아시아 美術의 再發見	崔炳植	9,000원
55	曆과 占의 科學	永田久 / 沈雨晟	14,000원
56	中國小學史	胡奇光 / 李宰碩	20,000원
57	中國甲骨學史	吳浩坤 外 / 梁東淑	35,000원
58	꿈의 철학	劉文英 / 河永三	22,000원
59	女神들의 인도	立川武藏 / 金龜山	19,000원
60	性의 역사	J. L. 플랑드렝 / 편집부	18,000원
61	쉬르섹슈얼리티	W. 챠드윅 / 편집부	10,000원
62	여성속담사전	宋在璇	18,000원
63	박재서희곡선	朴栽緖	10,000원
64	東北民族源流	孫進己 / 林東錫	13,000원
65	朝鮮巫俗의 研究(상하)	赤松智城 · 秋葉隆 / 沈雨晟	28,000원
66	中國文學 속의 孤獨感	斯波六郎 / 尹壽榮	8,000원
67	한국사회주의 연극운동사	李康列	8,000원
68	스포츠인류학	K. 블랑챠드 外 / 박기동 外	12,000원
69	리조복식도감	리팔찬	20,000원
70	娼 婦	A. 꼬르벵 / 李宗旼	22,000원
71	조선민요연구	高晶玉	30,000원
72	楚文化史	張正明 / 南宗鎭	26,000원
73	시간, 욕망, 그리고 공포	A. 코르뱅 / 변기찬	18,000원
74	本國劍	金光錫	40,000원
75	노트와 반노트	E. 이오네스코 / 박형섭	20,000원
76	朝鮮美術史研究	尹喜淳	7,000원
77	拳法要訣	金光錫	30,000원
78	艸衣選集	艸衣意恂 / 林鍾旭	20,000원
79	漢語音韻學講義	董少文 / 林東錫	10,000원
80	이오네스코 연극미학	C. 위베르 / 박형섭	9,000원
81	중국문자훈고학사전	全廣鎭 편역	23,000원
82	상말속담사전	宋在璇	10,000원
83	書法論叢	沈尹黙 / 郭魯鳳	16,000원
84	침실의 문화사	P. 디비 / 편집부	9,000원
85	禮의 精神	柳 肅 / 洪 熹	20,000원
86	조선공예개관	沈雨晟 편역	30,000원
87	性愛의 社會史	J. 솔레 / 李宗旼	18,000원
88	러시아 미술사	A. I. 조토프 / 이건수	26,000원
89	中國書藝論文選	郭魯鳳 選譯	25,000원

90	朝鮮美術史	關野貞 / 沈雨晟	30,000원
91	美術版 탄트라	P. 로슨 / 편집부	8,000원
92	군달리니	A. 무케르지 / 편집부	9,000원
93	카마수트라	바짜야나 / 鄭泰爀	18,000원
94	중국언어학총론	J. 노먼 / 全廣鎭	28,000원
95	運氣學說	任應秋 / 李宰碩	15,000원
96	동물속담사전	宋在璇	20,000원
97	자본주의의 아비투스	P. 부르디외 / 최종철	10,000원
98	宗教學入門	F. 막스 뮐러 / 金龜山	10,000원
99	변 화	P. 바츨라빅크 外 / 박인철	10,000원
100	우리나라 민속놀이	沈雨晟	15,000원
101	歌訣(중국역대명언경구집)	李宰碩 편역	20,000원
102	아니마와 아니무스	A. 융 / 박해순	8,000원
103	나, 너, 우리	L. 이리가라이 / 박정오	12,000원
104	베케트연극론	M. 푸크레 / 박형섭	8,000원
105	포르노그래피	A. 드워킨 / 유혜련	12,000원
106	셸 링	M. 하이데거 / 최상욱	12,000원
107	프랑수아 비용	宋 勉	18,000원
108	중국서예 80제	郭魯鳳 편역	16,000원
109	性과 미디어	W. B. 키 / 박해순	12,000원
110	中國正史朝鮮列國傳(전2권)	金聲九 편역	120,000원
111	질병의 기원	T. 매큐언 / 서 일 · 박종연	12,000원
112	과학과 젠더	E. F. 켈러 / 민경숙 · 이현주	10,000원
113	물질문명·경제·자본주의	F. 브로델 / 이문숙 外	절판
114	이탈리아인 태고의 지혜	G. 비코 / 李源斗	8,000원
115	中國武俠史	陳 山 / 姜鳳求	18,000원
116	공포의 권력	J. 크리스테바 / 서민원	23,000원
117	주색잡기속담사전	宋在璇	15,000원
118	죽음 앞에 선 인간(상하)	P. 아리에스 / 劉仙子	각권 15,000원
119	철학에 대하여	L. 알튀세르 / 서관모 · 백승욱	12,000원
120	다른 곳	J. 데리다 / 김다은 · 이혜지	10,000원
121	문학비평방법론	D. 베르제 外 / 민혜숙	12,000원
122	자기의 테크놀로지	M. 푸코 / 이희원	16,000원
123	새로운 학문	G. 비코 / 李源斗	22,000원
124	천재와 광기	P. 브르노 / 김웅권	13,000원
125	중국은사문화	馬 華 · 陳正宏 / 강경범 · 천현경	12,000원
126	푸코와 페미니즘	C. 라마자노글루 外 / 최 영 外	16,000원
127	역사주의	P. 해밀턴 / 임옥희	12,000원
128	中國書藝美學	宋 民 / 郭魯鳳	16,000원
129	죽음의 역사	P. 아리에스 / 이종민	18,000원
130	돈속담사전	宋在璇 편	15,000원
131	동양극장과 연극인들	김영무	15,000원
132	生育神과 性巫術	宋兆麟 / 洪 熹	20,000원
133	미학의 핵심	M. M. 이턴 / 유호전	20,000원
134	전사와 농민	J. 뒤비 / 최생열	18,000원

135	여성의 상태	N. 에니크 / 서민원	22,000원
136	중세의 지식인들	J. 르 고프 / 최애리	18,000원
137	구조주의의 역사(전4권)	F. 도스 / 김웅권 外	I-IV 15-18,000원
138	글쓰기의 문제해결전략	L. 플라워 / 원진숙 · 황정현	20,000원
139	음식속담사전	宋在璇 편	16,000원
140	고전수필개론	權 瑚	16,000원
141	예술의 규칙	P. 부르디외 / 하태환	23,000원
142	《사회를 보호해야 한다》	M. 푸코 / 박정자	20,000원
143	페미니즘사전	L. 터틀 / 호승희 · 유혜련	26,000원
144	여성심벌사전	B. G. 워커 / 정소영	근간
145	모데르니테 모데르니테	H. 메쇼닉 / 김다은	20,000원
146	눈물의 역사	A. 벵상뷔포 / 이자경	18,000원
147	모더니티입문	H. 르페브르 / 이종민	24,000원
148	재생산	P. 부르디외 / 이상호	23,000원
149	종교철학의 핵심	W. J. 웨인라이트 / 김희수	18,000원
150	기호와 몽상	A. 시몽 / 박형섭	22,000원
151	융분석비평사전	A. 새뮤얼 外 / 민혜숙	16,000원
152	운보 김기창 예술론 연구	최병식	14,000원
153	시적 언어의 혁명	J. 크리스테바 / 김인환	20,000원
154	예술의 위기	Y. 미쇼 / 하태환	15,000원
155	프랑스사회사	G. 뒤프 / 박 단	16,000원
156	중국문예심리학사	劉偉林 / 沈揆昊	30,000원
157	무지카 프라티카	M. 캐넌 / 김혜중	25,000원
158	불교산책	鄭泰爀	20,000원
159	인간과 죽음	E. 모랭 / 김명숙	23,000원
160	地中海	F. 브로델 / 李宗旼	근간
161	漢語文字學史	黃德實 · 陳秉新 / 河永三	24,000원
162	글쓰기와 차이	J. 데리다 / 남수인	28,000원
163	朝鮮神事誌	李能和 / 李在崑	28,000원
164	영국제국주의	S. C. 스미스 / 이태숙 · 김종원	16,000원
165	영화서술학	A. 고드로 · F. 조스트 / 송지연	17,000원
166	美學辭典	사사키 겡이치 / 민주식	22,000원
167	하나이지 않은 성	L. 이리가라이 / 이은민	18,000원
168	中國歷代書論	郭魯鳳 譯註	25,000원
169	요가수트라	鄭泰爀	15,000원
170	비정상인들	M. 푸코 / 박정자	25,000원
171	미친 진실	J. 크리스테바 外 / 서민원	25,000원
172	玉樞經 硏究	具重會	19,000원
173	세계의 비참(전3권)	P. 부르디외 外 / 김주경	각권 26,000원
174	수묵의 사상과 역사	崔炳植	24,000원
175	파스칼적 명상	P. 부르디외 / 김웅권	22,000원
176	지방의 계몽주의	D. 로슈 / 주명철	30,000원
177	이혼의 역사	R. 필립스 / 박범수	25,000원
178	사랑의 단상	R. 바르트 / 김희영	20,000원
179	中國書藝理論體系	熊秉明 / 郭魯鳳	23,000원

180	미술시장과 경영	崔炳植	16,000원
181	카프카	G. 들뢰즈 · F. 가타리 / 이진경	18,000원
182	이미지의 힘	A. 쿤 / 이형식	13,000원
183	공간의 시학	G. 바슐라르 / 곽광수	23,000원
184	랑데부	J. 버거 / 임옥희 · 이은경	18,000원
185	푸코와 문학	S. 듀링 / 오경심 · 홍유미	26,000원
186	각색, 연극에서 영화로	A. 엘보 / 이선형	16,000원
187	폭력과 여성들	C. 도펭 外 / 이은민	18,000원
188	하드 바디	S. 제퍼드 / 이형식	18,000원
189	영화의 환상성	J. -L. 뢰트라 / 김경온 · 오일환	18,000원
190	번역과 제국	D. 로빈슨 / 정혜욱	16,000원
191	그라마톨로지에 대하여	J. 데리다 / 김웅권	35,000원
192	보건 유토피아	R. 브로만 外 / 서민원	20,000원
193	현대의 신화	R. 바르트 / 이화여대기호학연구소	20,000원
194	회화백문백답	湯兆基 / 郭魯鳳	20,000원
195	고서화감정개론	徐邦達 / 郭魯鳳	30,000원
196	상상의 박물관	A. 말로 / 김웅권	26,000원
197	부빈의 일요일	J. 뒤비 / 최생열	22,000원
198	아인슈타인의 최대 실수	D. 골드스미스 / 박범수	16,000원
199	유인원, 사이보그, 그리고 여자	D. 해러웨이 / 민경숙	25,000원
200	공동 생활 속의 개인주의	F. 드 생글리 / 최은영	20,000원
201	기식자	M. 세르 / 김웅권	24,000원
202	연극미학	J. 셰레 外 / 홍지화	24,000원
203	철학자들의 신	W. 바이셰델 / 최상욱	34,000원
204	고대 세계의 정치	모제스 I. 핀레이 / 최생열	16,000원
205	프란츠 카프카의 고독	M. 로베르 / 이창실	18,000원
206	문화 학습	J. 자일스 · T. 미들턴 / 장성희	24,000원
207	호모 아카데미쿠스	P. 부르디외 / 임기대	29,000원
208	朝鮮槍棒教程	金光錫	40,000원
209	자유의 순간	P. M. 코헨 / 최하영	16,000원
210	밀교의 세계	鄭泰爀	16,000원
211	토탈 스크린	J. 보드리야르 / 배영달	19,000원
212	영화와 문학의 서술학	F. 바누아 / 송지연	22,000원
213	텍스트의 즐거움	R. 바르트 / 김희영	15,000원
214	영화의 직업들	B. 라트롱슈 / 김경온 · 오일환	16,000원
215	소설과 신화	이용주	15,000원
216	문화와 계급	홍성민 外	18,000원
217	작은 사건들	R. 바르트 / 김주경	14,000원
218	연극분석입문	J. -P. 링가르 / 박형섭	18,000원
219	푸코	G. 들뢰즈 / 허 경	17,000원
220	우리나라 도자기와 가마터	宋在璇	30,000원
221	보이는 것과 보이지 않는 것	M. 퐁티 / 남수인 · 최의영	30,000원
222	메두사의 웃음 / 출구	H. 식수 / 박혜영	19,000원
223	담화 속의 논증	R. 아모시 / 장인봉	20,000원
224	포켓의 형태	J. 버거 / 이영주	16,000원

225	이미지심벌사전	A. 드 브리스 / 이원두	근간
226	이데올로기	D. 호크스 / 고길환	16,000원
227	영화의 이론	B. 발라즈 / 이형식	20,000원
228	건축과 철학	J. 보드리야르 · J. 누벨 / 배영달	16,000원
229	폴 리쾨르 — 삶의 의미들	F. 도스 / 이봉지 外	38,000원
230	서양철학사	A. 케니 / 이영주	29,000원
231	근대성과 육체의 정치학	D. 르 브르통 / 홍성민	20,000원
232	허난설헌	金成南	16,000원
233	인터넷 철학	G. 그레이엄 / 이영주	15,000원
234	사회학의 문제들	P. 부르디외 / 신미경	23,000원
235	의학적 추론	A. 시쿠렐 / 서민원	20,000원
236	튜링 — 인공지능 창시자	J. 라세구 / 임기대	16,000원
237	이성의 역사	F. 샤틀레 / 심세광	16,000원
238	朝鮮演劇史	金在喆	22,000원
239	미학이란 무엇인가	M. 지므네즈 / 김웅권	23,000원
240	古文字類編	高 明	40,000원
241	부르디외 사회학 이론	L. 핀토 / 김용숙 · 김은희	20,000원
242	문학은 무슨 생각을 하는가?	P. 마슈레 / 서민원	23,000원
243	행복해지기 위해 무엇을 배워야 하는가?	A. 우지오 外 / 김교신	18,000원
244	영화와 회화: 탈배치	P. 보니체 / 홍지화	18,000원
245	영화 학습 — 실천적 지표들	F. 바누아 外 / 문신원	16,000원
246	회화 학습 — 실천적 지표들	F. 기불레 · M. 멩겔 바리오 / 고수현	14,000원
247	영화미학	J. 오몽 外 / 이용주	24,000원
248	시 — 형식과 기능	J. L. 주베르 / 김경온	근간
249	우리나라 옹기	宋在璇	40,000원
250	검은 태양	J. 크리스테바 / 김인환	27,000원
251	어떻게 더불어 살 것인가	R. 바르트 / 김웅권	28,000원
252	일반 교양 강좌	E. 코바 / 송대영	23,000원
253	나무의 철학	R. 뒤마 / 송형석	29,000원
254	영화에 대하여 — 에이리언과 영화철학	S. 멀할 / 이영주	18,000원
255	문학에 대하여 — 행동하는 지성	H. 밀러 / 최은주	16,000원
256	미학 연습 — 플라톤에서 에코까지	임우영 外 편역	18,000원
257	조희룡 평전	김영회 外	18,000원
258	역사철학	F. 도스 / 최생열	23,000원
259	철학자들의 동물원	A. L. 브라 쇼파르 / 문신원	22,000원
260	시각의 의미	J. 버거 / 이용은	24,000원
261	들뢰즈	A. 괄란디 / 임기대	13,000원
262	문학과 문화 읽기	김종갑	16,000원
263	과학에 대하여 — 행동하는 지성	B. 리들리 / 이영주	18,000원
264	장 지오노와 서술 이론	송지연	18,000원
265	영화의 목소리	M. 시옹 / 박선주	20,000원
266	사회보장의 발명	J. 동즐로 / 주형일	17,000원
267	이미지와 기호	M. 졸리 / 이선형	22,000원
268	위기의 식물	J. M. 펠트 / 이충건	18,000원
269	중국 소수민족의 원시종교	洪 熹	18,000원

270	영화감독들의 영화 이론	J. 오몽 / 곽동준	22,000원
271	중첩	J. 들뢰즈 · C. 베네 / 허희정	18,000원
272	대담 — 디디에 에리봉과의 자전적 인터뷰	J. 뒤메질 / 송대영	18,000원
273	중립	R. 바르트 / 김웅권	30,000원
274	알퐁스 도데의 문학과 프로방스 문화	이종민	16,000원
275	우리말 釋迦如來行蹟頌	高麗 無寄 / 金月雲	18,000원
276	金剛經講話	金月雲 講述	18,000원
277	자유와 결정론	O. 브르니피에 外 / 최은영	16,000원
278	도리스 레싱: 20세기 여성의 초상	민경숙	24,000원
279	기독교윤리학의 이론과 방법론	김희수	24,000원
280	과학에서 생각하는 주제 100가지	I. 스탕저 外 / 김웅권	21,000원
281	말로와 소설의 상징시학	김웅권	22,000원
282	키에르케고르	C. 블랑 / 이창실	14,000원
283	시나리오 쓰기의 이론과 실제	A. 로슈 外 / 이용주	25,000원
284	조선사회경제사	白南雲 / 沈雨晟	30,000원
285	이성과 감각	O. 브르니피에 外 / 이은민	16,000원
286	행복의 단상	C. 앙드레 / 김교신	20,000원
287	삶의 의미 — 행동하는 지성	J. 코팅햄 / 강혜원	16,000원
288	안티고네의 주장	J. 버틀러 / 조현순	14,000원
289	예술 영화 읽기	이선형	19,000원
290	달리는 꿈, 자동차의 역사	P. 치글러 / 조국현	17,000원
291	매스커뮤니케이션과 사회	현택수	17,000원
292	교육론	J. 피아제 / 이병애	22,000원
293	연극 입문	히라타 오리자 / 고정은	13,000원
294	역사는 계속된다	G. 뒤비 / 백인호 · 최생열	16,000원
295	에로티시즘을 즐기기 위한 100가지 기본 용어	마르탱 / 김웅권	19,000원
296	대화의 기술	A. 밀롱 / 공정아	17,000원
297	실천 이성	P. 부르디외 / 김웅권	19,000원
298	세미오티케	J. 크리스테바 / 서민원	28,000원
299	앙드레 말로의 문학 세계	김웅권	22,000원
300	20세기 독일철학	W. 슈나이더스 / 박중목	18,000원
301	횔덜린의 송가 〈이스터〉	M. 하이데거 / 최상욱	20,000원
302	아이러니와 모더니티 담론	E. 벨러 / 이강훈 · 신주철	16,000원
303	부알로의 시학	곽동준 편역 및 주석	20,000원
304	음악 녹음의 역사	M. 채넌 / 박기호	23,000원
305	시학 입문	G. 데송 / 조재룡	26,000원
306	정신에 대해서	J. 데리다 / 박찬국	20,000원
307	디알로그	G. 들뢰즈 · C. 파르네 / 허희정 · 전승화	20,000원
308	철학적 분과 학문	A. 피퍼 / 조국현	25,000원
309	영화와 시장	L. 크레통 / 홍지화	22,000원
310	진정성에 대하여	C. 귀논 / 강혜원	18,000원
311	언어학 이해를 위한 주제 100선	시우피 · 반람돈크 / 이선경 · 황원미	18,000원
312	영화를 생각하다	리앙드라 기그 · 뢰트라 / 김영모	20,000원
313	길모퉁이에서의 모험	브뤼크네르 · 팽키엘크로 / 이창실	12,000원
314	목소리의 結晶	R. 바르트 / 김웅권	24,000원

315	중세의 기사들	E. 부라생 / 임호경	20,000원
316	武德 — 武의 문화, 武의 정신	辛成大	13,000원
317	욕망의 땅	W. 리치 / 이은경 · 임옥희	23,000원
318	들뢰즈와 음악, 회화, 그리고 일반 예술	R. 보그 / 사공일	20,000원
319	S/Z	R. 바르트 / 김웅권	24,000원
320	시나리오 모델, 모델 시나리오	F. 바누아 / 유민희	24,000원
321	도미니크 이야기 — 아동 정신분석 치료의 실제	F. 돌토 / 김승철	18,000원
322	빠딴잘리의 요가쑤뜨라	S. S. 싸치다난다 / 김순금	18,000원
323	이마주 — 영화 · 사진 · 회화	J. 오몽 / 오정민	25,000원
324	들뢰즈와 문학	R. 보그 / 김승숙	20,000원
325	요가학개론	鄭泰爀	15,000원
326	밝은 방 — 사진에 관한 노트	R. 바르트 / 김웅권	15,000원
327	中國房內秘籍	朴清正	35,000원
328	武藝圖譜通志註解	朴清正	30,000원
329	들뢰즈와 시네마	R. 보그 / 정형철	20,000원
330	현대 프랑스 연극의 이론과 실제	이선형	20,000원
331	스리마드 바가바드 기타	S. 브야사 / 박지명	24,000원
332	宋詩概說	요시카와 고지로 / 호승희	18,000원
333	주체의 해석학	M. 푸코 / 심세광	29,000원
334	문학의 위상	J. 베시에르 / 주현진	20,000원
335	광고의 이해와 실제	현택수 · 홍장선	20,000원
336	외쿠메네 — 인간 환경에 대한 연구서설	A. 베르크 / 김웅권	24,000원
337	서양 연극의 무대 장식 기술	A. 쉬르제 / 송민숙	18,000원
338	百濟伎樂	백제기악보존회 편	18,000원
339	金剛經六祖解	無居 옮김	14,000원
340	몽상의 시학	G. 바슐라르 / 김웅권	19,000원
341	원전 주해 요가수트라	M. 파탄잘리 / 박지명 주해	28,000원
342	글쓰기의 영도	R. 바르트 / 김웅권	17,000원
343	전교조의 정체	정재학 지음	12,000원
344	영화배우	J. 나카시 / 박혜숙	20,000원
345	취고당검소	陸紹珩 / 강경범 · 천현경	25,000원
346	재생산에 대하여	L. 알튀세르 / 김웅권	23,000원
347	중국 탈의 역사	顧朴光 / 洪 熹	30,000원
348	조이스와 바흐친	이강훈	16,000원
349	신의 존재와 과학의 도전	C. 알레그르 / 송대영	13,000원
350	행동의 구조	M. 메를로 퐁티 / 김웅권	28,000원
351	미술시장과 아트딜러	최병식	30,000원
352	미술시장 트렌드와 투자	최병식	30,000원
353	문화전략과 순수예술	최병식	14,000원
354	들뢰즈와 창조성의 정치학	사공일	18,000원
355	꿈꿀 권리	G. 바슐라르 / 김웅권	22,000원
356	텔레비전 드라마	손햄 · 퍼비스 / 김소은 · 황정녀	22,000원
357	옷본	심우성	20,000원
358	촛불의 미학	G. 바슐라르 / 김웅권	18,000원
359	마조히즘	N. 맨스필드 / 이강훈	16,000원